Geoinformatik
Grundlagen und Fachwissen
S. 1
Statistik und Ausgleichungsrechnung
S. 125

Markus Penzkofer

Erste Ausgabe
Dezember 2016

Herstellung und Verlag:
BoD - Books on Demand, Norderstedt
ISBN 978-3-7412-5140-5

Geoinformatik - von den Grundlagen zum Fachwissen inklusive Anleitung zum Desktop-GIS MensorGIS

Markus Penzkofer

November 2016

Bild auf der Aussenseite:
Kartenausschnitt aus dem Berchtesgadener Land,
erzeugt mit der Druck-Funktion von MensorGIS

Inhaltsverzeichnis

1 Einführung   9
    1.1 Anwendungsfelder der Geoinformatik 9
    1.2 Zeilsetzung dieses Skripts 9

2 Überblick über die Grundlagen der Geoinformatik   11
    2.1 Die Mathematik 11
    2.2 Die Niedere Geodäsie 11
    2.3 Die Höhere Geodäsie 12
    2.4 Kartographie und Photogrammetrie 12
    2.5 Die Informatik 12
    2.6 Die Geoinformatik 12

3 Grundlagen aus der Mathematik   13
    3.1 Trigonometrie 13
        3.1.1 Das Bogenmaß 13
        3.1.2 Das Rechtwinklige Dreieck 14
    3.2 Statistik 14
        3.2.1 Beschreibende Statistik 14
        3.2.2 Analytische Statistik 15
    3.3 Matrizenrechnung 15
        3.3.1 Vektoren und Matrizen 15
        3.3.2 Matrizenalgebra 15
        3.3.3 Lineare Gleichungssysteme 16
    3.4 Analytische Geometrie 17
        3.4.1 Gleichungen von Geraden und Ebenen 17
        3.4.2 Schnitte von Geraden und Ebenen 17
    3.5 Interpolationsverfahren 17
        3.5.1 Lineare Interpolation auf der Linie 17
        3.5.2 Lineare Interpolation in Dreiecken 18
        3.5.3 Korrelationsverfahren 18
    3.6 Affine Abbildungen 18
    3.7 Topologie 19
        3.7.1 Topologie allgemein 19
        3.7.2 Die Graphentheorie 19

4 Grundlegende Berechnungen der Niederen Geodäsie — 21
4.1 Grundlegende Konventionen — 21
- 4.1.1 Geodätisches Koordinatensystem und Geodätische Winkelmessung — 21
- 4.1.2 Richtungswinkel und Strecke — 21
4.2 Bestimmung von Einzelpunkten in der Lage — 22
- 4.2.1 Klassische Verfahren — 22
- 4.2.2 Polygonometrische Punktbestimmung — 25
- 4.2.3 Polarverfahren — 26
4.3 Transformationen — 27
- 4.3.1 Helmert-/Ähnlichkeitstransformation — 27
- 4.3.2 Affin-Transformation — 29
4.4 Trassierung — 31
- 4.4.1 Verwendung der Trassierungselemente — 31
- 4.4.2 Methoden zur Kreisbogenabsteckung — 31
- 4.4.3 Formeln zur Klothoide — 31
4.5 Punktbestimmung in der Höhe — 32
- 4.5.1 Geometrische Höhenbestimmung — 32
- 4.5.2 Nivellitische Höhenbestimmung — 32
- 4.5.3 Satellitengestützte Höhenbestimmung — 33

5 Grundlegende Berechnungen der Höheren Geodäsie — 35
5.1 Grundlegende Konventionen — 35
- 5.1.1 Geodätische Bezugssysteme und Koordinaten — 35
- 5.1.2 Ellipsoidparameter — 36
- 5.1.3 Geodätische Grundaufgaben — 36
5.2 Transformationen — 37
- 5.2.1 Transformationen Dreidimensionale ↔ Geodätische Koordinaten — 37
- 5.2.2 Transformationen Geodätische ↔ Ebene Koordinaten — 38
- 5.2.3 Datumstransformationen — 40
5.3 Geodätische Abbildungen — 41
- 5.3.1 Gauß-Krüger-Koordinaten — 41
- 5.3.2 UTM-Koordinaten — 42
5.4 Satellitengestützte Ortsbestimmung — 42
- 5.4.1 Entwicklung der Systeme — 42
- 5.4.2 Messprinzip am Beispiel GPS — 43
5.5 Ausgleichungsmodelle — 43
- 5.5.1 Grundlegende Modelle — 44
- 5.5.2 Robuste Modelle — 46

6 Grundlagen der Kartographie und der Photogrammetrie — 47
6.1 Grundlagen der Photogrammetrie — 47
- 6.1.1 Prinzip der Photogrammetrie — 47
- 6.1.2 Methoden der Photogrammetrie — 47
- 6.1.3 Produkte von Photogrammetrie und Fernerkundung — 48
6.2 Erzeugung des Kartenbildes — 49
- 6.2.1 Geometrische Eigenschaften — 49

		6.2.2	Graphische Eigenschaften	49

      6.2.2   Graphische Eigenschaften 49
      6.2.3   Thematische Karten 49
  6.3 Kartographische Projektionen 50
      6.3.1   Azimutale Abbildungen 50
      6.3.2   Zylindrische Abbildungen 51
      6.3.3   Konische Abbildungen 54
      6.3.4   Spezielle Abbildungen 55
      6.3.5   Grundlegende Verzerrungseigenschaften 56
  6.4 Kartographische Verarbeitung von Höhendaten 57
      6.4.1   Höhendarstellung im Grundriss 57
      6.4.2   Höhenprofile 57
      6.4.3   Analyse von Geländeformen 57

7 Grundlagen der Informatik   59
  7.1 Computergraphik 59
      7.1.1   Bilddaten 59
      7.1.2   Grauwert-Interpolationsverfahren 59
      7.1.3   Projektionen 60
  7.2 Programmierumgebungen 61
      7.2.1   Programmiersprachen 61
      7.2.2   Entwicklungsumgebungen 62
  7.3 Strukturen und Methoden der Programmierung 62
      7.3.1   Strukturierung von Daten 62
      7.3.2   Methoden zum Verarbeiten von Daten 63
  7.4 Datenformate 63
      7.4.1   XML (Extensible Markup Language) 63
      7.4.2   Bilddaten-Formate 64
  7.5 Datenbanken 64
      7.5.1   Das Entity-Relationship-Modell 64
      7.5.2   Grundlegende Datenbank-Modelle 65
      7.5.3   Anbindung an Programmiersprachen 66
      7.5.4   Datenbank-Management 67
  7.6 Verteilte Anwendungen 67
      7.6.1   Client-Server-Systeme 67
      7.6.2   Web-Dienste 68
      7.6.3   Web-Anbindung von Datenbanken 68
      7.6.4   Middleware 68

8 Geoinformatik   69
  8.1 Datenarten 69
      8.1.1   Rasterdaten 69
      8.1.2   Vektordaten 69
      8.1.3   Sachdaten (Attributive Daten) 70
  8.2 Datenhaltung 70
      8.2.1   Datenformate 70
      8.2.2   Geo-Datenbanken 71

- 8.3 Datenmodellierung 72
  - 8.3.1 Objektarten und Objektarten-Katalog 72
  - 8.3.2 Das Simple Feature-Modell 72
  - 8.3.3 Topologie 72
  - 8.3.4 Referenzsysteme 73
  - 8.3.5 Metadaten 73
- 8.4 Datendarstellung in GIS-Anwendungen 73
  - 8.4.1 Geometrische Darstellung 73
  - 8.4.2 Thematische Darstellung 74
- 8.5 Datenerfassung 75
  - 8.5.1 Erfassung von Geometrie-Daten 75
  - 8.5.2 Erfassung von Sachdaten 76
  - 8.5.3 Datenqualität 76
- 8.6 GIS-Analysen 77
  - 8.6.1 Attributive Abfragen 77
  - 8.6.2 Grundlegende Räumliche Abfragen 78
  - 8.6.3 Statistische Auswertungen 78
  - 8.6.4 Topologische Analysen 79
  - 8.6.5 Dreidimensionale Analysen 79
- 8.7 Moderne GIS-Architekturen 79
  - 8.7.1 Geo Web Services 80
  - 8.7.2 Location Based Services (LBS) 80
- 8.8 Anwendung von GIS 80
  - 8.8.1 Verfügbare GIS-Daten 80
  - 8.8.2 Anwendungsgebiete 81
  - 8.8.3 GIS-Produkte und GIS-Software 81

9 Praktische Anwendung in MensorGIS — 83
- 9.1 Anwendung der Mathematik 83
  - 9.1.1 Trigonometrie 83
  - 9.1.2 Statistik 83
  - 9.1.3 Matrizenrechnung 83
  - 9.1.4 Analytische Geometrie 84
  - 9.1.5 Interpolationsverfahren 84
  - 9.1.6 Affine Abbildungen 84
  - 9.1.7 Topologie 84
- 9.2 Anwendung der Niederen Geodäsie 84
  - 9.2.1 Bestimmung von Einzelpunkten in der Lage 84
  - 9.2.2 Transformationen 84
  - 9.2.3 Trassierung 85
  - 9.2.4 Punktbestimmung in der Höhe 85
- 9.3 Anwendung der Höheren Geodäsie 85
  - 9.3.1 Transformationen 85
  - 9.3.2 Geodätische Abbildungen 85
  - 9.3.3 Ausgleichungsmodelle 86
- 9.4 Anwendung der Kartographie 86

	9.4.1	Erzeugung des Kartenbildes	86
	9.4.2	Kartographische Projektionen	86
	9.4.3	Verarbeitung von Höhendaten	87
9.5	Anwendung der Informatik		87
	9.5.1	Computergraphik	87
	9.5.2	Programmierung	87
	9.5.3	Strukturen und Methoden	88
	9.5.4	Datenformate	88
	9.5.5	Datenbanken	88
9.6	Anwendung der Geoinformatik		88
	9.6.1	Datenarten	88
	9.6.2	Datenhaltung	88
	9.6.3	Datenmodellierung	89
	9.6.4	Datendarstellung	89
	9.6.5	Datenerfassung	89
	9.6.6	GIS-Analysen	89
	9.6.7	GIS-Architekturen	90
	9.6.8	GIS-Anwendungen	90
9.7	Tutorials zu MensorGIS		90
9.8	Programm-Module von MensorGIS		91
	9.8.1	Module zur Definition der Programmstrukturen	92
	9.8.2	Module und Forms zur Implementierung der GIS-Funktionalität	93
9.9	Projekt-Format von MensorGIS		99

10 Anhänge   101

Anhang A: Bibliographie 101
Anhang B: Internetadressen 105
Anhang C: Konstanten und Referenzsysteme 106
Anhang D: Formelsymbole 107
Anhang E: Geschichte 108
Anhang F: Glossar 109
Seitenindex 115

Abbildungsverzeichnis

4.1 Bogenschnitt 23
4.2 Vorwärtsschnitt 24
4.3 Rückwärtsschnitt 25

5.1 Erste Geodätische Grundaufgabe 37
5.2 Zweite Geodätische Grundaufgabe 37

9.1 MensorGIS: Atlas-Viewer (Gesamtansicht) 91
9.2 MensorGIS: Attribut-Abfrage nach SQL-Syntax 92
9.3 MensorGIS: Surveying-Tutorial 93
9.4 MensorGIS: Georeferenzierung mit Resampling 94
9.5 MensorGIS: Orthophoto mit GPX- und DGM-Daten 95
9.6 MensorGIS: Freie Stationierung (Messdaten-Transformation) 96
9.7 MensorGIS: Höhenlinien-Plan 97
9.8 MensorGIS: Diagramm-Karte 98
9.9 MensorGIS: DGM-Interpolation und OSM-Daten 99

10.1 Projekt Frida/Osnabrück (freie Geodaten) 101

Kapitel 1

Einführung

1.1 Anwendungsfelder der Geoinformatik

Die Geoinformatik besitzt viele unterschiedliche Anwendungsbereiche, die heutzutage auch der Öffentlichkeit bekannt sind. Reine Expertensysteme sind nun die Ausnahme, wobei hinter jeder Nutzeroberfläche selbstverständlich nach wie vor ein Kern steckt, der von einem fachlichen Administrator bedient werden muss.
Üblicherweise werden die Anwendungsbereiche von GIS-Anwendungen wie folgt eingeteilt:

- Fach-Informationssysteme, z.B. Grunddaten-Erfasser, Umwelt-Informationssysteme, Energie- u. Wasser-Dienstleister, Flottenmanagement

- Öffentliche Informationssysteme, z.B. Routing (Navigationssystem), Google Earth, Location Based Services, Geodatenportale

1.2 Zeilsetzung dieses Skripts

In diesem Manuskript sollen einige theoretische Hintergründe und Zusammenhänge der Geoinformatik zusammengestellt werden. Auch die im Kontext Geoinformatik wichtigsten Formeln aus Mathematik, Niederer Geodäsie, Höherer Geodäsie und Kartographie sollen kurz vorgestellt werden. Neben diesen Fächern bildet natürlich die Informatik einen wesentlichen Bestandteil der GIS-Anwendungen. Anschließend werden alle Grundlagen zu einem kurzen Überblick über die Geoinformatik vereint, wobei insbesondere die Modellierungen, Erweiterungen, Spezialisierungen und Analysen der Geoinformatik gezeigt werden.
In einem abschließenden Kapitel werden Funktionalität und Quellcode der Open-Source GIS-Anwendung **MensorGIS** dahingehend diskutiert, wo sich dort die Grundlagen am besten erkennen lassen. Ziel dieses GIS-Projekts ist nicht seine operative Verwendung, sondern die beispielhafte Umsetzung von Algorithmen. MensorGIS ist frei verfügbar unter: `https://sourceforge.net/projects/mensorgis/` .
Dieses Skriptum kann für jeden einzelnen Fachbereich nur die grundlegenden Thematiken ansprechen; falls das eine oder andere vermisst wird, sollte in der entsprechenden Fachliteratur nachgeschlagen werden (siehe auch Literaturverzeichnis im Anhang A). Das Buch sollte von Studenten, ggf. auch von Quereinsteigern, gelesen werden, die in Fachvorlesungen mit Schwerpunkt Geoinformatik einsteigen.

Das nächste Kapitel gibt eine Übersicht über die einzelnen Disziplinen, die bei der Konzipierung, Programmierung und Nutzung eines GIS notwendig sind. Dabei wird u.a. auch auf die bei der Implementierung zu beachtenden Sachverhalte verwiesen.

Wichtige Begriffe sind in Fettdruck, zusätzliche Begriffe und Kapitelverweise in kursiver Schrift angegeben.

Kapitel 2

Überblick über die Grundlagen der Geoinformatik

Wenn über GIS-Anwendungen gesprochen wird, werden meistens Grundlagen aus Mathematik, Landesvermessung und Informatik genannt. Wenn man jedoch an die Herkunft der GIS-Daten denkt, gehören sowohl einige der Messverfahren der Niederen Geodäsie vor dem GPS-Zeitalter als auch die Photogrammetrische Herstellung von Orthophotos und Geländemodellen dazu. Daneben werden einige wichtige Methoden der Kartographie auch in GIS-Anwendungen benötigt. Das Vermessungswesen bringt das traditionelle Wissen ein, die Informatik stellt die Grundlagen zur Einführung neuer Techniken in die Informationsverarbeitung von Geodaten zur Verfügung.

2.1 Die Mathematik

Die **Mathematik** bildet die Grundlage für viele Ingenieurwissenschaften, aber auch für die theoretischen und praktischen Anwendungen der Informatik. Im Hinblick auf die Geoinformatik fließt sie beginnend bei der Niederen und Höheren Geodäsie über Kartographie und Photogrammetrie schließlich auch in die Informatik und Geoinformatik ein.
Die grundlegenden geodätischen Anwendungen betreffen v.a. die **Trigonometrie, Geometrie** und **Matrizenrechnung**. Kartographie und Photogrammetrie benötigen dieselben Grundlagen, daneben noch **Interpolationsverfahren**. In der Informatik spielen bei der Programmierung die **Zahlendarstellung** und die **Boolsche Logik** eine Rolle. Eine spezielle GIS-Analyse basiert auf der **Graphentheorie** als Teilgebiet der mathematischen Topologie.

2.2 Die Niedere Geodäsie

Die **Niedere Geodäsie** umfasst alle Berechnungen, die unter Annahme einer ebenen Bezugsfläche durchgeführt werden können. Dazu wird entweder ein lokales ebenes Koordinatensystem verwendet oder mit Koordinaten aus einer Projektion gerechnet. Höhenwerte werden klassischerweise getrennt von Grundrissdaten gemessen (Ausnahme GPS).
Aus der Niederen Geodäsie stammen die meisten praktischen **Messdaten**, wenn man auch die Messung von GPS heutzutage als „normalen" Vermessungsalltag betrachtet.

2.3 Die Höhere Geodäsie

Die **Höhere Geodäsie** basiert auf der Festlegung einer Bezugsfläche, die im Gegensatz zur Niederen Geodäsie gekrümmt ist, d.h. in früheren Zeiten eine Kugel, in der jüngeren Geschichte ein Ellipsoid oder Geoid zur Repräsentation der Erde. Die Höhere Geodäsie legt landes- oder weltweite **Bezugssysteme** fest. Außerdem beschäftigt sie sich mit der Messung und Definition des Erdschwerefeldes (in Bezug auf GIS nicht weiter zu verfolgen). Eine Methode, die sowohl in der Niederen und Höheren Geodäsie als auch in der Photogrammetrie verwendet wird, ist die Ausgleichungsrechnung (siehe auch zweiten Teil dieses Buchs).

2.4 Kartographie und Photogrammetrie

Mittels Methoden der **Kartographie** kann eine systematische Darstellung (Kartierung) von gemessenen und berechneten Objekten erfolgen. Zwei Teilgebiete der Kartographie sind für die Geoinformatik wesentlich: Zum einen die mathematischen Berechnungsverfahren zur Abbildung dieser Objekte in die Ebene (**Kartenprojektion**), zum anderen die graphische Aufbereitung und Ausgestaltung der Objekte in Geometrie und Erscheinungsform (z.B. **Generalisierung**, Farbgebung, Schraffur, **Thematische Darstellung**).

Die **Photogrammetrie** ermittelt aus zweidimensionalen Bilddaten dreidimensionale Koordinaten. Auf diesem Weg können ebenfalls Daten gewonnen werden, die zur Kartierung und/oder als Eingabe in ein GIS verwendet werden. Wie die Niedere Geodäsie ist die Photogrammetrie somit ein Datenlieferant für GIS-Anwendungen, die Kartographie kann diese als auch die terrestrisch ermittelten Daten verwenden.

2.5 Die Informatik

Die **Informatik** stellt heutzutage Rechen- und Datenhaltungswerkzeuge zur Verfügung. Von der zeilenweisen Eingabe in Computeralgebra-Systemen bis hin zur Erstellung eigenständiger Programme mit graphischer Oberfläche reichen die Möglichkeiten der Informatik, um Berechnungen zu automatisieren.

Eigenständige Programme bieten i.d.R. zusätzlich den Import, Export sowie die dauerhafte Speicherung der Daten in einer **Datenbank** an. Dies setzt eine durchdachte **Datenmodellierung** voraus. Wesentlicher Bestandteil heutiger GIS-Anwendungen ist auch eine Möglichkeit zur graphischen Darstellung der Daten. Hier spielt die **Computergraphik** eine bedeutende Rolle. Im Zeitalter des Internets finden **Verteilte Systeme** zunehmende Verbreitung.

2.6 Die Geoinformatik

Die **Geoinformatik** vereint vieles aus den bisher genannten Grundlagen. Insbesondere die Art der **Datenhaltung** und **Datenmodellierung** sowie die **Visualisierungs-** und **Analyse**möglichkeiten zeichnen GIS-Anwendungen aus. Dabei gibt es gegenüber der Informatik und auch den anderen klassischen Fachrichtungen viele Erweiterungen und Spezialisierungen. Davon soll im Kapitel über *Geoinformatik* die Rede sein.

Kapitel 3

Grundlagen aus der Mathematik

Die Mathematik ist natürlich viel zu umfangreich, um hier vollständig dargestellt zu werden. Im Folgenden sollen nur die für die Niedere Geodäsie, Kartographie und Geoinformatik wesentlichen Teilgebiete herausgenommen werden.

3.1 Trigonometrie

Die **Trigonometrischen Funktionen** Sinus, Cosinus, Tangens, deren Inverse und weitere trigonometrische Funktionen treten sowohl in der Geodäsie (z.B. bei Transformationen) als auch in der Kartographie (z.B. bei Projektionen) häufig auf.
Bei der Programmierung ist zu beachten, daß die meisten Programmiersprachen Funktionsargumente in Radiant erwarten. **Radiant** ist die Angabe in Vielfachen von π und wird in Formeln als rad geschrieben.

3.1.1 Das Bogenmaß

Das Bogenmaß ist die Länge des Bogens, der zwischen den Schenkeln des Mittelpunktswinkels im Einheitskreis (Radius = 1) liegt.
Der Umrechnungsfaktor zwischen Gradmaß (Altgrad) und Bogenmaß beträgt:

$$\begin{aligned}\rho &= \frac{2 \cdot 1 \cdot \pi}{360^o} \\ \rho &= \frac{\pi}{180^o} \\ \rho &= 0.01745329251994\,[rad/^o]\end{aligned}$$

Für Neugrad (Gon) gilt folgender Umrechnungsfaktor:

$$\begin{aligned}\rho_g &= \frac{2 \cdot 1 \cdot \pi}{400^g} \\ \rho_g &= \frac{\pi}{200^g} \\ \rho_g &= 0.01570796326795\,[rad/^g]\end{aligned}$$

Diese Erwähnung klingt banal, der falsche oder vergessene Umrechnungsfaktor führt jedoch in längeren Berechnungen (Programmen) oft zu ärgerlichen Ergebnissen.

3.1.2 Das Rechtwinklige Dreieck

Formeln zur Auflösung des Rechtwinkligen Dreiecks treten in der Geodäsie sehr häufig auf. Die dem Rechten Winkel gegenüberliegende Seite bezeichnet man als **Hypotenuse**, die beiden anderen Seiten als **Katheten**. Deshalb hier die Definitionen der grundlegenden Trigonometrischen Funktionen im Rechtwinkligen Dreieck als Merkregeln:

- Sinus = Gegenkathete zu Hypotenuse
- Cosinus = Ankathete zu Hypotenuse
- Tangens = Gegenkathete zu Ankathete

Weitere mathematische Zusammenhänge wie z.B. trigonometrische Identitäten entnehme man einer Formelsammlung!

3.2 Statistik

Auch die Statistik ist ein großes Teilgebiet der Mathematik; hier werden nur grundlegende Verfahren und Teilbereiche skizziert (mehr dazu im zweiten Teil dieses Buchs!).

3.2.1 Beschreibende Statistik

Die **Beschreibende Statistik** berechnet aus einem Datenbestand empirische Größen, welche diese Daten charakterisieren. Das Ergebnis sind z.B. **Häufigkeitsverteilungen** (*Histogramme*), **Mittelwerte** (*arithmetisches Mittel, geometrisches Mittel, gewichtetes Mittel, Median*) und **Streuungsgrößen** (*Varianz, Standardabweichung*).
Arithmetisches Mittel $\hat{x}$ und Varianz σ^2 bzw. Standardabweichung σ sind die am häufigsten verwendeten Größen, daher hier ihre Formeln (für n Werte x_i):

$$\hat{x} = \frac{1}{n} \cdot \sum_{i=1}^{n} x_i \qquad \text{Arithmetisches Mittel}$$

$$\sigma^2 = \frac{1}{n-1} \cdot \sum_{i=1}^{n} (\hat{x} - x_i)^2 \qquad \text{Varianz}$$

$$\sigma = \sqrt{\sigma^2} \qquad \text{Standardabweichung}$$

Der **Median** q_{50} ist ein Mittelwert, der von Ausreißern weniger stark beeinflusst wird als die anderen Mittelbildungen. Die zu verarbeitenden Zahlenwerte x_i müssen zuerst sortiert werden und der „mittlere" Index gebildet werden, dann gibt es zwei Fälle:

$$i_q = \text{FIX}\left(\frac{n}{2}\right) \qquad \text{Mittel-Index}$$
$$q_{50}^b = x_{(i_q+1)} \qquad \text{für ungerades } n$$
$$q_{50}^a = (x_{i_q} + x_{(i_q+1)})/2 \qquad \text{für gerades } n$$

Hierbei ist FIX() die Fixum-Funktion, die zum nächsten ganzzahligen Wert abrundet.

3.2.2 Analytische Statistik

In der **Analytischen Statistik** werden Beziehungen innerhalb der Daten aufgedeckt. Hier treten z.B. Fragen nach den **Zusammenhängen zwischen zwei oder mehr Variablen** auf (*Korrelation, Regression*), die bis zu **Klassifikationsmethoden** (*Minimum-Box-Klassifikation, Distanz-Klassifikation, Maximum-Likelihood-Klassifikation*) reichen.

3.3 Matrizenrechnung

Die Matrizenrechnung ist im Zeitalter des Computers die optimale Form zur Darstellung und direkten Umsetzung von bestimmten Gleichungssystemen. Die meisten Computeralgebra-Systeme bauen auf Matrizen und ihren Anwendungen auf, z.B. MATLAB, Maple und Mathematica (kommerziell) oder FreeMat und Scilab (Open-Source).

3.3.1 Vektoren und Matrizen

Matrizen können als eine rechteckige Anordnung von Zahlenwerten bzw. Ausdrücken beschrieben werden. Die angeordneten Zahlenwerte werden auch als **Elemente der Matrix** bezeichnet.
Es folgen einige grundlegende Vektor- und Matrix-Eigenschaften:

Ordnung einer Matrix

Die Ordnung einer Matrix $\mathbf{A}$ ist durch die Anzahl ihrer Zeilen und Spalten bestimmt. Hinweis: Dieser Begriff ist nicht mit dem Rang einer Matrix zu verwechseln, der die linear unabhängigen Zeilen bzw. Spalten angibt.

Transponierte einer Matrix

Eine Matrix $\mathbf{A}$ kann transponiert werden, indem Zeilen und Spalten vertauscht werden. Die transponierte Matrix schreibt man $\mathbf{A}'$ oder manchmal auch $\mathbf{A^T}$.

Vektor als Sonderfall einer Matrix

Eine Matrix, die nur aus einer einzelnen Zeile oder Spalte besteht, wird als Vektor bezeichnet. Es gibt **Zeilen-** und **Spaltenvektoren**, je nachdem welche Dimension die Ordnung 1 hat.

3.3.2 Matrizenalgebra

Für Matrizen können ähnliche Rechenregeln definiert werden wie für einzelne Zahlen, die im Zusammenhang mit Matrizen auch als **Skalare** bezeichnet werden.

Das Skalarprodukt

Ein Zeilenvektor $\mathbf{a}'$ und ein Spaltenvektor $\mathbf{b}$ gleicher Ordnung n bilden ein Skalarprodukt wie folgt (das Ergebnis ist eine Zahl, ein Skalar):

$$\mathbf{a}' \cdot \mathbf{b} = a_1 \cdot b_1 + a_2 \cdot b_2 + \ldots + a_n \cdot b_n$$

Addition und Subtraktion von Matrizen

Zwei Matrizen **A** und **B** gleicher Ordnung werden addiert bzw. subtrahiert, indem man die an gleicher Stelle stehenden Elemente addiert bzw. subtrahiert:

$$\mathbf{A} + \mathbf{B} = (a_{ij}) + (b_{ij}) = (a_{ij} + b_{ij})$$
$$\mathbf{A} - \mathbf{B} = (a_{ij}) - (b_{ij}) = (a_{ij} - b_{ij})$$

Multiplikation von Matrizen

Das Produkt einer Matrix **A** mit einer Matrix **B** ist nur möglich, falls die Spaltenzahl von **A** mit der Zeilenzahl von **B** übereinstimmt. Jedes Element der neuen Matrix entsteht aus dem Skalarprodukt der i-ten Zeile von **A** mit der k-ten Spalte von **B**:

$$\mathbf{A} \cdot \mathbf{B} = \left(\sum_{j=1}^{n} a_{ij} \cdot b_{jk} \right)$$

Inverse von Matrizen

Die Division von Matrizen ist nicht definiert. Für Gleichungsumformungen, die der Division entsprechen, ist die Multiplikation mit der Matrix-Inversen $\mathbf{A}^{-1}$ von links notwendig (hierbei gilt: $\mathbf{A}^{-1} \cdot \mathbf{A} = \mathbf{E}$, $\mathbf{E} \cdot \mathbf{x} = \mathbf{x}$, mit *Einheitsmatrix* **E**):

$$\mathbf{A} \cdot \mathbf{x} = \mathbf{B}$$
$$\mathbf{x} = \mathbf{A}^{-1} \cdot \mathbf{B}$$

Nicht immer existiert die Inverse; falls dies der Fall ist, gibt es zu deren Ermittlung bestimmte Rechenverfahren. Das bekannteste ist die **Gauß-Elimination**, die auch zur Lösung von Gleichungssystemen in Matrizenform verwendet wird.

3.3.3 Lineare Gleichungssysteme

Lineare Gleichungssysteme können mit Matrizen und Vektoren gut dargestellt werden. Sie treten in vielen Ingenieurwissenschaften auf, in der Geodäsie u.a. in der Ausgleichungsrechnung (siehe Kapitel *Höhere Geodäsie*).

Obige Gleichung zur Matrix-Inversen kann ausführlich für $n = 3$ auch folgendermaßen geschrieben werden:

$$\begin{pmatrix} a_{11} & a_{12} & a_{13} \\ a_{21} & a_{22} & a_{23} \\ a_{31} & a_{32} & a_{33} \end{pmatrix} \cdot \begin{pmatrix} x_1 \\ x_2 \\ x_3 \end{pmatrix} = \begin{pmatrix} b_{11} & b_{12} & b_{13} \\ b_{21} & b_{22} & b_{23} \\ b_{31} & b_{32} & b_{33} \end{pmatrix}$$

Es wird ersichtlich, daß es sich im Fall von gesuchten dreidimensionalen Koordinaten x_i um drei Gleichungen handelt. Mittels sogenannter **Eliminationsverfahren** können die Unbekannten bestimmt werden. Für nähere Informationen siehe entsprechende Mathematik-Literatur (bzw. Beispiele im zweiten Teil dieses Buchs).

3.4 Analytische Geometrie

Die Analytische Geometrie beschreibt Geraden, Ebenen und andere Körper im dreidimensionalen Raum mit Hilfe von parametrisierten Gleichungen. Auch Schnitte dieser Objekte und andere Berechnungen sind auf diese Weise lösbar.

3.4.1 Gleichungen von Geraden und Ebenen

In die parametrisierten Gleichungen gehen die Koordinaten der definierenden Punkte ein. Die Gleichung einer **Geraden** mit den Endpunkten **p** und **q** hat folgende Formen:

$$\mathbf{x} = \mathbf{p} + \lambda \cdot \mathbf{t} \qquad \text{mit} \quad \mathbf{t} = \mathbf{q} - \mathbf{p} \quad \text{und} \quad \lambda \in \mathbb{R}$$
$$\mathbf{x} = (1-\lambda) \cdot \mathbf{p} + \lambda \cdot \mathbf{q} \qquad \text{mit} \quad \lambda \in \mathbb{R}$$

Die Gleichung einer **Ebene** durch die Punkte **p**, **q** und **r** hat folgende Formen:

$$\mathbf{x} = \mathbf{p} + \lambda \cdot \mathbf{t} + \mu \cdot \mathbf{u} \qquad \text{mit} \quad \mathbf{t} = \mathbf{q} - \mathbf{p}, \mathbf{u} = \mathbf{r} - \mathbf{p} \quad \text{und} \quad \lambda, \mu \in \mathbb{R}$$
$$\mathbf{x} = (1-\lambda) \cdot (1-\mu) \cdot \mathbf{p} + \lambda \cdot \mathbf{q} + \mu \cdot \mathbf{r} \qquad \text{mit} \quad \lambda, \mu \in \mathbb{R}$$

3.4.2 Schnitte von Geraden und Ebenen

Bei Schnitten zwischen Geraden und Ebenen entsteht ein **Lineares Gleichungssystem**, für das die Parameter gesucht sind.
Als Beispiel sei hier der Schnitt zweier Geraden vorgestellt. Zum Finden der Lösung werden die beiden Geradengleichungen gleichgesetzt:

$$\mathbf{p} + \lambda \cdot \mathbf{t} = \mathbf{q} + \mu \cdot \mathbf{u}$$

3.5 Interpolationsverfahren

Interpolationsverfahren erlauben die Berechnung von Werten (z.B. Höhe) an Stellen, wo keine Messung stattgefunden hat. Da es unterschiedliche (statistische) Verfahren gibt, die auch zu unterschiedlichen Werten führen können, spricht man auch von einer Schätzung. Drei grundlegende Interpolationsverfahren sollen kurz beschrieben sein.

3.5.1 Lineare Interpolation auf der Linie

Lineare Interpolation auf der Linie tritt z.B. bei der Interpolation von Höhenlinien auf. Seien h_U und h_O die Höhenangaben unten bzw. oben, s der Abstand zwischen den Höhenkoten, d der vorgegebene Höhenlinienabstand und h_{01} der erste runde Höhenwert, so ergibt sich folgende Berechnung:

$$m = \frac{s}{h_O - h_U} \qquad \text{Maßstab}$$
$$n = \text{FIX}\left(\frac{h_O - h_U}{d}\right) \qquad \text{Anzahl}$$
$$h_i = m \cdot (h_{01} + i \cdot d) \qquad \text{mit} \quad i = 0...n$$

Hierbei ist FIX() die Fixum-Funktion, die zum nächsten ganzzahligen Wert abrundet.

3.5.2 Lineare Interpolation in Dreiecken

Die Ebene durch die drei Eckpunkte eines Dreiecks lässt sich darstellen als

$$z_P = \sum_{i=1}^{3} a_i \cdot z_i.$$

Der Interpolationswert des Punktes P lässt sich demnach berechnen, wenn die Koeffizienten a_i bekannt sind. Diese errechnen sich aus den Koordinaten (x_i, y_i, z_i) der Eckpunkte P_i und des Interpolationspunktes P aus

$$a_i = \frac{(x_{i+1} - x_P)(y_{i+2} - y_{i+1}) - (y_{i+1} - y_P)(x_{i+2} - x_{i+1})}{(x_{i+1} - x_i)(y_{i+2} - y_{i+1}) - (y_{i+1} - y_i)(x_{i+2} - x_{i+1})} \quad \text{für} \quad i \in 1, 2, 3.$$

Dieses Interpolationsverfahren ist einfach in Bezug auf die Interpolationsformel. Es muss jedoch eine Dreiecksvermaschung (z.B. Delaunay-Triangulation) über die Stützpunkte berechnet und für jeden Interpolationspunkt das Dreieck bestimmt werden, in dem er liegt.

3.5.3 Korrelationsverfahren

Das Korrelationsverfahren ermittelt den Interpolationswert im Punkt P aus den n Stützpunktwerten z_i durch das gewichtete arithmetische Mittel

$$z_P = \frac{\sum_{i=1}^{n} p_i \cdot z_i}{\sum_{i=1}^{n} p_i}.$$

Die **Gewichte** p_i werden streckenproportional festgelegt, wobei meist der inverse oder der inverse quadratische Abstand zwischen Interpolationspunkt P und dem jeweiligen Stützpunkt P_i verwendet wird:

$$p_i = \frac{1}{\overline{PP_i}} \qquad \text{oder} \qquad p_i = \frac{1}{\overline{PP_i}^2}$$

Dieses Interpolationsverfahren ist ebenfalls sehr einfach in Bezug auf die Interpolationsformel. Für die Auswahl der Stützstellen für den jeweiligen Interpolationspunkt muss ein geeignetes Nachbarschaftskriterium (z.B. Punktanzahl, Radius) verwendet werden.

3.6 Affine Abbildungen

Eine affine Abbildung (affine Transformation) ist eine Abbildung zwischen zwei affinen Räumen, bei der Parallelität, Kollinearität und Teilverhältnisse erhalten bleiben. In Matrixschreibweise stellt sie sich so dar:

$$f(\mathbf{x}) = \mathbf{A} \cdot \mathbf{x} + \mathbf{t} \quad \text{mit Abbildungsmatrix } \mathbf{A} \text{ und Translation } \mathbf{t}$$

Die Mathematik teilt die Affinitäten nach der Anzahl ihrer Fixpunkte ein. Dabei unterscheidet man Achsenaffinitäten, Affinitäten mit einem Zentrum und Affinitäten ohne Fixpunkt. Für unsere Zwecke ist die **Drehstreckung** als ein Fall der Affinitäten mit einem Zentrum von Bedeutung (Koordinaten-Transformation):

$$\mathbf{A} = r \cdot \begin{pmatrix} \cos\varphi & -\sin\varphi \\ \sin\varphi & \cos\varphi \end{pmatrix}$$

wobei $|r|$ der Streckfaktor und φ der Drehwinkel sind.

3.7 Topologie

Die Topologie ist ein Teilgebiet der Mathematik, die dem Ingenieur-Studenten in der Regel vorenthalten wird. Die Grundlegenden Strukturen und Definitionen eines Teilgebiets der Topologie sind jedoch nicht schwer nachzuvollziehen - und ohne Topologie kein **Routing**!

3.7.1 Topologie allgemein

Die Topologie ist ein Zweig der Mathematik, die sich mit den Eigenschaften geometrischer Gebilde beschäftigt, die bei umkehrbar eindeutigen, stetigen Abbildungen invariant bleiben. Die metrischen Verhältnisse spielen dabei keine Rolle, es kommt lediglich auf die gegenseitige Lage und Anordnung geometrischer Gebilde im Raum an.
Die Topologie im Allgemeinen ist ein größeres Teilgebiet als im folgenden dargestellt wird. Insbesondere die Graphentheorie spielt für Anwendungszwecke eine wichtige Rolle. Am Beispiel des Routings soll sie nun erläutert werden.

3.7.2 Die Graphentheorie

Der Teil der Topologie, der für die Geoinformatik interessant ist, wird auch als Graphentheorie bezeichnet. Ein Graph besteht aus einer Menge von **Knoten**, einer Menge von **Kanten** und einer Abbildung, die jeder Kante je zwei Knoten zuordnet. Bezogen auf ein Routing spielen die Orte die Rolle der Knoten und die zwischen den Orten liegenden Verkehrswege die der Kanten.
Die Zuordnungen zwischen Kanten und Knoten sind hierbei das wesentliche Element, das die Topologie aufbaut. Zwei Begriffe beschreiben diese Zuordnungen: Betrachtet man zwei aneinandergrenzende gleichartige Elemente, z.B. zwei Kanten, so spricht man von **Adjazenz**. Zuordnungen zwischen ungleichartigen Elementen, z.B. einer Kante und ihren Endpunkten = Knoten, bezeichnet man als **Inzidenz**.
Zu den Begriffen Knoten und Kanten gibt es weitere Begriffe und Definitionen. Einer der hier wichtigen ist wohl der des **Kantenzugs**: Kommt in einer Kantenfolge keine Kante zweimal vor, spricht man von einem Kantenzug.
Auch ein **Bewerteter Graph** kommt beim Routing vor: Wird jeder Kante eine reelle Zahl zugeordnet, so erhält man einen bewerteten Graphen. Die sog. **Kantenwerte** beschreiben in der Anwendung z.B. die Entfernung zwischen den Knoten oder die Geschwindigkeit, mit der die Verkehrswege befahren werden können.
Das Wesentliche für ein Routing ist nun bereit: Die Zuordnungen zwischen Knoten und Kanten werden i.d.R. mit Hilfe von Matrizen (s.o.) beschrieben. Dabei steht beim Unbewerteten Graphen dort eine 1, wo eine solche Zuordnung besteht, ansonsten eine 0. Beim Bewerteten Graphen steht anstelle der 1 eine Angabe über die Entfernung oder die Geschwindigkeit. Das Routing sucht einen optimalen Kantenzug, der den kürzesten oder den schnellsten Weg darstellt. Hierfür gibt es Rechenverfahren, die systematisch diesen Weg ermitteln können. Das bekannteste unter ihnen ist der **Dijkstra-Algorithmus**.

Kapitel 4

Grundlegende Berechnungen der Niederen Geodäsie

Die Niedere Geodäsie unterscheidet klassischerweise die Punktbestimmung in der **Lage** (Grundriss) und in der **Höhe**. Hierfür gibt es jeweils unterschiedliche Mess- und Berechnungsverfahren. In der Ingenieurgeodäsie und der Höheren Geodäsie werden meistens dreidimensionale Koordinaten verwendet. Entsprechend unterscheiden sich die Berechnungsverfahren. Dreidimensionale Koordinaten werden im folgenden Kapitel zur *Höheren Geodäsie* besprochen.

4.1 Grundlegende Konventionen

In Bezug auf Koordinatensystem und Winkelmessung sind Unterschiede zur mathematischen Definition zu beachten! Wie im Trigonometrie-Teil der Mathematik erwähnt, ist bei Verwendung von trigonometrischen Funktionen bei der Programmierung die Bogenmaß-Umrechnung durchzuführen.

4.1.1 Geodätisches Koordinatensystem und Geodätische Winkelmessung

Die Niedere Geodäsie verwendet ein Rechtwinkliges Kartesisches Koordinatensystem, das sich von der mathematischen Definition insofern unterscheidet, daß die Achsenbezeichnungen vertauscht sind, d.h. daß mit y der **Rechtswert** und mit x der **Hochwert** bezeichnet wird.
Winkel werden in der Niederen Geodäsie anstatt in Altgrad in **Neugrad** gemessen. Ein Vollkreis hat in Neugrad, auch **Gon** genannt, 400^g.

4.1.2 Richtungswinkel und Strecke

Ein Rechenelement, das in beinahe jedem Formelsystem der Niederen Geodäsie auftritt, ist der Richtungswinkel. Der **Richtungswinkel** ist definiert als der Winkel t in einem Punkt A von Gitternord zu einem anderen Punkt B im Uhrzeigersinn:

$$t_{AB} = \arctan \frac{y_B - y_A}{x_B - x_A}$$

Hierbei ist jedoch darauf zu achten, daß der richtige Quadrant getroffen wird:

- wenn $(x_B - x_A) = 0$ dann ist $t = 0$ (immer zuerst abprüfen, sonst Null-Division!)
- wenn $(y_B - y_A) > 0 \land (x_B - x_A) > 0$ dann liegt t im 1. Quadranten
- wenn $(y_B - y_A) > 0 \land (x_B - x_A) < 0$ dann liegt t im 2. Quadranten
- wenn $(y_B - y_A) < 0 \land (x_B - x_A) < 0$ dann liegt t im 3. Quadranten
- wenn $(y_B - y_A) < 0 \land (x_B - x_A) > 0$ dann liegt t im 4. Quadranten

Die Strecke s zwischen den beiden Punkten rechnet sich über den **Satz des Pythagoras**:

$$s_{AB} = \sqrt{(y_B - y_A)^2 + (x_B - x_A)^2}$$

4.2 Bestimmung von Einzelpunkten in der Lage

Die Punktbestimmung in der Lage ermittelt 2D-Koordinaten in der Ebene.
Das einfachste Verfahren, das **Orthogonalverfahren**, soll hier nur kurz angesprochen sein: Von einer Messlinie aus werden lokale rechtwinklige Koordinaten bestimmt, indem unter Verwendung eines (Recht-)Winkelprismas die Lotfußpunkte der aufzumessenden Punkte ermittelt werden. Im Weiteren werden Klassische Verfahren vorgestellt, die auf grundlegenden geometrischen Berechnungen basieren.

4.2.1 Klassische Verfahren

Bogenschnitt

Der Bogenschnitt erlaubt die Ermittlung der Koordinaten eines unbekannten Punkts aus den Koordinaten zweier bekannter Punkte und den Strecken zwischen dem unbekannten Punkt und den beiden Punkten. Entsprechend der mathematischen Dreiecksauflösung liegt der Fall Seite-Seite-Seite vor, da auch die Strecke zwischen beiden bekannten Punkten aus deren Koordinaten berechnet werden kann.
Bekannt sind die Festpunkte P_1 und P_2 sowie die Strecke $s_{1,2}$ zwischen diesen beiden Punkten (Pythagoras). Gemessen wurden die Strecken $s_{1,N}$ und $s_{2,N}$ von den bekannten Punkten zum Neupunkt P_N. Die Koordinaten des Neupunkts berechnen sich wie folgt (Neupunkt rechts):

- Berechnung des Richtungswinkels $t_{1,2}$ (s.o.)
- Berechnung der Hilfsgröße p, der Dreiecksseiten a, b und des Richtungswinkels $t_{1,N}$:

$$\begin{aligned} p &= 0.5 \cdot (s_{1,N} + s_{2,N} + s_{1,2}) \\ a &= (p - s_{1,2}) \cdot (p - s_{1,N}) / (p \cdot (p - s_{2,N})) \\ b &= (p - s_{1,2}) \cdot (p - s_{2,N}) / (p \cdot (p - s_{1,N})) \\ t_{1,N} &= t_{1,2} + 2 \cdot \arctan \sqrt{a} \end{aligned}$$

- Berechnung der Koordinaten von P_N:

$$y_N = y_1 + s_{1,2} \cdot \sin t_{1,N}$$
$$x_N = x_1 + s_{1,2} \cdot \cos t_{1,N}$$

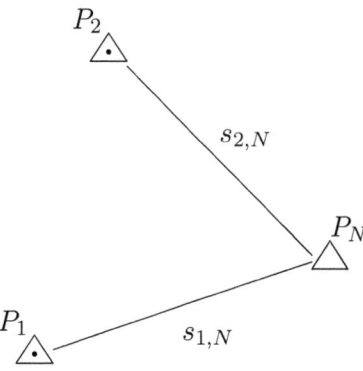

Abbildung 4.1: Bogenschnitt

Vorwärtsschnitt

Der Vorwärtsschnitt verwendet zur Ermittlung der Koordinaten eines unbekannten Punkts ebenfalls die Koordinaten zweier bekannter Punkte, benötigt anstatt der Strecken jedoch die Winkel in diesen Punkten. Entsprechend der mathematischen Dreiecksauflösung liegt der Fall Winkel-Seite-Winkel vor. Hierbei werden die Winkel in den bekannten Punkten gemessen.

Bekannt sind die Festpunkte P_A und P_B. Gemessen wurden die Dreieckswinkel α und β in den Festpunkten zum Neupunkt P_N. Die Koordinaten des Neupunkts berechnen sich wie folgt:

- Berechnung des dritten Dreieckswinkels $\gamma = 200^g - \alpha - \beta$

- Berechnung des Richtungswinkels $t_{A,B}$ und der Strecke $s_{A,B}$ (s.o.)

- Berechnung der Richtungswinkel $t_{A,N}, t_{B,N}$:

$$t_{A,N} = t_{A,B} + \alpha$$
$$t_{B,N} = t_{A,B} + 200^g - \beta$$

- Berechnung der Hilfsgrößen a_N, b_N:

$$a_N = s_{A,B} \cdot \sin \beta / \sin \gamma$$
$$b_N = s_{A,B} \cdot \sin \alpha / \sin \gamma$$

- Berechnung der Koordinaten von P_N :

$$y_N = y_A + a_N \cdot \sin t_{A,N}$$
$$x_N = x_A + a_N \cdot \cos t_{A,N}$$

- Kontrollberechnung der Koordinaten von P_N:

$$y_N = y_B + b_N \cdot \sin t_{B,N}$$
$$x_N = x_B + b_N \cdot \cos t_{B,N}$$

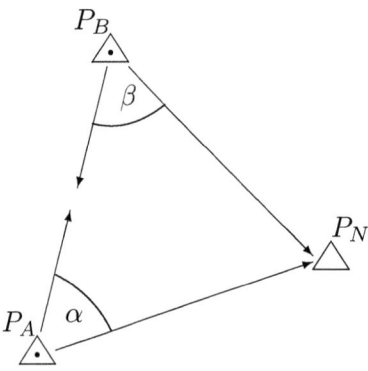

Abbildung 4.2: Vorwärtsschnitt

Rückwärtsschnitt

Der Rückwärtsschnitt verwendet zur Ermittlung der Koordinaten eines unbekannten Punktes die Koordinaten dreier bekannter Punkte und die beiden Winkel zwischen den Visuren zu diesen Punkten im unbekannten Punkt. Der Rückwärtsschnitt kombiniert über eine gemeinsame Seite zwei Dreiecke, von denen je eine Seite und ein Winkel bekannt ist. Hierbei werden die Winkel im unbekannten Punkt gemessen.

Bekannt sind die Festpunkte P_A, P_M und P_B. Gemessen wurden die Winkel α und β im Standpunkt zu den Festpunkten. Die Koordinaten des Standpunkts P_N berechnen sich wie folgt:

- Berechnung der Hilfspunkte P_C, P_D:

$$y_C = y_A - (x_A - x_M)/\tan\alpha$$
$$x_C = x_A + (y_A - y_M)/\tan\alpha$$
$$y_D = y_B + (x_B - x_M)/\tan\beta$$
$$x_D = x_B - (y_B - y_M)/\tan\beta$$

- Berechnung der Hilfsgrößen q, p:

$$q = (y_C - y_D)/(x_C - x_D)$$
$$p = -1/q$$

- Berechnung der Koordinaten von P_N:

$$y_N = y_D + (x_N - x_D) \cdot q$$
$$x_N = x_D + ((y_M - y_D) - (x_M - x_D) \cdot p)/(q - p)$$

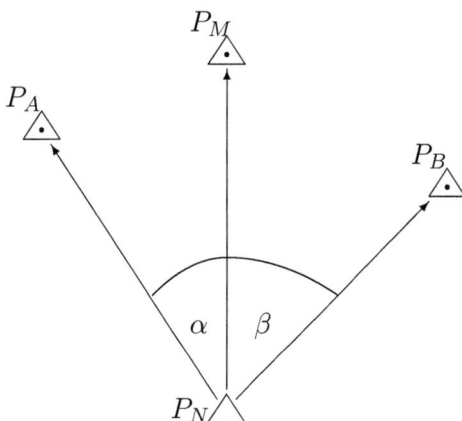

Abbildung 4.3: Rückwärtsschnitt

4.2.2 Polygonometrische Punktbestimmung

Die Polygonometrische Punktbestimmung erfolgt durch fortgesetzte Messung von Winkeln und Strecken. Dabei unterscheidet man zum einen, ob ein offenes oder ein geschlossenes Polygon verwendet wird, d.h. **Polygonzug** bzw. **Ringpolygon**, zum anderen kann die Punktbestimmung in einem lokalen oder in einem übergeordneten Koordinatensystem erfolgen, d.h. ohne bzw. mit Richtungsanschluss.

Polygonzug mit einseitigem Richtungsanschluss

Bekannt sind die Festpunkte P_0 und P_1, zu bestimmen die Neupunkte P_2 bis P_N und gemessen wurden die Strecken s_i zwischen den Punkten P_1 bis P_N sowie die Brechungswinkel β_i in den Punkten P_1 bis P_{N-1} (in Zugrichtung links).

- Berechnung der Anschlussrichtung $t_{0,1}$ (s.o.)

- Berechnung der Richtungswinkel:

$$t_{N-1,N} = t_{0,1} - (N-1) \cdot 200^g + \sum_{i=1}^{N-1} \beta_i$$

- Berechnung der Koordinaten:

$$y_N = y_1 + \sum_{i=1}^{N-1} s_i \cdot \sin t_{i,i+1}$$
$$x_N = x_1 + \sum_{i=1}^{N-1} s_i \cdot \cos t_{i,i+1}$$

Die Neupunkte werden hier durch fortgesetztes Polares Anhängen gerechnet, ohne Ausgleichung. Im folgenden Abschnitt entsteht durch beidseitigen Anschluss eine Überbestimmung; entstehende Widersprüche werden ausgeglichen.

Polygonzug mit beidseitigem Richtungsanschluss

Bekannt sind die Festpunkte P_0, P_1, P_N und P_{N+1}, zu bestimmen die Neupunkte P_2 bis P_{N-1} und gemessen wurden die Strecken s_i zwischen den Punkten P_1 bis P_{N-1} sowie die Brechungswinkel β_i in den Punkten P_1 bis P_N (in Zugrichtung links).
Anmerkung: In diesen Formeln ist bereits eine Ausgleichung enthalten!

- Berechnung der Anschlussrichtungen $t_{0,1}$ und $t_{N,N+1}$ (s.o.)

- Vergleich mit Beobachtungen, Verteilung des Widerspruchs f_β:

$$f_\beta = t_{N,N+1} - t_{0,1} - \left(\sum_{i=1}^{N} \beta_i - N \cdot 200^g\right)$$

$$v_\beta = \frac{f_\beta}{N} \quad \text{Verbesserungen}$$

- Berechnung endgültiger Richtungswinkel $\hat{t}$:

$$\hat{t}_{N,N+1} = t_{0,1} - \sum_{i=1}^{N} (\beta_i + v_\beta - 200^g)$$

- Vergleich der Koordinaten, Verteilung der Widersprüche f_x, f_y:

$$f_y = y_N - y_1 - \left(\sum_{i=1}^{N-1} s_i \cdot \sin \hat{t}_{i,i+1}\right)$$

$$f_x = x_N - x_1 - \left(\sum_{i=1}^{N-1} s_i \cdot \cos \hat{t}_{i,i+1}\right)$$

$$v_{\Delta y_i} = \frac{s_i}{\sum s} \cdot f_y \quad \text{(Verbesserungen}$$

$$v_{\Delta x_i} = \frac{s_i}{\sum s} \cdot f_x \quad \text{strecken-proportional)}$$

- Berechnung endgültiger Koordinaten:

$$y_N = y_1 + \sum_{i=1}^{N-1} \left(s_i \cdot \sin \hat{t}_{i,i+1} + v_{\Delta y_i}\right)$$

$$x_N = x_1 + \sum_{i=1}^{N-1} \left(s_i \cdot \cos \hat{t}_{i,i+1} + v_{\Delta x_i}\right)$$

4.2.3 Polarverfahren

Polarverfahren konnten seit der Einführung der Elektronischen Distanzmessung (EDM) automatisiert werden und waren bis zur Marktreife der Vermessung mittel GPS das gängige Verfahren.

Zunächst ist der Geräte-Standpunkt mittels einer **2D-Transformation** zu bestimmen (siehe folgendes Teilkapitel). In einem lokalen Koordinatensystem wird ein beliebiger Festpunkt als Nullrichtung festgelegt und zeitweise kontrolliert; im übergeordneten (Landes-) Koordinatensystem wird die Richtung zu einem beliebigen Festpunkt notiert und zeitweise kontrolliert. Mindestens 2 Festpunkte werden für die Einpassung benötigt, die mittels Transformation erfolgt (siehe folgenden Abschnitt). Durch die Transformation erhalten die lokalen Richtungen einen Bezug zum übergeordneten Koordinatensystem.

Polare Aufnahme

Gemessen werden die Strecken und die Richtungen zu den unbekannten Punkten (Neupunkte). Die Kartesischen Koordinaten der Neupunkte ergeben sich aus den Trigonometrischen Formeln im Rechtwinkligen Dreieck (s.o.):

$$y_i = s_i \cdot \sin t_{i,0}$$
$$x_i = s_i \cdot \cos t_{i,0}$$

Polare Absteckung

Elemente sind die Strecken und die Richtungen zu den geplanten Punkten (Absteckungspunkte). Diese Polaren Koordinaten der Absteckungspunkte ergeben sich aus dem Richtungswinkel (Quadrantenregel s.o.) und dem Satz des Pythagoras (s.o.):

$$t_{i,0} = \arctan \frac{y_0 - y_i}{x_0 - x_i}$$
$$s_i = \sqrt{(y_0 - y_i)^2 + (x_0 - x_i)^2}$$

4.3 Transformationen

Transformationen ermöglichen die Umrechnung von Koordinaten zwischen unterschiedlichen Koordinatensystemen und werden in diesem Fall **Koordinaten-Transformationen** genannt. Die in der Niederen Geodäsie gebräuchlichen Transformationen sind die Helmert- und die Affin-Transformation.

4.3.1 Helmert-/Ähnlichkeitstransformation

Die **Helmert-Transformation** wird auch als Ähnlichkeitstransformation bezeichnet. Sie ist winkeltreu, d.h. ein Quadrat wird in ein Quadrat abgebildet.
Zur Bestimmung der 4 Parameter werden mindestens 2 identische Punkte benötigt. Die Helmert-Transformation besitzt 4 Freiheitsgrade (ggf. Ausgleichung!):

- Verschiebung in beiden Koordinatenrichtungen (**Translation**, 2 Freiheitsgrade)

- Drehung des Koordinatensystems um einen Winkel (**Rotation**, 1 Freiheitsgrad)

- Multiplikation mit gemeinsamem Maßstabsfaktor (**Skalierung**, 1 Freiheitsgrad)

Die Grundgleichungen der Helmert-Transformation lauten:

$$y' = y_0 + m \cdot x \cdot \sin\alpha + m \cdot y \cdot \cos\alpha$$
$$x' = x_0 + m \cdot x \cdot \cos\alpha - m \cdot y \cdot \sin\alpha$$

Die Gleichungen lassen sich parametrisiert in folgender Form darstellen:

$$y' = y_0 + b_1 \cdot x + a_1 \cdot y$$
$$x' = x_0 + a_1 \cdot x - b_1 \cdot y$$

Die 4 Koeffizienten y_0, x_0, a_1, b_1 können mit Hilfe von in Ursprungs- und Zielsystem bekannten, identischen Punkten (**Passpunkten**) bestimmt werden. Aus jedem Passpunkt P_i ergeben sich 2 Bestimmungsgleichungen.

Durch die sich aus 2 Passpunkten ergebenden 4 Bedingungsgleichungen lassen sich die 4 unbekannten Koeffizienten eindeutig bestimmen. Liegen weitere Passpunkte in allgemeiner Lage vor (d.h. nicht auf einer Geraden), so ergibt sich ein überbestimmtes Gleichungssystem. Die Lösung erfolgt hier durch eine Ausgleichung nach der **Methode der kleinsten Quadrate** (siehe Kapitel *Höhere Geodäsie*), welche die Quadratsumme aus den Unterschieden der Koordinaten identischer Punkte (*Residuen*) im ersten und zweiten, transformierten System minimiert.

Einfache, numerisch stabile Formeln ergeben sich nach Reduktion der Koordinaten auf den jeweiligen Schwerpunkt (hierbei ist N die Anzahl der identischen Punkte):

$$y^S = \frac{\sum y_i}{N} \qquad x^S = \frac{\sum x_i}{N} \qquad y'^S = \frac{\sum y'_i}{N} \qquad x'^S = \frac{\sum x'_i}{N}$$

$$\overline{y}_i = y_i - y^S \qquad \overline{x}_i = x_i - x^S \qquad \overline{y}'_i = y'_i - y'^S \qquad \overline{x}'_i = x'_i - x'^S$$

Die **4 Koeffizienten** berechnen sich dann aus folgenden Formeln:

$$a_1 = \frac{\sum(\overline{x}_i \overline{x}'_i) + \sum(\overline{y}_i \overline{y}'_i)}{\sum(\overline{x}_i{}^2 + \overline{y}_i{}^2)} \qquad b_1 = \frac{\sum(\overline{x}_i \overline{y}'_i) + \sum(\overline{y}_i \overline{x}'_i)}{\sum(\overline{x}_i{}^2 + \overline{y}_i{}^2)}$$

$$x_0 = x'^S - a_1 x^S + b_1 y^S \qquad y_0 = y'^S - b_1 x^S - a_1 y^S$$

$$m = \sqrt{a_1^2 + b_1^2} \qquad \alpha = \arctan\left(\frac{b_1}{a_1}\right)$$

Der **mittlere Fehler** m_0 berechnet sich nach ($\hat{y}'_i, \hat{x}'_i$ transformierte Koordinaten):

$$v_{yi} = \hat{y}'_i - y'_i \quad \text{Restklaffungen bzw.}$$
$$v_{xi} = \hat{x}'_i - x'_i \quad \text{Residuen in x und y}$$
$$m_0 = \pm\sqrt{\frac{\sum(v_{yi}^2 + v_{xi}^2)}{2N - 4}}$$

Der mittlere Fehler m_0 der Koordinaten ist als ein Maß für die mehr oder weniger vollkommene Ähnlichkeit der Punktlage zu verstehen. Für das Ergebnis spielt es keine Rolle, welches System man als das genauere und welches man als das ungenauere anzusehen hat, da die Fehlervektoren die Quadratsumme der Abstände identischer Punkte darstellen und diese in beiden Systemen identisch ist.

Die Hauptanwendung der Helmert-Transformation mit Überbestimmung im Vermessungswesen ergibt sich, wenn man in einem freien Netz oder einem photogrammetrischen Modell (siehe nachfolgendes Kapitel) zahlreiche Neupunkte bestimmt hat und diese nun mittels relativ weniger, in beiden Systemen bekannter Passpunkte in ein vorhandenes übergeordnetes System (i.d.R. das System der Landeskoordinaten) umformen will.

4.3.2 Affin-Transformation

Die **Affintransformation** ist die allgemeinste Form einer linearen 6-Parameter-Transformation. Sie ist geradentreu und parallelentreu, d.h. ein Quadrat wird in ein beliebiges Parallelogramm abgebildet.

Zur Bestimmung der 6 Parameter werden mindestens 3 identische Punkte benötigt. Die Affintransformation besitzt 6 Freiheitsgrade (ggf. Ausgleichung!):

- Verschiebung in beiden Koordinatenrichtungen (**Translation**, 2 Freiheitsgrade)
- Drehungen der Koordinatenachsen um je einen Winkel (**Rotation**, 2 Freiheitsgrade)
- Multiplikation mit je einem Maßstabsfaktor (**Skalierung**, 2 Freiheitsgrade)

Die Grundgleichungen der Affintransformation lauten (N Anzahl ident. Punkte):

$$y' = y_0 + m_x \cdot \sin\varphi \cdot x + m_y \cdot \cos\psi \cdot y$$
$$x' = x_0 + m_x \cdot \cos\varphi \cdot x - m_y \cdot \sin\psi \cdot y$$

Die Gleichungen lassen sich parametrisiert in folgender Form darstellen:

$$y' = y_0 + ox \cdot x + ay \cdot y$$
$$x' = x_0 + ax \cdot x - oy \cdot y$$

Nach Berechnung des **Schwerpunkts** im Quell- und Zielsystem:

$$y^S = \frac{\sum y_i}{N} \qquad x^S = \frac{\sum x_i}{N} \qquad y'^S = \frac{\sum y'_i}{N} \qquad x'^S = \frac{\sum x'_i}{N}$$

kann auf diesen zentriert werden:

$$\overline{y}_i = y_i - y^S \qquad \overline{x}_i = x_i - x^S \qquad \overline{y}'_i = y'_i - y'^S \qquad \overline{x}'_i = x'_i - x'^S$$

Die **6 Parameter** lassen sich dann folgendermaßen berechnen:

$$NN = \sum(\overline{x}_i \cdot \overline{x}_i) \cdot \sum(\overline{y}_i \cdot \overline{y}_i) - \sum(\overline{x}_i \cdot \overline{y}_i)^2$$
$$ox = \frac{\sum(\overline{x}_i \cdot \overline{y}'_i) \cdot \sum(\overline{y}_i \cdot \overline{y}_i) - \sum(\overline{y}_i \cdot \overline{y}'_i) \cdot \sum(\overline{x}_i \cdot \overline{y}_i)}{NN}$$

$$ay = \frac{\sum(\overline{y}_i \cdot \overline{y}_i') \cdot \sum(\overline{x}_i \cdot \overline{x}_i) - \sum(\overline{x}_i \cdot \overline{y}_i') \cdot \sum(\overline{x}_i \cdot \overline{y}_i)}{NN}$$

$$ax = \frac{\sum(\overline{x}_i \cdot \overline{x}_i') \cdot \sum(\overline{y}_i \cdot \overline{y}_i) - \sum(\overline{y}_i \cdot \overline{x}_i') \cdot \sum(\overline{x}_i \cdot \overline{y}_i)}{NN}$$

$$oy = \frac{\sum(\overline{x}_i \cdot \overline{x}_i') \cdot \sum(\overline{x}_i \cdot \overline{y}_i) - \sum(\overline{y}_i \cdot \overline{x}_i') \cdot \sum(\overline{x}_i \cdot \overline{x}_i)}{NN}$$

$$y_0 = y'^S - ox \cdot x^S - ay \cdot y^S$$

$$x_0 = x'^S - ax \cdot x^S + oy \cdot y^S$$

Daraus errechnen sich die **Maßstabsfaktoren** und die **Drehwinkel**:

$$m_x = \sqrt{ax^2 + ox^2}$$
$$m_y = \sqrt{ay^2 + oy^2}$$
$$\varphi = \arctan(ox/ax)$$
$$\psi = \arctan(oy/ay)$$

Der **mittlere Fehler** m_0 berechnet sich nach ($\hat{y}_i', \hat{x}_i'$ transformierte Koordinaten):

$$v_{yi} = \hat{y}_i' - y_i' \quad \text{Restklaffungen bzw.}$$
$$v_{xi} = \hat{x}_i' - x_i' \quad \text{Residuen in x und y}$$
$$m_0 = = \pm\sqrt{\frac{\sum(v_{yi}^2 + v_{xi}^2)}{2N - 6}}$$

Durch die gegenüber der Helmert-Transformation höhere Anzahl an Parametern (Freiheitsgraden) werden eventuelle Fehler weniger sichtbar, da jeder Freiheitsgrad einen Teil des Fehlers „auffängt" (*Redundanzanteil*, siehe Kapitel 5.5).

Die Grundgleichungen für die **Rücktransformation** lauten analog:

$$y = y_0^R + x' \cdot ox^R + y' \cdot ay^R$$
$$x = x_0^R + x' \cdot ax^R - y' \cdot oy^R$$

Die Parameter für die Rücktransformation lassen sich direkt ermitteln als:

$$ox^R = \frac{-ox}{ax \cdot ay + oy \cdot ox}$$
$$ay^R = \frac{ax}{ax \cdot ay + oy \cdot ox}$$
$$ax^R = \frac{ay}{ax \cdot ay + oy \cdot ox}$$
$$oy^R = \frac{-oy}{ax \cdot ay + oy \cdot ox}$$
$$y_0^R = -ox^R \cdot x_0 - ay^R \cdot y_0$$
$$x_0^R = -ax^R \cdot x_0 + oy^R \cdot y_0$$

4.4 Trassierung

Die Berechnung von Trassierungen für Verkehrswege (Straßen, Eisenbahnstrecken, etc.) gehört eigentlich zur Ingenieurvermessung, die Koordinatenberechnung hängt jedoch unmittelbar mit der Niederen Geodäsie zusammen.

4.4.1 Verwendung der Trassierungselemente

Als Trassierungselemente werden üblicherweise **Gerade**, **Kreisbogen** und **Klothoide** verwendet. Daneben gibt es unterschiedliche Kombinationen dieser Elemente, z.B werden i.d.R beim **Eisenbahnbau** nur Geraden und Kreisbögen verwendet. Kreisbögen mit zunehmender bzw. abnehmender **Krümmung** (1/Radius) werden dabei zu einem Kurvenelement (z.B. **Korbbogen**) verbunden. Beim **Straßenbau** wird auch die Klothoide als Übergangselement verwendet, um von der Geraden zu einem Kreisbogen bestimmter Krümmung zu gelangen.

4.4.2 Methoden zur Kreisbogenabsteckung

Zur Berechnung und Absteckung von Bogenhaupt und -zwischenpunkten gibt es unterschiedliche Methoden:

- mit Rechtwinkligen Koordinaten von der Tangente aus
- mit Rechtwinkligen Koordinaten von der Sehne aus
- mit Polaren Koordinaten von einem festen Punkt aus
- über ein Bogen-nahes Polygon

Die grundlegende Beziehung zwischen Zentriwinkel α und Bogenlänge b folgt aus den mathematischen Grundlagen:

$$b \;=\; \alpha \cdot \frac{r \cdot \pi}{200^g}$$

wobei r der Radius des Kreisbogens ist.

4.4.3 Formeln zur Klothoide

Die Klothoide ist eine Linie mit stetig zunehmender Krümmung: Von einer Geraden mit Krümmung 0 kann sie bis zu einer bestimmten **Krümmung** berechnet werden, die dem Kehrwert des Radius R des nachfolgenden Kreisbogens entspricht. Die Bestimmungsstücke der Klothoide sind der **Klothoidenparameter** A und die **Bogenlänge der Einheitsklothoide** L.
Da die mathematischen Formeln der Klothoide auf ein Elliptisches Integral führen, wurde in der Vergangenheit mit Tabellen, seit der Einführung des Computers meist mit **Näherungsformeln** gearbeitet. Dabei werden lokale Koordinaten für die Klothoide angegeben.

Klothoidenpunkte berechnen sich dann wie folgt (Näherung mittels Reihenentwicklung):

$$y_i = \frac{l^3}{6} - \frac{l^7}{336} + \frac{l^{11}}{42240}$$
$$x_i = l - \frac{l^5}{40} + \frac{l^9}{3456}$$

wobei für die Bogenlänge l gilt:

$$l = \frac{L}{A} = \frac{A^2}{R}$$

4.5 Punktbestimmung in der Höhe

In der Niederen Geodäsie werden Lage- und Höhenbestimmung i.d.R. getrennt. Für die Höhenbestimmung gibt es unterschiedliche Verfahren, die nun kurz dargestellt werden.

4.5.1 Geometrische Höhenbestimmung

Die Geometrische Höhenbestimmung basiert auf der Winkelmessung mittels Theodolit. Dies hat den Vorteil, daß auch eine Höhenübertragung über größere Distanzen schnell möglich ist, sofern die Sicht gegeben ist. Seit dem Zeitalter der Tachymeter (Theodolit mit Elektronischer Distanzmessung) kann auch eine Vielzahl von (nahen) Einzelpunkten schnell in der Höhe bestimmt werden.

Im einfachsten Fall wird lediglich das Rechtwinklige Dreieck benötigt, um aus gemessener **Schrägstrecke** s_{sch} und **Zenitdistanz** z nach der gesuchten Höhendifferenz aufzulösen:

$$\Delta H = s_{sch} \cdot \cos z = s_{hor} \cdot \cot z$$

Kompliziertere Methoden (ggf. über größere Strecken), wie z.B. gegenseitig gleichzeitige Zenitwinkel, haben eine aufwendigere Berechnung (Erdkrümmung, Refraktion).

4.5.2 Nivellitische Höhenbestimmung

Bei der Nivellitischen Höhenbestimmung kommen ein Nivelliergerät und Nivellierlatten zum Einsatz. Das **Nivellement** ist nur für die Höhenbestimmung auf kurze Distanzen ausgelegt, erreicht jedoch höhere Genauigkeit als die Geometrische Höhenbestimmung.

Aus dem Höhenanschluss im Anfangs- und Endpunkt und den einzelnen Aufstellungen mit Vor- v und Rückblick r errechnen sich zunächst die Höhen der frei wählbaren Aufstellungspunkte; die Seitenblicke liefern die Höhen der eigentlich zu bestimmenden Punkte. Die Grundgleichung für den nivellierten **Höhenunterschied** ΔH lautet:

$$\Delta H = r - v$$

Die Differenz (der Widerspruch) zwischen Höhenunterschied nach beidseitigem Höhenanschluss (soll) und gemessenem Wert (ist) wird Strecken-proportional verteilt:

$$\Delta H_i^{soll} = \Delta H_i^{ist} + \frac{s_i}{\sum s} \cdot \left(\sum \Delta H^{soll} - \sum \Delta H^{ist} \right)$$

4.5.3 Satellitengestützte Höhenbestimmung

Das satellitengestützte GPS-System erlaubt wie in der Lage auch in der Höhe eine Vereinheitlichung des Mess-Systems. Die GPS-basierte Höhenbestimmung gehört in der heutigen Praxis auch zur Niederen Geodäsie, kommt in ihren Grundlagen eigentlich von der Höheren Geodäsie. Da im folgenden Kapitel über die *Höhere Geodäsie* auf die Geoid-Bestimmung nicht eingegangen wird (für GIS kaum relevant), sollen hier kurz die wichtigsten Informationen zu **Höhensystemen** dargestellt werden.

Zwei wesentliche Kriterien legen ein Höhensystem fest: Zum einen orientieren sich Höhensysteme an einem bestimmten **Pegel** als Referenzpunkt, der für ein Land oder mehrere Länder einheitlich sein kann. Zum anderen bestimmt die physikalische Definition der Höhe über das jeweilige System. Die Höhere Geodäsie modelliert das **Geoid** als Äquipotentialfläche im Erdschwerefeld; eine ruhende Wasseroberfläche würde diese Fläche bilden. Ausgehend vom Erdellipsoid wird ein zusätzlicher additiver Betrag in der Höhe ermittelt, der von der Ungleichheit des Erdschwerefeldes herrührt (*Geoid-Undulation*). Die vom GPS erhaltene **ellipsoidische Höhe** h setzt sich aus dieser Geoid-Undulation N und der Höhe H im Landessystem zusammen:

$$h \; = \; N + H$$

Es gibt unterschiedliche Ansätze, um von Schwerewerten auf die Geoid-Undulation zu schließen. Je nach verwendetem Ansatz haben die Länder unterschiedliche Höhensysteme definiert. So waren in Westdeutschland bis 1992 die **Normalorthometrischen Höhen** das offizielle Höhensystem. Nach der Wiedervereinigung wurde auf das Höhensystem der **Normalhöhen** umgestellt, das in Ostdeutschland (mit anderem Pegel) eingeführt war. In Österreich und der Schweiz werden **Orthometrische Höhen** verwendet.

Kapitel 5

Grundlegende Berechnungen der Höheren Geodäsie

Die Höhere Geodäsie beschäftigt sich mit der Vermessung von Ländern, Kontinenten oder der ganzen Erde. In der Höheren Geodäsie werden Geodätische Koordinaten und Dreidimensionale Koordinaten verwendet, daneben existieren Rechtwinklige Koordinaten in Form von Projektionen auf Landes- oder Welt-Ebene.

5.1 Grundlegende Konventionen

5.1.1 Geodätische Bezugssysteme und Koordinaten

In den Landesvermessungen der Länder wurden lange Zeit vor dem GPS-Zeitalter geodätische Bezugssysteme geschaffen. Dabei wurde ausgehend von großräumigen **Dreiecksnetzen** (Triangulation, Trilateration) ein Trigonometrisches Festpunktfeld vermessen, das auf mehreren Stufen verdichtet wurde (z.B. Deutsches Hauptdreiecksnetz). Referenzfläche dieser Netze ist i.d.R. ein Landes-spezifisches Ellipsoid (z.B. das Bessel-Ellipsoid), das in einem Referenzpunkt gelagert und orientiert wird (*geodätisches Datum*).

Das globale Bezugssystem der Höheren Geodäsie basiert auf dem **Erdellipsoid**, einem Körper, der durch die Rotation einer Ellipse um ihre **Kleine Halbachse** entsteht. Der Erdschwerpunkt wird als Nullpunkt angenommen, die dreidimensionalen Koordinaten haben folgende Richtungen, wobei x-Achse und y-Achse in der Äquatorebene ($\varphi = 0°$) liegen:

- x-Achse: positiv in Richtung Geographische Länge $\lambda = 0°$ (Länge von Greenwich)

- y-Achse: positiv in Richtung Geographische Länge $\lambda = 90°$ Ost

- z-Achse: positiv in Richtung Nordpol (bzw. senkrecht zu x- und y-Achse)

Auf dem Ellipsoid können die Koordinaten auch in sphärischen Koordinaten in Altgrad angegeben werden. Diese werden als **Geodätische Länge** L und **Geodätische Breite** B bezeichnet. Es besteht ein Unterschied zwischen Geographischen Koordinaten und Geodätischen Koordinaten, der durch sog. **Reduktionen** berechnet werden kann, um eine Umrechnung zu ermöglichen.

Navigationssysteme wie GPS, GLONASS und GALILEO liefern als Rohdaten Koordinaten bezüglich des globalen Erdellipsoids **WGS84** (World Geodetic System 1984).

5.1.2 Ellipsoidparameter

Neben den aus der elementaren Geometrie bekannten Parametern **Große Halbachse** a und **Kleine Halbachse** b werden etliche andere grundlegende Parameter bei den Geodätischen Grundaufgaben und Transformationen häufig benötigt. Dazu zählen u.a. **Abplattung** f, 1. numerische Exzentrizität e^2 und 2. numerische Exzentrizität e'^2:

$$
\begin{aligned}
c &= a \cdot a / b \\
f &= (a - b)/a \\
n &= (a - b)/(a + b) \\
e^2 &= (a \cdot a - b \cdot b)/(a \cdot a) \\
e'^2 &= (a \cdot a - b \cdot b)/(b \cdot b) \\
n^2 &= n \cdot n
\end{aligned}
$$

Bei den nachfolgend erklärten Transformationen treten auch folgende Hilfsgrößen auf:

$$
\begin{aligned}
a_0 &= 1 + n^2/4 + n^2 \cdot n^2/64 \\
a_2 &= 3 \cdot n \cdot (1 - n^2/8) \\
a_4 &= n^2 \cdot 15/8 \cdot (1 - n^2/4) \\
a_6 &= 35/24 \cdot n^2 \cdot n \\
a_8 &= 315/256 \cdot n^2 \cdot n^2
\end{aligned}
$$

5.1.3 Geodätische Grundaufgaben

Die Geodätische Grundaufgaben entsprechen Dreiecksauflösungen auf der Kugel. Bekannt und exakt ist die Lösung nach **Bessel** und **Helmert**. In den Geodätischen Grundaufgaben tritt ein Begriff auf, der bisher nicht erläutert wurde. Das Geodätische **Azimut** ist ähnlich definiert wie der Richtungswinkel in der Niederen Geodäsie als der Winkel in einem Punkt von Gitternord zu einem anderen Punkt im Uhrzeigersinn. Wie Geodätische Länge und Breite wird auch das Azimut in Altgrad (Grad-Minuten-Sekunden) gemessen und notiert.

Erste Geodätische Grundaufgabe

Bekannt sind der Anfangspunkt P_1 in Breite B_1 und Länge L_1, das Azimut A_1 in diesem Punkt und die Strecke $s_{1,2}$ (geodätische Linie) zum Endpunkt P_2. Zu Berechnen sind der Endpunkt in Breite B_2 und Länge L_2 und das Azimut A_2 in diesem Punkt.
Das Formelsystem besteht aus etlichen Formeln. Da die Erste Geodätische Grundaufgabe für GIS-Anwendungen kaum relevant ist, sei auf die Fachliteratur verwiesen.

Zweite Geodätische Grundaufgabe

Bekannt sind der Anfangspunkt P_1 in Breite B_1 und Länge L_1 und der Endpunkt P_2 in Breite B_2 und Länge L_2. Zu Berechnen sind die Strecke $s_{1,2}$ (geodät. Linie) zwischen diesen beiden Punkten und die Azimute A_1, A_2 in diesen Punkten.
Das Formelsystem besteht aus etlichen Formeln. Da die Zweite Geodätische Grundaufgabe für GIS-Anwendungen kaum relevant ist, sei auf die Fachliteratur verwiesen.

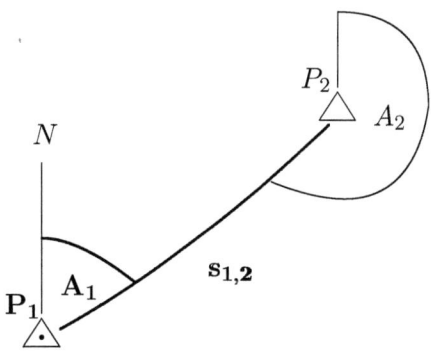

Abbildung 5.1: Erste Geodätische Grundaufgabe

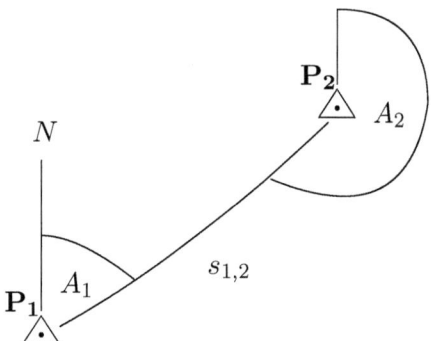

Abbildung 5.2: Zweite Geodätische Grundaufgabe

5.2 Transformationen

Transformationen gibt es in der Höheren Geodäsie zahlreiche, z.B. zwischen

- Dreidimensionale Koordinaten ↔ Geodätische Koordinaten
- Geodätische Koordinaten ↔ Ebene Koordinaten (Projektion)
- Dreidimens. Koordinaten (Ellipsoid 1) ↔ Dreidimens. Koordinaten (Ellipsoid 2)
- Geodätische Koordinaten (Ellipsoid 1) ↔ Geodätische Koordinaten (Ellipsoid 2)

Zunächst werden die beiden ersten Punkte aufgezeigt, bei denen es sich um **Koordinaten-Transformationen** handelt. Die beiden letzten Punkte und die Abschnitte am Ende des Kapitels behandeln **Datumstransformationen**.

Hinweis: Für die Programmierung werden auch folgende Funktionen benötigt:
FIX() = Fixum, d.h. der Ganzzahlige Anteil,
ABS() = Absolutbetrag, d.h. bei negativen Zahlen Elimination des Minuszeichens,
SIGN() = Signum, d.h. das Vorzeichen: -1 für negative u. +1 für positive Zahlen (0 für 0).

5.2.1 Transformationen Dreidimensionale ↔ Geodätische Koordinaten

Koordinaten-Transformation in beiden Richtungen:

Transformation x,y,z → B,L,h

Die Berechnung beginnt mit folgendem Formelsystem, wobei die Geodätische Länge L unmittelbar folgt (mit Querkrümmungsradius N_h):

$$\begin{aligned} L &= \arctan(y/x) \\ h &= 0 \quad \text{(Startwert)} \\ N_h &= a \quad \text{(Startwert)} \\ q^2 &= \sqrt{x \cdot x + y \cdot y} \\ t &= z/q^2 \cdot (1 + e'^2) \end{aligned}$$

Für die Geodätische Breite B und die Höhe h ist eine Iteration notwendig (etwa 3 Durchläufe):

$$\begin{aligned} B &= \arctan(t/(e'^2 \cdot h/(N_h + h) + 1)) \\ N_h &= a/\sqrt{1 - (\sin B)^2 \cdot e^2} \\ h &= q^2/\cos(B) - N_h \end{aligned}$$

Transformation B,L,h → x,y,z

Die Berechnung liefert mit folgendem Formelsystem unmittelbar die Dreidimensionalen Koordinaten x, y, z:

$$\begin{aligned} N_h &= a/\sqrt{1 - (\sin B)^2 \cdot e^2} \\ x &= (N_h + h) \cdot \cos B \cdot \cos L \\ y &= (N_h + h) \cdot \cos B \cdot \sin L \\ z &= ((1 - e^2) \cdot N_h + h) \cdot \sin B \end{aligned}$$

5.2.2 Transformationen Geodätische ↔ Ebene Koordinaten

Koordinaten-Transformation in beiden Richtungen:

Transformation B,L,h → E,N,h

Folgendes Formelsystem berechnet die Koordinaten $E = Y; N = X$ der UTM-Projektion (genaue Erklärung im folgenden Teilkapitel), wobei L_0 der Bezugsmeridian ist:

$$\begin{aligned} zone &= FIX((L_0 + 183)/6) \\ m_0 &= 0.9996 \\ \Delta L &= L - L_0 \\ e_t &= e'^2 \cdot \cos B \cdot \cos B \\ B_F &= \arctan(\tan B/\cos(\sqrt{1 + e_t} \cdot \Delta L) \cdot ((1 - 3 \cdot (\sin B)^2) \cdot e_t \cdot \Delta L^4/6 + 1)) \\ k_2 &= a_2 \cdot \sin(2 \cdot B) \\ k_4 &= a_4 \cdot \sin(4 \cdot B) \end{aligned}$$

$$\begin{aligned}
k_6 &= a_6 \cdot \sin(6 \cdot B) \\
k_8 &= a_8 \cdot \sin(8 \cdot B) \\
G &= a/(1+n) \cdot (a_0 \cdot B_F - 0.5 \cdot (k_2 - k_4 + k_6 - k_8)) \\
X &= m_0 \cdot G \\
e'^2_F &= e'^2 \cdot \cos B_F \cdot \cos B_F \\
Y_T &= \operatorname{areasinh}(\tan \Delta L \cdot \cos B_F / \sqrt{1 + e'^2_F} \cdot ((e'^2_F/6 + 0.1 \cdot \Delta L^2) \cdot e_t \cdot \Delta L^2 \cdot (\cos B_F)^2 + 1)) \\
Y &= Y_T \cdot m_0 \cdot c + zone \cdot 1000000 + 500000
\end{aligned}$$

wobei die Hilfsgrößen a_0, a_2, a_4, a_6, a_8 oben bei den Ellipsoidparametern (dort auch a, c, e'^2) definiert wurden und der **Area Sinus Hyperbolicus** areasinh bei der Programmierung i.d.R. als Funktion anderer mathematischer Funktionen zu definieren ist:

$$\operatorname{areasinh}(x) = \log(x + \sqrt{x \cdot x + 1})$$

Transformation E,N,h → B,L,h

Folgendes Formelsystem geht von den Koordinaten $E = Y; N = X$ in UTM-Projektion aus (genaue Erklärung im folgenden Teilkapitel *Geodätische Abbildungen*):

$$\begin{aligned}
zone &= SIGN(Y) \cdot FIX(ABS(Y/1000000)) \\
L_0 &= zone \cdot 6 - 183 \\
m_0 &= 0.9996 \\
G &= X/m_0 \\
B_S &= G \cdot (1+n)/a/a_0 \\
k_2 &= (48 - 27 \cdot n^2) \cdot n \cdot \sin(2 \cdot B_S) \\
k_4 &= (42 - 55 \cdot n^2) \cdot n^2 \cdot \sin(4 \cdot B_S) \\
k_6 &= 151/3 \cdot n^2 \cdot n \cdot \sin(6 \cdot B_S) \\
k_8 &= 1097/16 \cdot n^2 \cdot n^2 \cdot \sin(8 \cdot B_S) \\
B_F &= B_S + (k_2 + k_4 + k_6 + k_8)/32 \\
e'^2_F &= e'^2 \cdot \cos B_F \cdot \cos B_F \\
Y_T &= Y/(m_0 \cdot c) \\
L &= \arctan(\sqrt{1 + e'^2_F}/\cos B_F \cdot \sinh(Y_T) \cdot (1 - e'^2_F \cdot e'^2_F \cdot Y_T \cdot Y_T/6 - 0.1 \cdot e'^2 \cdot Y_T^4)) \\
B &= \arctan(\tan B_F \cdot \cos(\sqrt{1 + e'^2_F} \cdot L) \cdot (1 - e'^2_F \cdot L^4/6))
\end{aligned}$$

wobei die Hilfsgrößen a_0, a_2, a_4, a_6, a_8 oben bei den Ellipsoidparametern (dort auch a, c, e'^2) definiert wurden und der **Sinus Hyperbolicus** sinh bei der Programmierung i.d.R. als Funktion anderer mathematischer Funktionen zu definieren ist:

$$\sinh(x) = (\exp(x) - \exp(-x)) \cdot 0.5$$

5.2.3 Datumstransformationen

Bei Datumstransformationen findet ein Wechsel des geodätischen Bezugssystems statt. Dabei werden gleichartige Koordinaten zwischen Koordinatensystemen mit unterschiedlichem Nullpunkt, Maßstab und/oder Orientierung umgerechnet.

7-Parameter-Ähnlichkeits-Transformation

Ausgehend von drei unbekannten Translationen, drei unbekannten beliebig großen Drehwinkeln und einem unbekannten Maßstab, wird das Modell der **7-Parameter-Transformation** definiert. Das Transformationsmodell für dreidimensionale Kartesische Koordinaten x, y, z stellt sich wie folgt dar:

$$\begin{pmatrix} x' \\ y' \\ z' \end{pmatrix} = \begin{pmatrix} V_x \\ V_y \\ V_z \end{pmatrix} + M \cdot \begin{pmatrix} 1 & -R_z & +R_y \\ +R_z & 1 & -R_x \\ -R_y & +R_x & 1 \end{pmatrix} \cdot \begin{pmatrix} x \\ y \\ z \end{pmatrix}$$

wobei die drei **Rotationsparameter** R_x, R_y und R_z in Radiant einzuführen sind.
Diese drei Parameter, die **Translationsparameter** V_x, V_y und V_z und der **Maßstabsfaktor** M müssen aus Punkten, die bereits in beiden Systemen bekannt sind, ermittelt werden.
Einsatzgebiete für die Transformation 3D-kartesischer Koordinaten von einem Start- in ein Zielsystem findet man in der Photogrammetrie, in der Industrievermessung und in der Landesvermessung inkl. GPS-Messungen.

Datumstransformation nach Molodensky

Im Gegensatz zur 7-Parameter-Transformation wird bei der Datumstransformation nach Molodensky mit Geodätischer Länge L und Breite B gerechnet. Zunächst sind einige Ellipsoidparameter notwendig, wobei a, b die Halbachsen sind und der Index 1 das Ausgangs- und der Index 2 das Ziel-Ellipsoid bedeuten:

$$\begin{aligned} \Delta a &= a_2 - a_1 \\ \Delta f &= (a_2 - b_2)/a_2 - (a_1 - b_1)/a_1 \\ e_1^2 &= (a_1 \cdot a_1 - b_1 \cdot b_1)/(a_1 \cdot a_1) \\ W_1 &= \sqrt{1 - e_1^2 \cdot \sin B_1 \cdot \sin B_1} \\ M_1 &= a_1 \cdot (1 - e_1^2)/W_1^3 \quad \text{Meridiankrümmungsradius} \\ N_1 &= a_1/W_1 \quad \text{Querkrümmungsradius} \end{aligned}$$

Die Formeln nach Molodensky lauten:

$$\begin{aligned} FB_1 &= 1/(M_1 + h_1) \\ FL_1 &= 1/((N_1 + h_1) \cdot \cos B_1) \\ K_B &= \Delta a/a_1 \cdot (N_1 \cdot e_1^2 \cdot \sin B_1 \cdot \cos B_1) + \Delta f \cdot (M_1/b_1 \cdot a_1 + N_1/a_1 \cdot b_1) \cdot \sin B_1 \cdot \cos B_1 \\ K_H &= -\Delta a \cdot a_1/N_1 + \Delta f \cdot b_1/a_1 \cdot N_1 \cdot \sin B_1 \cdot \sin B_1 \end{aligned}$$

$$\Delta B = FB_1 \cdot (-dX \cdot \sin B_1 \cdot \cos L_1 - dY \cdot \sin B_1 \cdot \sin L_1 + dZ \cdot \cos B_1 + K_B)$$
$$\Delta L = FL_1 \cdot (-dX \cdot \sin L_1 + dY \cdot \cos L_1)$$
$$\Delta h = dX \cdot \cos B_1 \cdot \cos L_1 + dY \cdot \cos B_1 \cdot \sin L_1 + dZ \cdot \sin B_1 + K_H$$

Die Koordinaten auf dem zweiten Ellipsoid berechnen sich zu:

$$B_2 = B_1 + \Delta B$$
$$L_2 = L_1 + \Delta L$$
$$h_2 = h_1 + \Delta h$$

Die drei **Datum-Shift-Parameter** dX, dY und dZ müssen aus Punkten, die bereits in beiden Systemen bekannt sind, ermittelt werden.

Im GIS kann diese Art der Transformation am einfachsten implementiert werden, da die drei Translationsparameter für die Umrechnung zwischen dem weltweiten Ellipsoid (i.d.R. WGS84) und landesweiten Ellipsoiden bestimmte bekannte Werte annehmen.

5.3 Geodätische Abbildungen

Die oben bei den Koordinaten-Transformationen als Ebene Koordinaten bezeichneten Koordinaten werden auch als Geodätische Abbildungen bezeichnet. Beispielhaft sollen zwei dieser Abbildungen genauer erklärt werden.

5.3.1 Gauß-Krüger-Koordinaten

Das Gauß-Krüger-Koordinatensystem ist ein kartesisches Koordinatensystem, das von **Carl Friedrich Gauß** entwickelt und von **Johann Heinrich Louis Krüger** veröffentlicht wurde. Das GK-System ermöglicht, hinreichend kleine Gebiete der Erde mit metrischen Koordinaten (*Rechts- und Hochwert*) konform zu verorten.

Die Erde wird in 3° breite **Meridianstreifen** aufgeteilt (eine Einteilung in 6° wird außerhalb Deutschlands auch angewendet). Jeder Meridianstreifen geht vom Nord- bis zum Südpol parallel zu seinem sogenannten Mittelmeridian. Die Mittelmeridiane benachbarter Meridianstreifen liegen demnach 3° (bzw. 6°) auseinander. Jeder Meridianstreifen erhält eine Kennziffer, die sich von der Gradzahl des Mittelmeridians ableitet und den Koordinaten vorangestellt wird. **Deutschland** verwendet die vier Meridianstreifen GK2, GK3, GK4 und GK5 mit den Mittelmeridianen $6^o, 9^o, 12^o$ und 15°. In **Österreich** wird eine modifizierte GK-Projektion mit Mittelmeridianen bezüglich Ferro ($17^o40'$ w.L.) verwendet, damit nur 3 Meridianstreifen (M28, M31, M34) entstehen.

Der Meridianstreifen wird auf einen Zylindermantel projiziert, dessen Achse in der Äquatorebene liegt (**transversal**) und dessen Durchmesser gleich dem der Erde ist. Der Zylinder berührt die Erde entlang des Mittelmeridians. Der Ursprung des Koordinatensystems ist der Schnittpunkt von Mittelmeridian und Äquator. Die Y-Koordinate zählt vom Ursprung positiv nach Osten, die X-Achse positiv nach Norden (genauer: parallel zur Nordrichtung des Mittelmeridians). Es handelt sich also um ein Linkssystem; man liest die Y- und X-Werte wie in jedem kartesischen Koordinatensystem ab, also parallel zu den Achsen und nicht zu den jetzt bogenförmig verlaufenden Linien der Längen- und Breitenkreise.

Um negative Werte bei den Y-Werten zu vermeiden, wird zu diesem Wert i.d.R. ein konstanter Wert von 500.000 m addiert.

5.3.2 UTM-Koordinaten

Das UTM-Koordinatensystem wurde 1947 von den Streitkräften der Vereinigten Staaten entwickelt. Im Rahmen der Internationalisierung verdrängt es immer mehr die einzelnen nationalen Koordinatensysteme. So wird in vielen amtlichen nationalen topografischen Karten das Gauß-Krüger-Koordinatensystem mittlerweile immer mehr vom UTM-Koordinatensystem abgelöst.

Das UTM-System (von englisch **Universal Transverse Mercator**) teilt die besiedelten Zonen der Erde in 60 vertikale Streifen von 6 Längengraden bzw. maximal 800 km Breite auf, um diese jeweils einzeln in einem kartesischen Koordinatensystem abzubilden. Jeder Meridianstreifen erhält eine Zonennummer. Man fängt mit der Nummerierung zwischen 180° und 174° westlicher Länge an und weist diesem die Kennziffer 1 zu; nach Osten wird aufwärts gezählt. Deutschland, Österreich und Schweiz liegen größtenteils in den Zonen 32 (6° bis 12° ö.L.) und 33 (12° bis 18° ö.L.). Die Meridianstreifen werden, vom 80. Breitengrad Süd bis zum 84. Breitengrad Nord, durch Breitenkreise im Abstand von 8° in Zonenfelder unterteilt, welche mit Buchstaben beschriftet werden. Die südlichste Zone hat den Buchstaben C und die nördlichste den Buchstaben X (Die Buchstaben I und O werden ausgelassen, um eine Verwechslung mit den Ziffern 1 und 0 zu vermeiden.)

Das UTM-Koordinatensystem basiert auf einer Zylinderprojektion, bei welcher der Projektionszylinder quer (**transversal**) zur Erdachse liegt. Auch tangiert der Projektionszylinder nicht die Oberfläche, sondern er schneidet sie. Dadurch verkürzt sich der Meridian (Großkreis in der Mitte des Schnittstreifens) bei der Projektion. Der Verkürzungsfaktor beträgt $m_0 = 0,9996$. Die Schnittkreise von Projektionszylinder und Erdkugel heißen Durchdringungskreise.

Per Definition wird der Y-Wert des Mittelmeridians um 500.000 m versetzt (**False Easting**), wodurch man negative Werte westlich des Mittelmeridians vermeidet. Da auf der Südhalbkugel auch die X-Werte negativ wären, setzt man dort den Äquator per Definition auf den X-Wert 10.000.000 m und erhält dadurch auch positive Werte. (Auf der Nordhalbkugel erhält der Äquator den X-Wert 0 m.)

5.4 Satellitengestützte Ortsbestimmung

Mit GPS hat Technik aus dem Bereich der Höheren Geodäsie Einzug gehalten in die alltägliche Vermessungspraxis. Ein kurzer Überblick über Entwicklung und Messprinzip von GPS und ähnlicher Systeme soll hier genügen.

5.4.1 Entwicklung der Systeme

Als erstes globales Satellitennavigationssystem (**GNSS** = Global Navigation Satellite System) hat sich das seit den 1970er-Jahren vom US-Verteidigungsministerium entwickelte **GPS** (Global Positioning System) etabliert. Seit Mitte der 1990er-Jahre ist es voll funktionsfähig mit mindestens 24 Satelliten (*Raumsegment*) und 11 Bodenstationen (*Bodensegment*).

Ähnlich aufgebaut ist das parallel zum GPS von der UdSSR, nun von der Russischen Föderation, entwickelte **GLONASS**. Durch den Zerfall der UdSSR in seinem Aufbau ausgebremst, ist es heute als funktionsfähiges System mit mindestens 21 Satelliten verfügbar.

Das von der Europäischen Galileo-Agentur, einem europäischen Konsortium, momentan noch im Aufbau befindliche System **Galileo** soll mit ähnlicher Satellitenanzahl einer kommerziellen Nutzung dienen.

5.4.2 Messprinzip am Beispiel GPS

Mittels eines GPS-Empfängers (*Nutzersegment*) können auf zwei Trägerfrequenzen (L1, L2) im Prinzip zwei Arten von Signalen (**Codes**) empfangen werden: der C/A-Code und der P(Y)-Code. Der C/A-Code ist für die zivile Nutzung gedacht und erlaubt bei einfachen Geräten eine Ortung auf etwa 10 bis 15 Meter Genauigkeit (seit Abschaltung der Selective Availability im Jahr 2000). Geodätische Empfänger können durch die Messung von Relativstrecken zu Basisstationen (**DGPS** = Differential-GPS) systematische Fehler - durch bewusste Signalverschlechterung oder durch atmosphärische Einflüsse - eliminieren und eine ausreichende Genauigkeit erzielen (z.B. SAPOS in Deutschland, APOS in Österreich). Der geheime, verschlüsselte P(Y)-Code ist für militärische Zwecke vorgesehen und erlaubt auch ohne Basisstationen eine sehr hohe Genauigkeit.

Das grundlegende Messprinzip der satellitengestützten Ortsbestimmung beruht auf einem **dreidimensionalen Bogenschnitt**. Dazu werden insgesamt 4 Satelliten benötigt: aus Gründen der Geometrie nur 3 Satelliten, da bei den Messungen die Zeit ausgewertet wird, wird ein weiterer Satellit benötigt. Natürlich gilt auch hier: Mit mehr als 4 Satelliten wird durch die Überbestimmung und eine dadurch mögliche Ausgleichung eine höhere Genauigkeit erzielt.

Die Bestimmungsstücke des dreidimensionalen Bogenschnitts werden durch Messung sog. **Pseudoranges** aus der Laufzeitbestimmung des Signals vom jeweiligen Satelliten zum Empfänger ermittelt. Selbstverständlich ist die Auswertung komplizierter als ein geometrischer Bogenschnitt, neben der Auflösung von Mehrdeutigkeiten (*Ambiguities*) müssen Korrekturen wie z.B. relativistische Effekte, Bahn- und Uhrenfehler sowie Einflüsse von Troposphäre und Ionosphäre angebracht werden. Neben der Codephasenmessung und dem Doppler-Count erlaubt die sog. **Trägerphasenmessung** noch präzisere Ortsbestimmungen in der Geodäsie. Dabei werden **Basislinien** (Raumvektoren) zwischen den Beobachtungspunkten ermittelt und als 3D-Netz ausgeglichen. Neben der Post-Processing-Auswertung sind mit dem Messverfahren **Realtime-Kinematic** Messungen in Echtzeit möglich.

Die erhaltenen Koordinaten beziehen sich auf das globale Erdellipsoid **WGS84** und müssen in der geodätischen Praxis in ein Landessystem transformiert werden (s.o. Transformationen der Höheren Geodäsie).

5.5 Ausgleichungsmodelle

Bereits beim Abschnitt über Transformationen (Kapitel 4) wurde klar, daß in manchen Fällen mehr Messungen gemacht werden, als zur eindeutigen Bestimmung von Parametern, Messelementen oder Koordinaten notwendig wären (**Freiheitsgrade**). Hat man ein sog. **Überbestimmtes Gleichungssystem**, so ist ein Ausgleichungsmodell unter Nutzung aller Messdaten zur optimalen Berechnung der unbekannten Werte zu verwenden.

5.5.1 Grundlegende Modelle

Hier sollen die Bedingte und die Vermittelnde Ausgleichung kurz skizziert werden.

Bedingte Ausgleichung

Das mathematische Modell der bedingten Ausgleichung besteht aus dem Funktionalmodell mit g unabhängigen Bedingungsgleichungen und dem Stochastischen Modell mit der **Gewichtskoeffizientenmatrix** $\mathbf{Q_{bb}}$ bzw. der **Gewichtsmatrix** $\mathbf{P_{bb} = Q_{bb}^{-1}}$.

Man unterscheidet die

- bedingte Ausgleichung ohne Unbekannte und die
- bedingte Ausgleichung mit Unbekannten.

Bei der bedingten Ausgleichung mit Unbekannten müssen ggf. zuerst Näherungswerte für die u Unbekannten berechnet werden. Bei beiden Varianten ist als nächster Schritt ggf. eine Linearisierung der Bedingungsgleichungen durchzuführen.

Zunächst soll das Formelsystem der **bedingten Ausgleichung ohne Unbekannte** dargestellt werden.
Die **Bedingungsgleichungen** werden in folgender Form aufgestellt (**Funktionalmodell**):

$$\mathbf{B\hat{v} + w = 0}$$

Die Berechnung der Verbesserungen $\hat{\mathbf{v}}$ und der ausgeglichenen Beobachtungen $\hat{\mathbf{b}}$ erfolgt nach folgenden Formeln; eine Iteration entfällt hier:

$$\hat{\mathbf{k}} = -(\mathbf{BQ_{bb}B'})^{-1}\mathbf{w}$$
$$\hat{\mathbf{v}} = \mathbf{Q_{bb}B'\hat{k}}$$
$$\hat{\mathbf{b}} = \mathbf{b} + \hat{\mathbf{v}}$$

Auf Seite des **Stochastischen Modells** ergeben sich der Varianzfaktor $\hat{\sigma}_0^2$, die Kovarianzmatrix der Beobachtungen $\hat{\mathbf{K}}_{bb}$ sowie davon abgeleitet die Kovarianzmatrizen der Korrelaten $\hat{\mathbf{K}}_{\hat{k}\hat{k}}$, der Verbesserungen $\hat{\mathbf{K}}_{\hat{v}\hat{v}}$ und der ausgeglichenen Beobachtungen $\hat{\mathbf{K}}_{\hat{b}\hat{b}}$:

$$\hat{\sigma}_0^2 = \frac{\hat{\mathbf{v}}'\mathbf{P_{bb}}\hat{\mathbf{v}}}{g}$$
$$\mathbf{Q}_{\hat{k}\hat{k}} = (\mathbf{BQ_{bb}B'})^{-1}$$
$$\hat{\mathbf{K}}_{bb} = \hat{\sigma}_0^2 \cdot \mathbf{Q_{bb}}$$
$$\hat{\mathbf{K}}_{\hat{v}\hat{v}} = \hat{\sigma}_0^2 \cdot \mathbf{Q_{bb}B'Q}_{\hat{k}\hat{k}}\mathbf{BQ_{bb}}$$
$$\hat{\mathbf{K}}_{\hat{b}\hat{b}} = \hat{\sigma}_0^2 \cdot (\mathbf{Q_{bb}} - \mathbf{Q}_{\hat{v}\hat{v}})$$

Im Folgenden soll das Formelsystem der **bedingten Ausgleichung mit Unbekannten** dargestellt werden.
Die **Bedingungsgleichungen** werden in folgender Form aufgestellt (**Funktionalmodell**):

$$\hat{\mathbf{x}} = \dot{\mathbf{x}} + \Delta\hat{\mathbf{x}}$$
$$\mathbf{B\hat{v} + A\Delta\hat{x} + w = 0}$$

Die Berechnung der Unbekannten $\hat{\mathbf{x}}$, Verbesserungen $\hat{\mathbf{v}}$ und der ausgeglichenen Beobachtungen $\hat{\mathbf{b}}$ erfolgt nach folgenden Formeln; ggf. ist eine Iteration notwendig:

$$\begin{aligned}
\mathbf{\Delta}\hat{\mathbf{x}} &= -(\mathbf{A}'(\mathbf{BQ_{bb}B'})^{-1}\mathbf{A})^{-1}\mathbf{A}'(\mathbf{BQ_{bb}B'})^{-1}\mathbf{w} \\
\hat{\mathbf{x}} &= \dot{\mathbf{x}} + \mathbf{\Delta}\hat{\mathbf{x}} \\
\hat{\mathbf{k}} &= -(\mathbf{BQ_{bb}B'})^{-1}(\mathbf{A}\mathbf{\Delta}\hat{\mathbf{x}} + \mathbf{w}) \\
\hat{\mathbf{v}} &= \mathbf{Q_{bb}B'}\hat{\mathbf{k}} \\
\hat{\mathbf{b}} &= \mathbf{b} + \hat{\mathbf{v}}
\end{aligned}$$

Auf Seite des **Stochastischen Modells** ergeben sich der Varianzfaktor $\hat{\sigma}_0^2$, die Kovarianzmatrix der Beobachtungen $\mathbf{K_{bb}}$ sowie davon abgeleitet die Kovarianzmatrizen der Unbekannten $\hat{\mathbf{K}}_{\hat{x}\hat{x}}$, der Verbesserungen $\hat{\mathbf{K}}_{\hat{v}\hat{v}}$ und der ausgeglichenen Beobachtungen $\hat{\mathbf{K}}_{\hat{b}\hat{b}}$:

$$\begin{aligned}
\hat{\sigma}_0^2 &= \frac{\hat{\mathbf{v}}'\mathbf{P_{bb}}\hat{\mathbf{v}}}{g-u} \\
\mathbf{Q}_{\hat{k}\hat{k}} &= (\mathbf{BQ_{bb}B'})^{-1} - (\mathbf{BQ_{bb}B'})^{-1}\mathbf{A}\mathbf{Q}_{\hat{x}\hat{x}}\mathbf{A}'(\mathbf{BQ_{bb}B'})^{-1} \\
\hat{\mathbf{K}}_{\hat{x}\hat{x}} &= \hat{\sigma}_0^2 \cdot (\mathbf{A}'(\mathbf{BQ_{bb}B'})^{-1}\mathbf{A})^{-1} \\
\hat{\mathbf{K}}_{\hat{v}\hat{v}} &= \hat{\sigma}_0^2 \cdot \mathbf{Q_{bb}B'Q}_{\hat{k}\hat{k}}\mathbf{BQ_{bb}} \\
\hat{\mathbf{K}}_{\hat{b}\hat{b}} &= \hat{\sigma}_0^2 \cdot (\mathbf{Q_{bb}} - \mathbf{Q}_{\hat{v}\hat{v}})
\end{aligned}$$

Vermittelnde Ausgleichung (L2-Norm)

Das mathematische Modell der vermittelnden Ausgleichung besteht aus dem Funktionalmodell mit n unabhängigen Beobachtungsgleichungen (**Jacobi-Matrix A**) und dem Stochastischen Modell mit der **Gewichtskoeffizientenmatrix** $\mathbf{Q_{bb}}$ bzw. der **Gewichtsmatrix** $\mathbf{P_{bb}} = \mathbf{Q_{bb}^{-1}}$.

Zunächst müssen ggf. Näherungswerte $\dot{\mathbf{x}}$ für die u Unbekannten berechnet und ggf. eine Linearisierung durchgeführt werden. Damit können die **Beobachtungs- und Fehlergleichungen** aufgestellt werden (**Funktionalmodell**):

$$\begin{aligned}
\hat{\mathbf{x}} &= \dot{\mathbf{x}} + \mathbf{\Delta}\hat{\mathbf{x}} \\
\hat{\mathbf{v}} &= \mathbf{A}\mathbf{\Delta}\hat{\mathbf{x}} - \mathbf{w}
\end{aligned}$$

Lösungsalgorithmus: Die Berechnung der Unbekannten $\hat{\mathbf{x}}$, der Verbesserungen $\hat{\mathbf{v}}$ und der ausgeglichenen Beobachtungen $\hat{\mathbf{b}}$ erfolgt nach folgenden Formeln; ggf. ist eine Iteration notwendig:

$$\begin{aligned}
\mathbf{\Delta}\hat{\mathbf{x}} &= (\mathbf{A}'\mathbf{P_{bb}A})^{-1}\mathbf{A}'\mathbf{P_{bb}w} \\
\hat{\mathbf{x}} &= \dot{\mathbf{x}} + \mathbf{\Delta}\hat{\mathbf{x}} \\
\hat{\mathbf{v}} &= \mathbf{A}\mathbf{\Delta}\hat{\mathbf{x}} - \mathbf{w} \\
\hat{\mathbf{b}} &= \mathbf{b} + \hat{\mathbf{v}}
\end{aligned}$$

Auf Seite des **Stochastischen Modells** ergeben sich der Varianzfaktor $\hat{\sigma}_0^2$, die Kovarianz-Matrix der Beobachtungen $\hat{\mathbf{K}}_{bb}$ sowie davon abgeleitet die Kovarianzmatrizen der Unbekannten $\hat{\mathbf{K}}_{\hat{x}\hat{x}}$, der Verbesserungen $\hat{\mathbf{K}}_{\hat{v}\hat{v}}$ und der ausgeglichenen Beobachtungen $\hat{\mathbf{K}}_{\hat{b}\hat{b}}$:

$$\hat{\sigma}_0^2 = \frac{\hat{\mathbf{v}}'\mathbf{P_{bb}}\hat{\mathbf{v}}}{n-u}$$

$$\begin{aligned}
\hat{\mathbf{K}}_{\mathbf{bb}} &= \hat{\sigma}_0^2 \cdot \mathbf{Q}_{\mathbf{bb}} \\
\hat{\mathbf{K}}_{\hat{\mathbf{x}}\hat{\mathbf{x}}} &= \hat{\sigma}_0^2 \cdot (\mathbf{A}'\mathbf{P}_{\mathbf{bb}}\mathbf{A})^{-1} \\
\hat{\mathbf{K}}_{\hat{\mathbf{v}}\hat{\mathbf{v}}} &= \hat{\sigma}_0^2 \cdot (\mathbf{Q}_{\mathbf{bb}} - \mathbf{A}\mathbf{Q}_{\hat{\mathbf{x}}\hat{\mathbf{x}}}\mathbf{A}') \\
\hat{\mathbf{K}}_{\hat{\mathbf{b}}\hat{\mathbf{b}}} &= \hat{\sigma}_0^2 \cdot (\mathbf{A}\mathbf{Q}_{\hat{\mathbf{x}}\hat{\mathbf{x}}}\mathbf{A}')
\end{aligned}$$

Die Vermittelnde Ausgleichung ist das am leichtesten zu automatisierende Modell. Für jeden Beobachtungstyp (z.B. Strecke, Höhenunterschied, Richtungswinkel) gibt es eine bestimmte Beobachtungs- und Fehlergleichung (detaillierte Darstellung siehe Skriptum „Statistik und Ausgleichungrechnung" im hinteren Teil dieses Buches).

Um grobe Fehler aufzudecken berechnet man auch die **Normierte Verbesserung**, dabei werden die Hauptdiagonalelemente der Kovarianzmatrix der Verbesserungen verwendet:

$$\mathbf{v_N} = |\hat{\mathbf{v}}|/\sqrt{\mathrm{diag}(\hat{\mathbf{K}}_{\hat{\mathbf{v}}\hat{\mathbf{v}}})}$$

Auch die **Redundanzanteile** geben Auskunft über die Aufdeckbarkeit von Ausreißern, sie werden aus dem Stochastischen Modell berechnet (bereits beim Entwurf bekannt):

$$\mathbf{r} = \mathrm{diag}(\mathbf{Q}_{\hat{\mathbf{v}}\hat{\mathbf{v}}} \cdot \mathbf{P}_{\mathbf{bb}})$$

5.5.2 Robuste Modelle

Die Ausgleichung nach den Grundlegenden Verfahren (s.o.) „verschmiert" die groben Beobachtungsfehler und verfälscht auf diese Weise das Ausgleichungsergebnis. Daher werden z.B. zur Aufdeckung von groben Fehlern andere Verfahren verwendet.

Ausgleichung nach der L1-Norm

Das bekannteste alternative Ausgleichungsprinzip ist eine Ausgleichung mittels der sog. L1-Norm. Bei der L1-Norm wird die *Absolutsumme* der Verbesserungen (**Residuen**) zum Minimum gemacht, im Gegensatz zur Kleinste-Quadrate-Ausgleichung (L2-Norm), welche die Quadratsumme der Verbesserungen **v** minimiert:

$$\Sigma |\mathbf{v}| = Min.$$

Die Algorithmen für eine Ausgleichung mittels minimaler L1-Norm sind mathematisch unübersichtlicher und rechentechnisch schwieriger beherrschbar als die Algorithmen der L2-Norm. Am weitesten verbreitet ist der sogenannte **Simplex-Algorithmus**.
Die Lösungsmethode stützt sich auf den mathematischen Zusammenhang, daß es bei einem Rang u des Ausgleichungsproblems genau u Beobachtungen gibt, welche das System der Unbekannten **x** eindeutig lösen. Diese u linear unabhängigen Verbesserungsgleichungen werden durch iterative Basistransformation (Simplex-Algorithmus) bestimmt. Die zugehörigen Verbesserungen **v** erhalten den Wert Null. Dann kann für die übrigen $(n-u)$ Verbesserungen aus der konsistenten Lösung **x** der zugehörige Betrag **v** (ungleich Null) berechnet werden. Auf diese Weise können Ausreißer in den Beobachtungen ermittelt werden, die durch die anderen Arten der Ausgleichung nicht nachweisbar sind.

Kapitel 6

Grundlagen der Kartographie und der Photogrammetrie

Nicht nur aus terrestrischen Vermessungen der Niederen Geodäsie, auch aus Luft- oder Satellitenbildern können die Koordinaten der zu kartierenden Objekte ermittelt werden. Dieses Teilgebiet des Vermessungswesens wird als Photogrammetrie bezeichnet.

6.1 Grundlagen der Photogrammetrie

Prinzip, Verfahren und Produkte der Photogrammetrie sollen kurz angesprochen werden.

6.1.1 Prinzip der Photogrammetrie

Photogrammetrie beruht auf der Fähigkeit des Menschen dreidimensional zu sehen. Wie der Mensch mit seinen beiden Augen zwei etwas unterschiedliche Bilder erhält (**Parallaxe**), so werden bei Luft- und Satellitenaufnahmen zwei oder mehr Bilder von unterschiedlicher Position verwendet. Aus den auftretenden Unterschieden können aus ebenen Abbildern der Wirklichkeit räumliche Informationen ermittelt werden.

6.1.2 Methoden der Photogrammetrie

Je nach Größe und Art des Projekts können unterschiedliche Aufnahme- und Auswertungsmethoden vorgenommen werden. Hierbei werden u.a. die auch Methoden der Ausgleichungsrechnung benötigt (siehe Kapitel oben: *Höhere Geodäsie*).
Um den absoluten Lagebezug herzustellen (**Georeferenz**), werden bei Photogrammetrischen Auswertungen **Passpunkte** benötigt, die im auszuwertenden Bild erkennbar sein müssen.
Die Photogrammetrie kennt bestimmte Auswertemethoden. Die bekannteste ist die sog. **Bündelblock-Ausgleichung**, bei der eine ganze Serie von Bildern aus einer Befliegung gemeinsam ausgewertet wird. Dabei werden i.d.R. mehrere Streifen mit jeweils mehreren Bilder aufgenommen, die sich etwas überlappen müssen. Für die Auswertung müssen **Verknüpfungspunkte** zwischen den einzelnen Bildern identifiziert werden. Jedes dieser Bilder erhält auf diese Weise eine eigene Orientierung.
Sind nach der Bündelblock-Ausgleichung die Orientierungen alle Bilder bekannt, so hat

man ein Stereomodell erhalten und es kann eine **Photogrammetrische Auswertung** stattfinden. Hierbei unterscheidet man die Mono- und die Stereo-Auswertung.

6.1.3 Produkte von Photogrammetrie und Fernerkundung

Die Photogrammetrie ist wie die (Niedere) Geodäsie Datenlieferant für GIS-Datenbestände.

Dreidimensionale Modelle

Interessiert alleine die Höhen-Information, so können mittels photogrammetrischer Auswertung **Digitale Höhenmodelle (DHM)** bzw. **Digitale Geländemodelle (DGM)** erstellt werden. Kommt noch die Grundriss-Information hinzu, so spricht man von **Digitalen Landschaftsmodellen**.
Digitale Höhenmodelle können je nach Anforderungen unterschiedlich modelliert werden: In regelmäßigen rechteckigen **Gittern**, als unregelmäßige Dreiecksvermaschung = **Triangulated Irregular Network (TIN)** oder als Kombination von beiden.
Spezielle 3D-Modelle aus Punktwolken liefern heutzutage **Laserscanning**-Aufnahmen.

Kartographische Auswertungen

Neben dreidimensionalen Modellen werden für die Kartographie und für GIS-Anwendungen i.d.R. zweidimensionale Auswertungen vorgenommen, die um Höheninformation ergänzt werden können. Die Bildsegmentierungsverfahren der **Fernerkundung** können zudem klassifizierte GIS-Objekte liefern. Die Luft- und Satellitenaufnahmen selbst können auch als Hintergrund einer Karte oder eine GIS-Darstellung verwendet werden. Dazu müssen sie entsprechend aufbereitet werden, damit ihre Geometrie zu der der Karte oder der GIS-Darstellung passt.
Man spricht von einer **Entzerrung**, wenn aus Luft- und Satellitenaufnahmen ein **Orthophoto** berechnet wird. Bei der Generierung von Orthophotos haben sich im Laufe der technischen Entwicklung folgende Verfahren etabliert:

- graphische Entzerrung
- optisch-mechanische Entzerrung
- analytische Entzerrung
- differentielle Entzerrung
- nichtparametrische Entzerrung

Die graphische, die optisch-mechanische und die analytische Entzerrung beruhen auf den Projektionsbeziehungen zwischen Bild und Karte. Hierbei gehen die Gleichungen für die **Zentralperspektive** ein. Die differentielle Entzerrung benutzt die Projektionsbeziehungen zwischen Bild und Objekt. Die nichtparametrische Entzerrung verzichtet auf die mathematische Formulierung einer perspektivischen Abbildung. Sie besteht aus einer zweidimensionalen Transformation und einer anschließenden Verteilung der Residuen.

Von der Photogrammetrie in den folgenden Teilkapiteln nun zur Kartographie.

6.2 Erzeugung des Kartenbildes

Das Kartenbild wird durch graphische Anforderungen bestimmt und muss entsprechend erzeugt werden. Auch bei der Digitalen Kartographie gelten die altbekannten Prinzipien.

6.2.1 Geometrische Eigenschaften

Generalisierung

Mittels Generalisierung können Karten unterschiedlichen Maßstabs aus einem (genauen) Datenbestand abgeleitet werden. Dabei werden Größe, Form, Erscheinungsbild, Anzahl und Anordnung der Kartenbestandteile durch

- Vergrößerung/Verbreiterung,
- Vereinfachung,
- Zusammenfassung
- Auswahl,
- Bewertung,
- Klassifizierung,
- Verdrängung

entsprechend angepasst. Da es sich hierbei um aufwendige manuelle Arbeit handelt, wird in diesem Bereich zunehmend versucht halb-automatisch zu arbeiten.

6.2.2 Graphische Eigenschaften

Schraffur

Bei Schwarz-Weiß-Drucken ist die Schraffur wesentlicher Bestandteil kartographischer Darstellung.

Farbgebung

Bei Farbdrucken sollte die Farbauswahl harmonisch sein und allgemeinen Gewohnheiten entsprechen (z.B. sind zu viele Farben zu vermeiden).

6.2.3 Thematische Karten

Thematische Karten vereinen ein übersichtliches Kartenbild mit einer entsprechenden Schraffur und Farbgebung. Je nach Fragestellung können textuelle oder numerische Daten Grundlagen einer Thematischen Karte sein. Bei numerischen Daten wird eine Unterteilung in Klassen nach bestimmten Kriterien vorgenommen. Sowohl für textuelle als auch für numerisch Daten gilt, daß nicht zu viele Klassen gleichzeitig dargestellt werden sollten, um ein gutes Kartenbild zu erhalten.
Man unterscheidet:

- Thematische Karten mit Variation der graphischen Darstellung (z.B. Punktfarbe/ –größe/-symbol, Linienfarbe/-breite, Flächenfarbe/-muster);

- Diagramm-Karten (z.B. Tortendiagramme, Balkendiagramme);

- anders gestaltete Thematische Karten (z.B. Isolinien).

6.3 Kartographische Projektionen

Der Begriff „Projektion" ist als Entwurf, Zeichnung bzw. Bild zu verstehen und nur in eingeschränktem Sinne als echte Abbildung durch Projektion der Erdkugel aus einem Augpunkt auf die Ebene, nämlich nur bei den sogenannten **perspektiven Projektionen**. Im Allgemeinen beruhen die Projektionen auf einer analytischen Beziehung zwischen den sphärischen Koordinaten der Kugel und den ebenen kartesischen Koordinaten (**analytische Projektionen**), in einigen Fällen auch auf einer willkürlichen geometrischen Vorschrift zur Konstruktion des Gradnetzes. Letztere Projektionen nennt man daher auch **konventionelle** oder **allgemeine Projektionen**.

Entgegen dem geodätischen Brauch und in Übereinstimmung mit dem Bildschirmkoordinatensystem (siehe Kapitel *Informatik*), soll für alle folgenden Formeln das mathematische Koordinatensystem zugrunde gelegt werden: die x-Achse weist nach Osten, die y-Achse nach Norden. Der Kugelradius ist für die graphische Darstellung nur ein Maßstabsfaktor. Deshalb soll in den folgenden Abbildungsgleichungen durchwegs $R = 1$ gesetzt werden.

6.3.1 Azimutale Abbildungen

Unter Azimutalen Abbildungen versteht man Abbildungen auf eine Tangentialebene der Kugel in beliebiger Lage. Der Berührpunkt wird als **Hauptpunkt** H bezeichnet. Fällt dieser mit einem der Pole zusammen, so wird die Abbildung **normal** oder **polar** genannt, liegt er am Äquator, spricht man von **transversaler** oder **äquatorialer** Projektion, in allen anderen Fällen heißt die Projektion **schief(-achsig)**.

Im Folgenden wird mit dem Index 0 die Lage des Hauptpunkts bezeichnet: φ_0, λ_0.

Die drei ersten vorgestellten Projektionen zählen zu den Perspektiven Projektionen. Die folgenden zu den Analytischen Projektionen; diese beinhalten die Parameter Poldistanz $\delta = 90^\circ - \varphi$ und Pseudolänge $\alpha = \lambda$.

Orthographische Projektion (Parallelprojektion)

$$\begin{aligned} x &= \cos\varphi \sin\lambda \\ y &= \sin\varphi \cos\varphi_0 - \cos\varphi \sin\varphi_0 \cos\lambda \end{aligned}$$

Stereographische Projektion

$$\begin{aligned} x &= \frac{2 \cdot \cos\varphi \sin\lambda}{1 + \sin\varphi \sin\varphi_0 + \cos\varphi \cos\varphi_0 \cos\lambda} \\ y &= \frac{2 \cdot (\sin\varphi \cos\varphi_0 - \cos\varphi \sin\varphi_0 \cos\lambda)}{1 + \sin\varphi \sin\varphi_0 + \cos\varphi \cos\varphi_0 \cos\lambda} \end{aligned}$$

Die wesentlichen Eigenschaften der Stereographischen Projektion sind die Konformität (Winkeltreue) und die Kreistreue. Deshalb ist sie besonders für Sternkarten geeignet.

Gnomonische Projektion (Zentral-Projektion)

$$x = \frac{\cos\varphi \sin\lambda}{\sin\varphi \sin\varphi_0 + \cos\varphi \cos\varphi_0 \cos\lambda}$$
$$y = \frac{\sin\varphi \cos\varphi_0 - \cos\varphi \sin\varphi_0 \cos\lambda}{\sin\varphi \sin\varphi_0 + \cos\varphi \cos\varphi_0 \cos\lambda}$$

Die gnomonische Projektion bildet alle Großkreise der Kugel als Geraden ab. Die Meridianbilder bilden also ein Geradenbüschel durch das Bild des Poles, die Parallelkreise sind Kegelschnitte; je nach Lage des Hauptpunkts treten alle Arten von Kegelschnitten auf. Nach den Perspektiven folgen nun die *Analytischen Projektionen*.

Mittabstandstreue Azimutalprojektion

$$x = \rho^o \cdot (90^o - \varphi) \cdot \sin\lambda$$
$$y = \rho^o \cdot (90^o - \varphi) \cdot \cos\lambda$$

wobei ρ^o der Umrechnungsfaktor ins Bogenmaß ist.
Die mittabstandstreue Azimutalprojektion bildet die ganze Kugel in einem Kreis mit Radius gleich dem halben Kugelumfang ab.

Flächentreue Azimutalprojektion von J.H. Lambert

$$x = -2 \cdot \sin\frac{\delta}{2} \cdot \sin\alpha$$
$$y = 2 \cdot \sin\frac{\delta}{2} \cdot \cos\alpha$$

Flächentreue Azimutalprojektion von Wiechel

$$x = 2 \cdot \sin\frac{\delta}{2} \sin\left(\lambda + \frac{\delta}{2}\right)$$
$$y = 2 \cdot \sin\frac{\delta}{2} \cos\left(\lambda + \frac{\delta}{2}\right)$$

6.3.2 Zylindrische Abbildungen

Zylindrische Abbildungen projizieren von der Kugel auf einen Zylinder. Man unterscheidet **echte** und **unechte** Zylindrische Abbildungen; letztere bezeichnet man auch als **Pseudoprojektionen**. Der Zylinder kann die Kugel entlang eines Großkreises berühren, oder in zwei symmetrisch gelegenen Kleinkreisen schneiden. Geht die Achse des Zylinders durch die Pole, spricht man von **normaler**, liegt sie im Äquator, von **transversaler** Zylinderprojektion. Eine beliebige Lage heißt **schief(-achsig)**.

Die fünf ersten vorgestellten Projektionen zählen zu den Echten Projektionen. Die folgenden zu den Unechten Projektionen. In den Formeln bedeuten η die Pseudobreite und ϑ die Pseudolänge; für diese gelten die folgenden Transformationsformeln:

$$\begin{aligned}\cos\eta\cos\vartheta &= \cos\varphi\cos\lambda \\ \cos\eta\cos\vartheta &= \sin\varphi \quad\quad (*) \\ \sin\eta &= \cos\varphi\sin\lambda\end{aligned}$$

Plattkarte von Marinus von Tyros

$$\begin{aligned}x &= \lambda \\ y &= n\cdot\varphi\end{aligned}$$

Für $n = 1$ quadratisch; einer der einfachsten und ältesten Entwürfe.

Projektion von Cassini-Soldner

$$\begin{aligned}x &= \eta \\ y &= \vartheta\end{aligned}$$

Mit den Transformationsformeln (*) folgt:

$$\begin{aligned}x &= \arcsin(\cos\varphi\sin\lambda) \\ y &= \arctan\left(\frac{\tan\varphi}{\cos\lambda}\right)\end{aligned}$$

Lamberts flächentreue normale Zylinderprojektion

$$\begin{aligned}x &= \lambda \\ y &= \sin\varphi\end{aligned}$$

Konforme normale Zylinderprojektion von Mercator

$$\begin{aligned}x &= \lambda \\ y &= \ln\left[\tan\left(\frac{\pi}{4}+\frac{\varphi}{2}\right)\right]\end{aligned}$$

Diese Projektion hat vor allem in der Schifffahrt Bedeutung, da sie *Loxodrome*, also Verbindungen auf der Kugel mit konstantem Kurswinkel, als Geraden abbildet. Jedoch nehmen in polnahen Breiten die Flächen- und Längenverzerrungen sehr stark zu. Die **Schweizer Landeskoordinaten** basieren auf einer schiefachsigen Variante dieser Projektion.

Konforme transversale Zylinderprojektion von Lambert

$$x = \ln\left[\tan\left(\frac{\pi}{4} + \frac{\eta}{2}\right)\right]$$
$$y = \vartheta$$

Mit den Transformationsformeln (*) folgt:

$$x = \frac{1}{2} \cdot \ln\left(\frac{1 + \cos\varphi \sin\lambda}{1 - \cos\varphi \sin\lambda}\right)$$
$$y = \arctan\left(\frac{\tan\varphi}{\cos\lambda}\right)$$

Bei den *Unechten Zylinderprojektionen* gibt es sehr viele Varianten. Hier sollen exemplarisch nur drei bekannte herausgegriffen werden:

Sinussoidalprojektion von Sanson-Flamsteed

$$x = \lambda \cdot \cos\varphi$$
$$y = \varphi$$

Der Name dieser Projektion kommt von den als Sinuslinien abgebildeten Meridianen. Die Sinusoidalprojektion war Vorbild für mehrere Abwandlungen.

Homalographische Projektion von Mollweide

$$x = \frac{2\sqrt{2}}{\pi} \cdot \lambda \cdot \cos\varphi$$
$$y = \sqrt{2} \cdot \sin\varphi$$

Mollweides Entwurf wurde vielfach für Weltkarten benutzt.

Elliptischer Entwurf von Hammer

$$u = \frac{2}{1 + \cos\varphi \cos(\lambda/2)}$$
$$x = 2\sqrt{u} \cdot \cos\varphi \sin(\lambda/2)$$
$$y = \sqrt{u} \cdot \sin\varphi$$

Dieser ebenfalls für Weltkarten geeignete Entwurf zeichnet sich durch Flächentreue aus.

6.3.3 Konische Abbildungen

Man denke sich einen Kegel der Erdkugel entweder berührend oder in zwei Kleinkreisen schneidend umschrieben. Wieder sind unterschiedliche Lagen der Kegelachse möglich, üblich ist allerdings die **normale** Lage, d.h. die Achse geht durch die Pole. Im Berührkreis bzw. in den Schnittkreisen herrscht *Streckentreue*, die Verzerrungen in deren Nachbarschaft sind also immer sehr klein. Wie bei den Zylindrischen Abbildungen unterscheidet man zwischen **echten** und **unechten Projektionen**.

Anmerkung: Theoretisch lassen sich aus der allgemeinen Kegelprojektion die Azimutal- und die Zylinderprojektion herleiten, indem man die Kegelspitze bis zur Berührung an die Kugel heranrücken, oder aber ins Unendliche rücken lässt.

Als Parameter treten auf: die Poldistanz des Berührkreises $p_0 = 90° - \varphi_0$ und die Poldistanz des zu transformierenden Punkts $p = 90° - \varphi$; weitere Parameter werden für die jeweilige Abbildung dargelegt.

Zentrale Kegelprojektion

$$\begin{aligned} r &= \tan p_0 - \tan(p_0 - p) \\ \vartheta &= \lambda \cdot \cos p_0 \end{aligned}$$

Lamberts flächentreue Kegelprojektion mit einem streckentreuen Parallel

$$\begin{aligned} x &= \sqrt{1 - \cos p} \cdot \sin \frac{\lambda}{2} \\ y &= \sqrt{1 - \cos p} \cdot \cos \frac{\lambda}{2} \end{aligned}$$

Es folgen *unechte Kegelprojektionen*:

Entwurf von Rigobert Bonne

$$\begin{aligned} C &= \tan p_0 - p_0 \\ x &= (C + p) \cdot \sin\left(\frac{\lambda \sin p}{C + p}\right) \\ y &= (C + p) \cdot \cos\left(\frac{\lambda \sin p}{C + p}\right) \end{aligned}$$

Flächentreue halbkonische Projektion von Stab-Werner

$$\begin{aligned} x &= p \cdot \sin\left(\frac{\lambda}{p} \cdot \sin p\right) \\ y &= p \cdot \cos\left(\frac{\lambda}{p} \cdot \sin p\right) \end{aligned}$$

Die beiden letzten Abbildungen bilden die ganze Erde innerhalb eines herzförmigen Umrisses ab.

Polykonische Abbildungen

Eine echte Kegelprojektion hat nördlich und südlich des Berührparallels sehr geringe Verzerrungen. Hat man aber einen größeren Bereich abzubilden, kann man die rasch anwachsenden Verzerrungen klein halten, wenn man nicht auf einen, sondern auf mehrere aufeinanderfolgende Kegel abbildet. Nachteilig ist dabei, daß sich die Abbildungen entlang der Grenzparallelen nicht lückenlos aneinanderfügen lassen. Dieser Nachteil kann vermieden werden, wenn nicht auf mehrere diskrete Kegel abgebildet wird, sondern auf eine (unendliche) Vielzahl von Kegeln, indem man für jede differentielle Parallelkreiszone den ihr zukommenden Berührkegel benützt. Der Übergang von einem Kegel zum nächsten erfolgt also nicht sprunghaft, sondern stetig; die Spitze der Kegel bewegt sich kontinuierlich auf der Achse. Eine solche Abbildung heißt **polykonisch**.

Konforme polykonische Projektion von Lambert bzw. Lagrange

$$C_1 = \sqrt[4]{\frac{1+\sin\varphi}{1-\sin\varphi}}$$

$$C_2 = \frac{\frac{C_1+1}{C_1}}{2} + \cos\frac{\lambda}{2}$$

$$x = \frac{2\cdot\sin\frac{\lambda}{2}}{C_2}$$

$$y = \frac{\frac{C_1-1}{C_1}}{C_2}$$

Weltkarten wurden in früheren Jahrhunderten gerne in dieser Projektion dargestellt, da sie die ganze Erde innerhalb eines Kreises wiedergibt, jedoch sind die Verzerrungen in den polnahen Gegenden sehr stark.

6.3.4 Spezielle Abbildungen

Konventionelle Projektionen

In diesem Abschnitt sollen alle Entwürfe zusammengefasst werden, deren Einordnung in eine der anderen Kategorien nicht eindeutig ist oder bei denen eine willkürliche Konstruktionsvorschrift vorliegt. Eine grobe Unterteilung kann in Globularprojektionen, Retroazimutalprojektionen, flächentreue, konforme konventionelle Projektionen sowie konforme Projektionen auf Basis elliptischer Integrale erfolgen.

Als Beispiel sei ein **Entwurf von Apian** aus dem 16. Jahrhundert aufgeführt:

$$C = \frac{(\frac{\pi}{2})^2}{|\lambda|} + \frac{|\lambda|}{2}$$

$$y = \varphi$$

$$x = \pm\left(|\lambda| - C + \sqrt{C^2 - y^2}\right)$$

Gesamtdarstellungen der Erde

Weltkartenentwürfe kann man grob in drei Kategorien einteilen:

- **Planigloben**
  Darstellung der Erde in zwei kreisförmig begrenzten Hemisphären. Heute kaum noch verwendet. Gebräuchlich waren neben Azimutalen Abbildungen die sogenannten Globularprojektionen.

- **Planisphären**
  Heute werden zusammenhängende Darstellungen der gesamten Erdoberfläche bevorzugt.

- **Zerlappte Netze**
  Zur Minimierung von Verzerrungen, die insbesondere an den Rändern von Planisphären stark zunehmen, werden mehrere Mittelmeridiane in geeigneter Lage eingeführt. Dazu muss das Netz aufgeschnitten werden, so daß sich zerlappte Netze ergeben.

6.3.5 Grundlegende Verzerrungseigenschaften

Die Tissotsche Indikatrix

Mithilfe der Tissotschen Indikatrix (Verzerrungsellipse) können Verzerrungseigenschaften in Kartennetzentwürfen veranschaulicht werden.
Bei längentreuen Entwürfen haben die Verzerrungsellipsen in Richtung der Längentreue gleich große Radien. Bei flächentreuen Entwürfen haben alle Verzerrungsellipsen die gleiche Flächengröße. Bei winkeltreuen Entwürfen sind alle Verzerrungsellipsen Kreise.

Längenverzerrung

Die Längen- oder Streckenverzerrung τ ist definiert durch das Verhältnis des Streckenelements im Abbild zu jenem im Urbild:

$$\tau = \frac{d\overline{s}}{ds} > 0$$

Flächenverzerrung

In Analogie zur Definition der Längenverzerrung ist die Flächenverzerrung gegeben durch:

$$\sigma = \frac{d\overline{f}}{df} > 0$$

Flächentreue (Flächen-erhaltende) Abbildungen sind durch $\sigma = 1$ gekennzeichnet.

Winkelverzerrung

Die Winkelverzerrung wird in Analogie zur Längenverzerrung als das Verhältnis entsprechender Winkelelemente definiert.
In winkeltreuen (*konformen*) Abbildungen hat die Indikatrix die Form eines Kreises.

6.4 Kartographische Verarbeitung von Höhendaten

Für die Darstellung von Höhendaten haben sich in der klassischen Kartographie bestimmte Formen entwickelt. Die meisten sind für eine Überlagerung mit den anderen Kartenelementen im Grundriss bestimmt. Soll der Neigungsverlauf zwischen zwei Punkten genauer erkennbar sein, verwendet man Höhenprofile. Die Analyse von Geländeformen ist heutzutage im GIS besonders gut umzusetzen.

6.4.1 Höhendarstellung im Grundriss

Höhendarstellung in der Lage verwendet vor allem folgende Möglichkeiten:

- **Höhenkoten**: einzelne exponierte Punkte (z.B. Berggipfel, Senken) oder Flächen (z.B. Seen) mit Höhenangabe,

- **Höhenlinien**: Isolinien von bestimmten Höhen mit einem bestimmten Höhenunterschied (**Intervall**).

- **Höhenstufen**: flächige, diskrete oder kontinuierliche Farbgebung in Abhängigkeit von der Höhe (auch *Isoplethen* genannt).

Falls keine Höhenstufen verwendet werden, kann ergänzend zu den Höhenkoten und Höhenlinien eine **Schummerung** aufgetragen werden, die eine plastische Darstellung mittels imitiertem Beleuchtungseffekt erlaubt.
Die Berechnung von Höhenlinien und Höhenstufen kann auch automatisiert werden. Bei Höhenlinien werden Vektordaten erzeugt, bei Höhenstufen Rasterdaten (siehe folgende Kapitel).

6.4.2 Höhenprofile

Höhenprofile stellen den **Neigungsverlauf** zwischen zwei Punkten im Seitenriss dar. Vor allem bei interaktiven Karten in Computer-Anwendungen, wie z.B. Tourenplanern zum (Rad-)Wandern, ist diese Darstellungsform häufig anzutreffen.
Höhenprofile treten auch bei der Ingenieurvermessung z.B. beim Bau von Verkehrswegen auf. Dort unterscheidet man zwischen **Längs-** und **Querprofilen**.

6.4.3 Analyse von Geländeformen

Grundlegende Analysen der Geländeform berechnen **Hangneigungen** und **Hangexpositionen** (Orientierung der Ausrichtung eines Hangs). Weitergehende Analysen ermitteln charakteristische Punkte und Linien: Die **Vertikalwölbung** kann positive und negative Werte annehmen; dabei werden Kuppen, Senken und Sattelpunkte festgestellt. Linienhafte Charakteristika sind Wasserscheiden und Täler (Rinnen). Die **Horizontalwölbung** gibt ein Maß für die Wölbung der Höhenlinien an.

Kapitel 7

Grundlagen der Informatik

Hier werden nur diejenigen Grundlagen der Informatik beschrieben, die für die Geoinformatik wesentlich sind. Insbesondere die Software-technischen Aspekte sollen hier aufgezeigt werden. Zur Hardware sei erwähnt, daß anfangs nur Workstations (mit UNIX-Betriebssystem) leistungsfähig genug für Spezialanwendungen wie GIS waren. Der Einsatz von Windows-basierten Computern hat zusätzlich zu einer Standardisierung beigetragen. Techniken aus dem Internet beeinflussen auch die Geoinformatik.

7.1 Computergraphik

Die Computergraphik stützt sich im vor allem auf mathematische Grundlagen. Es gehören aber auch spezielle Datenformate für 3D-Darstellungen dazu.

7.1.1 Bilddaten

Bilddaten beschreiben eine digitale Photographie in Form von regelmäßig angeordneten Elementen, sog. **Pixeln**. Jedes dieser Pixel trägt eine Farbinformation: bei Schwarz-Weiß-Aufnahmen einen **Grauwert**, bei Farb-Aufnahmen eine Farbe, die durch drei **Farbkomponenten** beschrieben wird. Farb-Bilder benötigen somit dreimal soviel Speicherplatz wie Schwarz-Weiß-Bilder. Die interne Darstellung der drei Farbkomponenten erfolgt (bei der Programmierung) meist im **RGB-Modell** (Rot-/Grün-/Blau-Anteil). Daneben gibt es u.a. den HSV-Farbraum und das YUV-Farbmodell.

Die **Digitale Bildverarbeitung** ist auch für GIS-Anwendungen ein wichtiges Thema. Zur Darstellung von Bildern, wie z.B. Orthophotos, werden Interpolationsverfahren für die Pixel-Darstellung in unterschiedlichen Zoom-Stufen benötigt.

Bilddaten-Formate werden unten in einem eigenen Abschnitt vorgestellt.

7.1.2 Grauwert-Interpolationsverfahren

Jede der drei Farbkomponenten in einem Farbbild entspricht ebenfalls einem Grauwertbild. Bei der Interpolation von Grauwerten in Bildern spricht man auch von **Resampling**. Dies ist der Vorgang, durch den bei der geometrischen Transformation von Bildern aus einer vorliegenden Grauwertmatrix eine neue berechnet wird. Folgende Methoden haben zunehmende Genauigkeit (besseres Erscheinungsbild, aber größeren Aufwand):

- **Nächste Nachbarschaft**: Der nächstgelegene Grauwert im Originalbild wird übernommen;

- **Bilineare Interpolation**: Zwischen den vier benachbarten Grauwerten im Originalbild in Zeilen- und Spaltenrichtung wird linear interpoliert;

- **Höherwertige Verfahren**: Als Beispiel für Höherwertige Verfahren sei die **Bikubische Interpolation** genannt. Dabei wird zwischen den vier mal vier umliegenden Grauwerten im Originalbild mit Gleichungen dritten Grades interpoliert.

7.1.3 Projektionen

Auch bei der Computergraphik wird zwischen zweidimensionalen und dreidimensionalen Projektionen bzw. Transformationen unterschieden.

Die Bildschirm-Transformation

Die Anwendung der Bildschirm-Transformation bildet die sog. **Welt-Koordinaten** in **Bildschirm-Koordinaten** ab. Das Welt-Koordinatensystem ist i.d.R. wie ein mathematisches Koordinatensystem orientiert, beim Bildschirm-Koordinatensystem zeigt der positive Teil der zweiten Achse von oben nach unten. Im folgenden soll das Welt-Koordinatensystem die beiden Achsen x und y haben, das Bildschirm-Koordinatensystem die beiden Achsen u und v (manchmal auch i und j genannt). Um die Darstellung noch gefälliger zu machen, wird im folgenden noch ein Rand uv_{margin} eingeplant.

In der Regel sollen dabei beide Achsen denselben Maßstab M abbilden. Daher wird der Maßstab so festgelegt, daß auf dem Bildschirm alles sichtbar bleibt, es ist also der kleinere der sich ergebenden **Maßstabsfaktoren** zu wählen:

$$M_u = ((u_{max} - uv_{margin}) - (u_{min} + uv_{margin}))/(x_{max} - x_{min})$$
$$M_v = ((v_{max} - uv_{margin}) - (v_{min} + uv_{margin}))/(y_{max} - y_{min})$$
$$M = \min(M_u, M_v)$$

Die Transformationsformeln von Welt-Koordinaten zu Bildschirm-Koordinaten lauten:

$$u = u_{min} + uv_{margin} + (x - x_{min}) \cdot M$$
$$v = v_{max} - uv_{margin} - (y - y_{min}) \cdot M$$

Die Transformationsformeln von Bildschirm-Koordinaten zu Welt-Koordinaten lauten:

$$x = x_{min} + (u - (u_{min} + uv_{margin}))/M$$
$$y = y_{min} - (v - (v_{max} - uv_{margin}))/M$$

Ebene Projektionen

Bei der Einbindung von Bilddaten in Graphische Systeme wird meist eine Affine Projektion, manchmal auch eine Bilineare Projektion oder eine Projektive Projektion verwendet. Die **Ebene Affine Projektion** ist fast genauso definiert wie oben im Kapitel der Geodätischen Transformationen (Affin-Transformation) beschrieben. Sie bildet Rechtecke in Parallelogramme ab; zur Bestimmung ihrer 6 Parameter sind mindestens 3 identische Punkte notwendig:

$$x_2 = a_0 + a_1 \cdot x_1 + a_2 \cdot y_1$$
$$y_2 = b_0 + b_1 \cdot x_1 + b_2 \cdot y_1$$

Die nächst-höherwertige Projektion ist die **Bilineare Projektion**. Sie bildet Rechtecke in allgemeine Vierecke ab; um ihre 8 Parameter zu bestimmen, benötigt man mindestens 4 identische Punkte:

$$x_2 = a_0 + a_1 \cdot x_1 + a_2 \cdot y_1 + a_3 \cdot x_1 \cdot y_1$$
$$y_2 = b_0 + b_1 \cdot x_1 + b_2 \cdot y_1 + b_3 \cdot x_1 \cdot y_1$$

Am meisten Freiheitsgrade besitzt die **Projektive Projektion**. Sie bildet Rechtecke in allgemeine Vierecke ab; um ihre 9 Parameter zu bestimmen, benötigt man mindestens 4 identische Punkte, da ein Parameter (z.B. $a_9 = 1$) meist fest gewählt wird:

$$x_2 = \frac{a_1 \cdot x_1 + a_2 \cdot y_1 + a_3}{a_7 \cdot x_1 + a_8 \cdot y_1 + a_9}$$
$$y_2 = \frac{a_4 \cdot x_1 + a_5 \cdot y_1 + a_6}{a_7 \cdot x_1 + a_8 \cdot y_1 + a_9}$$

Räumliche Projektionen

Räumliche Projektionen erlauben in bestimmten Anwendungsgebieten eine bessere optische Darstellung. Hierzu gibt es etliche Arten und Unterarten.
Die grundlegenden Arten sind, benannt nach dem Verlauf der Projektionsstrahlen:

- **Parallelprojektion**: weitere Unterscheidung senkrechte bzw. schiefe Projektionen;

- **Zentralprojektion**: auch Perspektivische Projektion genannt.

Bezüglich der Formelsysteme sei auf die Fachliteratur verwiesen. Für 3D-Modellierungen z.B. in **VRML** (Virtual Reality Modeling Language) oder **X3D** gibt es meist spezielle Viewer, die auf die dreidimensionale Darstellung solcher Formate optimiert sind.

7.2 Programmierumgebungen

Von der Programmierumgebung hängt es ab, welche Möglichkeiten zur Verwaltung und Darstellung von Daten bestehen. Bestimmte Programmiersprachen und entsprechende Entwicklungsumgebungen (IDEs) haben sich in den letzten beiden Jahrzehnten etabliert.

7.2.1 Programmiersprachen

In der Informatik gibt es mehrere Einteilungsmöglichkeiten für Programmiersprachen. Eine Einteilung ist die nach sog. **Generationen**, dies bedeutet vor allem je höher die Generation, desto Nutzer-freundlicher. Eine andere Einteilung unterscheidet die **Art der Programmierung**: Imperative, Deklarative, Funktionale Sprachen, dies heißt wie die Anweisungen eines Programms semantisch gedacht sind. Eine weitere Einteilung verfolgt das

Programmier-Konzept im Hinblick auf den strukturellen Aufbau: Prozedurale oder Objekt-Orientierte Sprachen. Schließlich spielt auch die Kompatibilität zwischen unterschiedlichen Betriebssystemen, die **Plattform-Unabhängigkeit**, eine Rolle bei der Einteilung.

Die am weitesten verbreiteten Programmiersprachen gehören einer hohen Generation an und sind Imperative Sprachen. Überwiegend haben sich mit C++, C# und JAVA Objekt-Orientierte Sprachen durchgesetzt, die Plattform-Unabhängigkeit ist jedoch nicht immer gewährleistet (C++ basiert z.B. auf unterschiedlichen C-Dialekten).

Unter Windows-Betriebssystemen ist heutzutage das **.NET-System** verbreitet, auf welchem Microsoft's **C++**, **C#** und **Visual Basic** aufbauen. In der Unix-/Linux-Welt hat sich **JAVA** verbreitet, das mittels JAVA Virtual Machine (**JVM**) auch auf Windows-Betriebssystemen lauffähig ist.

Alle diese Programmiersprachen bieten auch Funktionen zur Darstellung von Graphik an. Im .NET-System heißen die Graphikfunktionen **GDI+**, in JAVA sind sie Bestandteil des **AWT** bzw. **Swing** Graphiksystems, das auch die Benutzeroberflächen verwaltet.

7.2.2 Entwicklungsumgebungen

Synonym für Entwicklungsumgebung spricht man auch von **IDE** (Integrated Development Environment). Jede der verbreiteten Programmiersprachen bietet heutzutage mindestens eine Entwicklungsumgebung an, die das Erstellen, Testen und Bereitstellen von Software vereinfacht. Unter Windows-Betriebssystemen wird für Sprachen des .NET-System von Microsoft die Entwicklungsumgebung **Visual Studio** zur Verfügung gestellt. Damit sind Programme mit Benutzeroberfläche (**GUI-Anwendungen**) gut zu erstellen und zu verwalten. Für JAVA hat sich die Open-Source Entwicklungsumgebung **Eclipse** etabliert, die leider GUI-Anwendungen nur bedingt unterstützt. Werkzeuge zum Software-Entwurf mit **UML** stehen für die meisten IDEs als PlugIn zur Verfügung.

7.3 Strukturen und Methoden der Programmierung

Fast jede imperative Programmiersprache (s.o.) bietet ähnliche Möglichkeiten, mit Daten zu arbeiten. Zum einen ist die Strukturierung der Daten entscheidend für das Programmdesign, zum anderen bieten bestimmte Strukturen bestimmte Methoden an.

7.3.1 Strukturierung von Daten

Datenstrukturen werden bei Ansammlungen von Objekten gleicher Art (Klasse) interessant. Im Hinblick auf die Mathematik wurden bei den imperativen Programmiersprachen schon bald Möglichkeiten zur Verwaltung dieser Objekte geschaffen. So können z.B. Vektoren als 1-dimensionale **Arrays** und Matrizen als 2-dimensionale Arrays dargestellt werden. Damit sind die meisten mathematischen Berechnungen algorithmisch gut darstellbar.

Geht man zur Objekt-orientierten Sichtweise über, so kann man ebenfalls Arrays von gleichen Objekten erstellen. Im Gegensatz zu feststehenden mathematischen Formeln ist die Anzahl von Objekten i.d.R. bei Programmerstellung nicht genau bekannt. Eine zu geringe **Dimensionierung** von Arrays schränkt in bestimmten Fällen die Möglichkeiten des Anwenders ein, eine zu hohe Dimensionierung verbraucht unnötig Hauptspeicher.

Die modernen imperativen Programmiersprachen bieten daher **dynamische Datenstrukturen** an, die sich variabel an die Gegebenheiten anpassen. Ein solche Datenstruktur ist die **Liste**, die sich in ihrer grundlegenden Benutzung kaum von einem Array unterscheidet. Es entfällt jedoch die vorherige Dimensionierung, da jedes neue Element automatisch an die Liste angefügt wird (*verkettete Liste*). Eine Alternative zu den verketteten Listen bieten **Bäume**. Dabei werden zu verwaltende Objekte systematisch einsortiert. Auf diese Weise entsteht eine komplexe Struktur: Ausgehend von einem **Wurzelelement** verzweigt sich der Baum von einem Knoten zum nächsten bis zur höchsten Ebene der **Blätter**. Zwischen den Elementen besteht grundlegend eine **Vater-Kind-Beziehung**. Durch Verkettung mehrerer solcher Beziehungen entsteht ein **Pfad**; benachbarte Beziehungen lassen auf **Vorgänger-/Nachfolger-** und **Geschwister-Elemente** schließen.

7.3.2 Methoden zum Verarbeiten von Daten

Die Strukturen der modernen imperativen Programmiersprachen bieten auch bei der Verarbeitung der Daten zusätzliche Funktionen an, die bei vorherigen Strukturen wie dem Array nicht unmittelbar verfügbar waren.
So vereinfachen die oben genannten **Listen** die Datenverwaltung insofern, daß das Einfügen, Ändern und Löschen von Objekten in der Liste automatisiert wird. Bei Arrays würde das Einfügen und Löschen inmitten des Arrays eine Verschiebung aller dahinter liegenden Objekte notwendig machen. Listen arbeiten hingegen nach dem Prinzip der **Verkettung** statt der Aufzählung und passen sich beim Einfügen und Löschen durch Umänderung von Verweisen zwischen den Objekten an.
Neben der Datenverwaltung bieten Listen weitere nützliche Funktionen an, wie z.B. Sortierung, Suche von Elementen und Vergleiche. Je nach Grundlage der Programmiersprache sind solche Funktionen entweder bereits in die Datenstruktur integriert (.NET, Java) oder können aus Bibliotheken eingebunden werden (C, C++).

7.4 Datenformate

Datenformate gehören zu jeder Anwendung auf dem Computer, um Daten und/oder Anwendungsparameter zu speichern und wieder herzustellen.

7.4.1 XML (Extensible Markup Language)

Viele Daten und Konfigurationsdateien (v.a. bei Open Source Software) werden heute nach den Regeln der Extensible Markup Language (XML) gespeichert. Wie der englische Name sagt, handelt es sich um eine Auszeichnungssprache wie HTML, bei der die umschließenden **Tags** die Bedeutung des dazwischen stehenden Inhalts beschreiben. Im Gegensatz zu HTML sind bei XML diese Tags nicht vorgegeben, sondern können je nach Anwendungsfall vereinbart und hierarchisch angeordnet (Baumstruktur) werden.
Um jedoch konsistente Daten zu gewährleisten, sollte zu jedem XML-Dokument eine passende Beschreibung seiner Tags und weiterer Eigenschaften erstellt werden. In den Anfängen von XML wurde dazu die **Document Type Definition** (**DTD**) benutzt, die eine von XML abweichende Syntax besitzt. Diese wurde inzwischen durch die **XML Schema Definition** (**XSD**) ersetzt, die ebenfalls nach den Regeln von XML zu schreiben ist.

Deren Vorteile sind die gute Anpassbarkeit an unterschiedliche Fachgebiete und Anwendungsfälle (durch entsprechende Gliederung) und die Lesbarkeit für einen menschlichen Benutzer (nicht binär). Nachteilig ist bei großen Datensätzen, daß die Dateien durch die oftmalige Wiederholung der Tags größer werden als bei einem eher kryptischen (binären) Datenformat.

Der Zugriff auf XML-Dateien erfolgt von Programmiersprachen aus meist über des **Document Object Model** (**DOM**), einem internationalen Standard. Lesend kann mittels spezieller Methoden ein XML-Dokument geladen, auf Gültigkeit geprüft (*Validierung*) und auf einzelne Knoten, deren Attribute und Inhalte zugegriffen werden. Schreibend wird mittels spezieller Methoden der DOM-Baum im Speicher aus den einzelnen Knoten inklusive Inhalten zusammengesetzt und als XML-Dokument gespeichert.

Eine Alternative zu DOM ist **SAX** (Simple API for XML) mit sequentiellem Datenstrom.

7.4.2 Bilddaten-Formate

Bild-Datenformate treten heutzutage vor allem im Internet in Erscheinung, aber auch in Fachanwendungen spielen sie eine wichtige Rolle. Die folgende Tabelle gibt einen Überblick über die verbreitetsten Bild-Datenformate:

Name	Langer Name	Basis	Komprimierung	Wiederherstellbarkeit	Format
TIF	Tagged Image File Format	Pixel	mehrere Arten	verlustfrei	binär
PNG	Portable Network Graphics	Pixel	Deflate	verlustfrei	binär
GIF	Graphics Interchange Format	Pixel	LZW-Algorithm.	verlustbehaftet	binär
JPG	Joint Picture Experts Group	Pixel	DCT	verlustbehaftet	binär
EPS	Encapsulated Post Script	Vektor	keine Kompr.	—	binär
SVG	Scalable Vector Graphics	Vektor	keine Kompr.	—	ASCII

Einige Erläuterung zu diesen Bilddaten-Formaten:

Komprimierung zur Einsparung von Speicherplatz ist gegen eine bessere Bildqualität bei bestimmten Anwendungen (z.B. Photogrammetrie) abzuwägen.

TIF(TIFF), GIF, JPG und PNG sind „echte" Pixel-basierte Formate, welche die eigentlichen Bild-Datenformate sind.

EPS und SVG spielen eine Sonderrolle, weil sie Vektor-basierte Formate sind.

7.5 Datenbanken

Datenbanken bilden die Basis vieler Computeranwendungen. Auch in der Geoinformatik sind sie ein wesentlicher Bestandteil. Genauer gesagt muss man von *Datenbanksystemen* sprechen. Ein Datenbanksystem besteht aus einer Verwaltungssoftware, Datenbankmanagementsystem (DBMS) genannt, und den zu verwaltenden Daten, der eigentlichen Datenbank. Die Konzipierung eines Datenbank-Schemas erfordert eine Modellierung.

7.5.1 Das Entity-Relationship-Modell

Das Entity-Relationship-Modell, oder **ER-Modell**, ist eine Typisierung von Objekten, ihrer Beziehungen untereinander und sie genauer beschreibender Informationen. Es dient

dazu, durch eine **semantische Datenmodellierung** einen für ein Projekt relevanten Ausschnitt der realen Welt zu beschreiben. Mit diesem Hilfsmittel werden **Datenbank-Schemata** und Informationssysteme entworfen und implementiert.
Grundlegende Begriffe sind:

- **Entität** (*Entity*)
  Typisierung gleichartiger Entitäten, also Klassen von Objekten

- **Attribut**
  Typisierung gleichartiger Eigenschaften, welche die Objekte näher beschreiben

- **Beziehungstyp**
  Typisierung gleichartiger Beziehungen, z.B. Spezialisierung/Generalisierung („is-a"), Aggregation („has-a" bzw. „is-part-of")

- **Kardinalität**
  Mengenangabe im Beziehungstyp, z.B. 1:1, 1:n, n:m

7.5.2 Grundlegende Datenbank-Modelle

Die folgenden Abschnitte stellen grundlegende Modelle von Datenbanken vor, wobei auf das immer noch am häufigsten benutzte Relationale Modell genauer eingegangen wird.

Relationale Datenbanken

Relationale Datenbanken sind das momentan am häufigsten verwendete Datenbank-Modell. Ihr Name kommt von der Bezeichnung „**Relation**", die nichts anderes ist als eine Tabelle mit Spalten für bestimmte Objekteigenschaften und mit Zeilen für die einzelnen Objekte. Im Fachjargon werden die Spalten als **Felder** und die Zeilen als **Datensätze** oder **Tupel** bezeichnet.
Eine Datenbank ist i.d.R. aus mehreren solcher Tabellen aufgebaut. Zwischen den Tabellen können ebenfalls Relationen bestehen. Dabei ist es üblich, das erste Feld einer Tabelle als **Index** zu führen, der eine eindeutige Identifizierung jedes Datensatzes zulässt (auch bei Änderungen und Löschungen). Derartige eindeutige Felder (die nicht unbedingt Indizes sein müssen) kann man als **Schlüsselfelder** benutzen. Führt man nun in einer Tabelle A ein Feld ein, das Werte für das Schlüsselfeld einer Tabelle B enthält, so hat man eine Relation zwischen den beiden Tabellen hergestellt. Das Feld in Tabelle A wird dann **Fremdschlüssel** genannt. Eine solche Relation zwischen Tabellen nennt man auch *Join*.
Für Verwaltung und Zugriff auf die Datenbank wird allgemein die Datenbanksprache **SQL** verwendet. Sie setzt sich aus mehreren Teilbereichen zusammen, die wichtigsten sind:

- **Data Control Language** (DCL): Festlegung von Transaktionseinheiten u. Sperren

- **Data Definition Language** (DDL): Verwaltung von Tabellen (Datenbankschema)

- **Data Manipulation Language** (DML): Verwaltung von Datensätzen

- **Data Query Language** (DQL): Abfrage von Daten

Befehle der Data Manipulation Language und der Data Query Language werden im nachfolgenden Abschnitt erläutert.

Objektorientierte Datenbanken

Objektorientierte Datenbanken befolgen die Regeln der Objekt-Orientierung. Man wendet das Prinzip der **Datenkapselung** an, wobei neben dem Datensatz eine Anzahl von Methoden zur Verfügung stehen. Somit verwaltet ein Datenbank-Objekt seine Daten selbst. Die Einführung von Hierarchien wird durch das Prinzip der **Vererbung** möglich. Speicherbedarf und Rechenaufwand erhöhen sich durch eine derartig komplexe Modellierung.

Objektrelationale Datenbanken

Objektrelationale Datenbanken stellen eine Mischform zwischen Relationalen und Objektorientierten Datenbanken dar.

7.5.3 Anbindung an Programmiersprachen

Im folgenden wird der Weg beschrieben, wie Relationale Datenbanken an Programmiersprachen angebunden werden. Die Kommunikation zwischen Anwendungsprogramm und Datenbank erfolgt über sog. **Datenbank-Treiber**. Hierbei gibt es unterschiedliche Grade der Kompatibilität und unterschiedliche Konzepte.

Datenbank-Treiber

Um die Austauschbarkeit von Datenbanken zu vereinfachen, wurden auch für die Treiber-Software Vereinheitlichungen geschaffen. In der Windows-Welt ist die Open DataBase Connectivity **ODBC**, in der Unix-/Linux-Welt die JAVA DataBase Connectivity **JDBC** verbreitet.

Konzepte des Datenbank-Zugriffs

Das **Cursor-Konzept** ist das momentan am häufigsten verwendete. Hierzu wird zunächst eine Verbindung zur Datenbank aufgebaut, wobei unterschiedliche Parameter (z.B. Administrator, Passwort) zusätzlich gesetzt werden können. Das dabei erhaltene Verbindungsobjekt (**Connection-Objekt**) erlaubt die Ausführung von Datenzugriffen in Form von **SQL**-Abfragen.
SQL ist die Abkürzung für **Structured Query Language**. Hiermit lassen sich Zugriffe auf Datensätze der Tabelle a in deklarativer Form formulieren:

- Abfragen: SELECT x FROM a WHERE a.feldN = y

- Einfügen: INSERT INTO a VALUES x WHERE a.feldN = y

- Ändern: UPDATE a SET x WHERE a.feldN = y

- Löschen: DELETE FROM a WHERE a.feldN = y

Hier wurde nur die Minimalform jedes Zugriffs dargestellt; jeder Zugriff bietet mehrere optionale Parameter an, z.B. zum Sortieren, Verknüpfen etc. Anstelle des Gleichheitszeichens können auch andere Bedingungsoperatoren wie „kleiner", „größer" oder Kombinationen verwendet werden. Ähnliche SQL-Befehle wie für Datensätze sind auch für die Tabellen vorhanden.

Für SQL besteht seit einigen Jahren der Internationale Standard **SQL:2011**. Je nach Datenbank-Hersteller wurden jedoch unterschiedliche Parameter hinzugefügt. Insbesondere Geo-Datenbanken benötigen zusätzliche Parameter und Indexstrukturen.

7.5.4 Datenbank-Management

Wie oben bereits erwähnt ist das **Datenbankmanagementsystem** (*DBMS*) dafür zuständig, das Datenbanksystem zu verwalten: Es gewährleistet durch sog. **Transaktionen** die Konsistenz der Datenbank. Vor allem die Relationen innerhalb der Datenbank müssen stets korrekt sein; dies bezeichnet man als **Referentielle Integrität**.

Das Datenbank-Management beeinflusst auch die effiziente Speicherung und den gezielten Zugriff auf die Datenbank-Inhalte (z.B. durch *Datenbank-Indices*). Spezielle Datenstrukturen wie z.B. der **Quadtree** erlauben einen schnellen Zugriff. Der Quadtree ist eine baumartige Datenstruktur, die dazu verwendet werden kann, Objekte in zwei Dimensionen optimal zu speichern. Die Verzweigungen passen sich der Dichte der Objekte in der Fläche an. Der **Quadrant** eines Rasters wird an den Stellen mit höherer Objektdichte in vier Quadranten auf höherer Ebene unterteilt. Dies wird rekursiv fortgesetzt, bis die Objekte optimal repräsentiert sind.

7.6 Verteilte Anwendungen

Verteilte Anwendungen spielen in der heutigen Zeit eine zunehmende Rolle. Hierbei handelt es sich um komplexe Anwendungsprogramme, die auf mehreren Rechnern bzw. Prozessoren ablaufen und unter diesen Informationen austauschen. Bei ihren Architekturen unterscheidet man Client-Server-, n-tier- und Peer-to-Peer-Systeme.

7.6.1 Client-Server-Systeme

Client-Server-Systeme sind aus der heutigen Welt nicht mehr wegzudenken.

Grundlegende Begriffe

- Dienst (Service)
  Ein Dienst ist eine Aufgabe, die ein Server anbietet und ein Client nutzen kann.

- Client
  Der Client kann den Dienst bei einem Server anfordern, indem er eine Anfrage sendet (**Request**).

- Server
  Der Server antwortet dem Client mit einer für den Dienst typischen Form (**Response**).

Client-Server-Prinzip

Client-Server-Systeme beruhen auf dem Prinzip von Anfrage durch den Client (**Request**) und Antwort durch den Server (**Response**), nachdem der Server (oder der dem Web-Server nachgeschaltete Daten-Server) auf den Datenbestand zugegriffen und die geforderte

Analyse ausgeführt hat.

Beim Request kann zwischen eine GET-Request und eine POST-Request unterschieden werden. Der **GET-Request** erfolgt in Form eines HTTP-Requests, welcher die Anfrage-Parameter explizit und sichtbar in Form von Schlüssel-Wert-Paaren (*Key-Value-Pair*) an den Server übergibt. Der **POST-Request** entspricht einem HTTP-Request, der die Anfrage-Parameter implizit im Hintergrund in Form eines XML-Dokuments an den Server übergibt.

Beispiele für Anwendungen

Ein File-Server stellt Dateien zur Verfügung; ein Mail-Server regelt den E-Mail-Verkehr; ein Print-Server stellt einen gemeinsamen Drucker zur Verfügung. Etwas spezifischer: ein Datenbank-Server verwaltet mittels eines Datenbank-Managementsystems größere Datenbestände; ein Application-Server stellt Anwendungen zentral bereit.

7.6.2 Web-Dienste

Ein **Web-Dienst** (oder Web Service) ist die standardisierte Umsetzung eines Client-Server-Systems. Der Web-Dienst besitzt einen Uniform Resource Identifier (URI), über den er eindeutig im Internet identifizierbar ist, sowie eine Schnittstellenbeschreibung, welche definiert, wie mit dem Web Service zu interagieren ist. Die Grundlage bilden hierbei drei Standards, die auf XML basieren:

- **UDDI**: Verzeichnisdienst zur Registrierung von Webservices
- **WSDL**: Beschreibung der unterstützten Methoden und deren Parameter
- **SOAP**: Kommunikationsprotokoll (siehe folgender Abschnitt)

7.6.3 Web-Anbindung von Datenbanken

Die Client-seitige Datenbank-Anbindung nutzt **Applets**, **ActiveX** und Browser-**PlugIns**. Auf der Seite des Servers gibt es mehrere Techniken: Zum einen **CGI** (Common Gateway Interface) und **Servlets** (z.B. Java Servlets), zum anderen **SSI** (Server Side Includes), **Server-APIs** (Application Programming Interface), und Skript-Sprachen wie **JSP** (Java Server Pages), **ASP** (Active Server Pages) und **PHP**.

7.6.4 Middleware

Middleware ist spezielle Software, die Dienste zur Kommunikation und Datenverwaltung in verteilten Anwendungen bereitstellt. Man unterscheidet:

- Anwendungsorientierte Middleware
  z.B. **CORBA** (Common Object Request Broker Architecture)

- Kommunikationsorientierte Middleware
  z.B. **RPC** (Remote Procedure Call), RMI (Remote Method Invocation)

- Nachrichtenorientierte Middleware
  z.B. **SOAP** (Simple Object Access Protocol), Web-Dienst (Web Service)

Kapitel 8

Geoinformatik

Die Geoinformatik verbindet alle in den vorherigen Kapiteln dargestellten Grundlagen. Es sind jedoch einige Erweiterungen und Spezialisierungen vorhanden, von denen die wichtigsten hier zusammengestellt werden sollen. Dabei werden auch spezifische Fachbegriffe und Entwicklungen der Geoinformatik genannt und erläutert. Am Ende steht ein Ausblick auf die aktuellen und praktischen Anwendungen.

8.1 Datenarten

Die wesentliche Unterscheidung ist diejenige zwischen **Geometriedaten** und **Sachdaten**. Bei den Geometriedaten wiederum trennt man zwischen Rasterdaten und Vektordaten.

8.1.1 Rasterdaten

Bilddaten werden in der GIS-Welt auch als Rasterdaten bezeichnet, wobei man diesen Begriff von Höhendaten abgrenzen muss, die manchmal auch als Höhenraster oder -gitter benannt werden.
Bilddaten werden in der Photogrammetrie verwendet und finden im GIS in der Form von sog. **Orthophotos** ihre Anwendung. Orthophotos sind Luft- oder Satellitenbilder, die entsprechend einer geodätischen oder kartographischen Projektion (siehe Kapitel *Photogrammetrie und Kartographie*) entzerrt wurden und somit anderen (Vektor-)Daten in derselben Projektion hinterlegt werden können.
Rasterdaten-Formate wurden im Kapitel zur *Informatik* beschrieben.

8.1.2 Vektordaten

Vektordaten sind im einfachsten Fall mathematisch eindeutig definierte Punkt-, Linien- und Flächen-Objekte. Sie werden durch die Koordinaten ihrer (Stütz-)Punkte beschrieben. Objekte dieser Art sind in einer GIS-Anwendung „greifbar" im Gegensatz zu Rasterdaten (s.o.). Vektordaten können somit mit den mathematischen Mitteln der **Analytischen Geometrie** (siehe Kapitel *Mathematik*) beschrieben, konstruiert, verändert und dargestellt werden. Aufwendigere Datenbeschreibungen benutzen auch höherwertige Elemente wie Kreisbögen, Splines u.ä. Dies bildet jedoch bisher noch die Ausnahme.
Vektordaten-Formate werden im folgenden Teilkapitel besprochen.

8.1.3 Sachdaten (Attributive Daten)

Sachdaten werden auch als Attribute, Thematische Daten oder Alphanumerische Daten bezeichnet. Sie liegen in vielen Dokumenten als Listen, Tabellen o.ä. und in unterschiedlichen Datenbank-Formaten vor. Meistens fehlt diesen Daten der direkte Geo-Bezug, d.h. die zugehörige Geometriedaten-Darstellung. Erst die Verknüpfung von Vektor- und Sachdaten erzeugt ein echtes **Geo-Objekt**, das man auch als **Feature** bezeichnet.
Die Sachdaten sind Träger der sog. **Semantik**, da sie die Bedeutung eines Geo-Objekts darstellen (siehe auch unten: *Daten-Modellierung*).

8.2 Datenhaltung

Bei der Datenhaltung ist zwischen der Datenhaltung in System-spezifischen Formaten oder in Datenbanken und in Formaten für den Austausch von Geodaten zu unterscheiden. Die Datenhaltung von GIS-Anwendungen hat sich im Laufe der Jahre verändert, weg von systemspezifischen (**proprietären**) Formaten hin zu offenen (**interoperablen**) Formaten. Um Daten in ein GIS zu importieren (**Import**) oder aus diesem zu exportieren (**Export**), benutzt man die sog. **Schnittstellen** des GIS.

8.2.1 Datenformate

Wie jedes andere Fachgebiet benötigt auch die Geoinformatik eigene Datenformate, welche die Speicherung der Geometrischen und Attributiven Daten (Vektordaten-Formate), sowie von Bild- und Höhendaten (Rasterdaten-Formate) optimieren.

Vektordaten-Formate

Bei den Vektordaten-Formaten besteht einer der wesentlichen Unterschiede darin, ob die Geometrischen Daten getrennt von den Attributiven Daten oder mit diesen zusammen gespeichert werden.
Eine andere Unterscheidung betrifft den Zweck des Datenformats: Sogenannte **proprietäre Formate** stammen von einem bestimmten CAD- oder GIS-System, während **interoperable Formate** für den neutralen Austausch zwischen solchen Systemen durch eine internationale **Normung** bzw. **Standardisierung** geschaffen wurden.

Die folgende Tabelle gibt einen Überblick über die verbreitetsten Vektor-Datenformate:

Name	Langer Name	Bereich	Verwendung	Datenhaltung	Format
DXF	Drawing Exchange Format	CAD	proprietär	nur Geom. u. Layout	ASCII
SHP	Shape File	GIS	proprietär	Geom.- u. Sachdaten	binär
GML	Geography Markup Language	GIS	interoperabel	Geom.- u. Sachdaten	ASCII
GPX	GPS Data Exchange Format	Geo	interoperabel	Geom.- u. Sachdaten	ASCII
KML	Keyhole Markup Language	Geo	interoperabel	Geom.- u. Sachdaten	ASCII

Einige Erläuterung zu diesen Vektordaten-Formaten:

- DXF ist das gängige CAD-Datenformat, wurde daher nicht für Sachdaten konzipiert.

- Das Shape File besteht aus mindestens zwei Dateien: SHP für Geometrie, und DBF für Sachdaten (siehe unten: *Geo-Datenbanken*).

- GML ist vom XML-Standard abgeleitet und wurde für die interoperable Verwendung geschaffen; in unterschiedlichen Versionen vertreten (ebenfalls mehr unten).

- GPX ist vom XML-Standard abgeleitet und wurde für den Austausch von GPS-Daten geschaffen.

- KML ist vom XML-Standard abgeleitet und wurde durch Google Earth bekannt.

Rasterdaten-Formate

Theoretisch können die meisten in den Informatik-Grundlagen genannten Bildformate durch **Georeferenzierung** und entsprechende Bildtransformation in eine GIS-Anwendung eingebunden werden. Inzwischen gibt es bei den Bilddaten-Formaten auch Spezialisierungen für den GIS-Bereich. Diese Formate enthalten zusätzlich zum Bildinhalt Informationen über die **Georeferenz**. Diese Information ist in einem Teil des Datei-Headers untergebracht und muss zur korrekten Wiedergabe gelesen werden.

Das bekannteste Beispiel hierzu ist **geoTIFF**. Neben den Tags des TIFF-Headers wurden von Adobe sechs zusätzliche „private Tags" vereinbart, welche die Parameter für die Georefenzierung und Projektion enthalten.

8.2.2 Geo-Datenbanken

Moderne GIS-Anwendungen legen Geodaten statt in proprietären Formaten oft in Datenbanken ab. Wie bei den Bildformaten werden hierbei zum einen marktübliche Datenbanken verwendet, zum anderen um Geo-Funktionalität erweiterte Datenbanken. Die folgende Tabelle gibt einen Überblick über die verbreitetsten Geo-Datenbanken:

Name	Langer Name	Hersteller	Bereich	Datenhaltung	Format
DBF	dBase File	dBase	Inform.	nur Sachdaten (SHP)	binär
MDB	Microsoft Database	Access	Inform.	Geometrie- u. Sachdaten	binär
—	Oracle Spatial	Oracle	GIS	Geometrie- u. Sachdaten	binär
—	PostGIS	Open Source	Inform.	Geometrie- u. Sachdaten	binär
—	PostgresSQL	Open Source	GIS	Geometrie- u. Sachdaten	binär
—	SpatiaLite (SQLite)	Open Source	GIS	Geometrie- u. Sachdaten	binär

Einige Erläuterung zu diesen Datenbanken:

- DBF ist eines der ersten Datenbank-Formate; beim Shape File (s.o.) werden die Sachdaten in diesem Format gespeichert.

- MDB ist das Datenbank-Format der Microsoft-Datenbank „Access", die sich durch ihre leichte Bedienbarkeit auszeichnet.

- Oracle stellt sowohl allgemeine als auch spezielle Geo-Datenbanken her.

- PostGIS/PostgresSQL und SpatiaLite sind bekannte Beispiele für (Geo-)Datenbanken aus dem Open-Source-Bereich.

8.3 Datenmodellierung

Neben der Datenhaltung ist eines der grundlegenden Themen der Geoinformatik nach wie vor das der Daten-Modellierung. Diese kann je nach Anwendungsgebiet sehr unterschiedlich ausfallen. Grundlegende sind Objektarten(-Katalog), Geometrische Darstellung und Referenzsysteme, daneben können auch Topologie und Metadaten eine bedeutende Rolle spielen.

8.3.1 Objektarten und Objektarten-Katalog

Auf die Nutzung von Objektarten sind so gut wie alle GIS-Anwendungen aufgebaut. Eine Objektart erfasst alle Objekte des jeweiligen GIS-Anwendungsgebiets als gemeinsame Darstellung, die eine Art Prototyp ist. Da dies in der Objektorientierung auch „Klasse" genannt wird, spricht man auch von **Objekt-Klasse**. Grundlegende Eigenschaft einer Objektart ist ihr **Geometrie-Typ**, also i.d.R. Punkt, Linie oder Fläche (**Graphische Primitive**). Hinzu kommen die Sachdaten, auch **Attribute** genannt, welche die semantische Beschreibung des Objekts liefern (Semantik heißt so viel wie „Bedeutung"). Ein Realwelt-Objekt wird auch **Feature** genannt.

Alle in einem Datenbestand verfügbaren Objektarten fasst man i.d.R. zu einem **Objektarten-Katalog** zusammen. Dieser wird meistens in einem eigenen, z.T. proprietären, Format gespeichert. Hier hat sich bei den interoperablen Austauschformaten auf Basis von XML die **XML Schema Description** (**XSD**) etabliert (siehe Kapitel *Informatik*). Objektarten-Kataloge werden auch als **Datenschema**, oder kurz *Schema*, bezeichnet.

8.3.2 Das Simple Feature-Modell

Das Simple Feature-Modell wurde im Rahmen der Internationalen Normung und Standardisierung geschaffen, um z.B. für GML verbindliche Vorgaben machen zu können, die in einer internationalen **Spezifikation** niedergelegt wurden.

Der Standard von **GML2** lässt neben den bereits erwähnten Geometrischen Primitiven Punkt, Linie und Fläche keine geometrischen oder andersartigen Typen zu, bleibt also vollständig innerhalb der zweidimensionalen Vektor-Geometrie.

Hingegen bietet der Standard **GML3** eine Fülle weiterer geometrischer und andersartiger Typen, wie z.B. Splines und zeitliche Marker.

Neu seit GML Version 3.0 sind komplexe Geometrien, räumliche und temporale Referenzsysteme, Topologie, Maßeinheiten, Metadaten, Rasterdaten und Default Styles für Features und Rastervisualisierungen. Ein vom OGC standardisiertes Anwendungsschema von GML3 ist **CityGML**, es wird zur Erstellung von Stadtmodellen verwendet.

8.3.3 Topologie

Bei der Topologie in GIS-Anwendungen gibt es einige sehr einfache, aber auch kompliziertere Modelle, die vom einfachen **Knoten-Kanten-Modell** abweichen. Welche Art von Topologie hinter einer bestimmten GIS-Anwendung steckt, ist i.d.R. eines der Geheimnisse, das nur deren Entwickler kennen. Von einer optimierten Topologie hängt die Geschwindigkeit von Abfragen und Analysen und damit auch die Performance der GIS-Anwendung ab.

Die Topologie einer GIS-Anwendung muss auch bestimmte Grundroutinen bereitstellen, die in Topologischen oder anderen Analysen benötigt werden, z.B.:

- **Punkt-im-Polygon-Test**: Test, ob ein Punkt innerhalb eines geschlossenen Polygons (Fläche) liegt;

- **Orientierte Kanten**: Test auf positive bzw. negative Durchlaufrichtung;

- **Orientierte Flächen**: Test, auf welcher Seite einer Geraden ein Punkt liegt (liefert auch Information für Punkt-im-Polygon-Test).

8.3.4 Referenzsysteme

Auch die Darstellung und Transformation der Geodätischen Referenzsysteme, auf denen die geometrischen Eigenschaften der Geo-Objekte beruhen, muss bei der Daten-Modellierung berücksichtigt werden. Im folgenden sollen einige Beispiele gegeben werden, wie das Referenzsystem in bestimmten Datenformaten repräsentiert wird.

Beim **Shape File** gibt es neben den Geometrie- und Sachdaten-Dateien auch eine Datei, welche das Referenzsystem speichert. Diese Datei hat die Endung **PRJ** (projection).

Der interoperable Standard **GML** verwendet Definitionen für die Geodätischen Referenzsysteme, die von einer privaten Gesellschaft festgelegt wurden, die weltweit agiert, der ehemaligen European Petroleum Survey Group **EPSG**.

Wenn Geodaten mit einem bestimmten Referenzsystem in Verbindung gebracht werden, spricht man von **Georeferenzierung** bzw. **Geokodierung**.

8.3.5 Metadaten

Um dem Datennutzer eine bessere Übersicht über in Datenbanken enthaltenen oder per Geo Web Service (siehe unten: *Moderne GIS-Architekturen*) verfügbare Daten zu geben, werden sog. **Metadaten** verwaltet. Metadaten in GIS-Anwendungen beschreiben Eigenschaften wie z.B. Definition, Alter, Herkunft, Gültigkeit, Genauigkeit, Einsatz- und Nutzungsmöglichkeiten etc. von Datensätzen auf unterschiedlichen Aggregationsebenen. Gerade Genauigkeit und Daten-Qualität stellen wichtige Kriterien dar, die meistens vernachlässigt werden (siehe auch unten: *Datenerfassung*).

8.4 Datendarstellung in GIS-Anwendungen

Die modernen GIS-Anwendungen sind vor allem auf eine **Visualisierung** der Daten ausgelegt, um den Nutzer optimal zu unterstützen. Dabei sind die geometrische Erscheinungsform der Darstellung und ihre thematische Gliederung wesentliche Komponenten.

8.4.1 Geometrische Darstellung

Die Geometrische Darstellung betrifft zum einen die nach kartographischen Kriterien erfolgende Erscheinungsform (**Layout**), zum anderen die grundlegende mathematische Basis des Koordinatenbezugs (**Projektion**).

Layout

Das Layout richtet sich vor allem nach den Gestaltungsprinzipien der Kartographie. Für jeden graphischen Grundtyp, **Graphisches Primitiv** genannt, gibt es bestimmte Möglichkeiten:

- Punkte erlauben Variation in Größe, Farbe und Form;
- Linien können durch ihre Breite, Farbe und ihren Strichtyp variiert werden;
- Flächen lassen Modifizierung von Farbe und Schraffur zu.

Bei allen Grundtypen kann zwischen einer Darstellung als Vektorgraphik und als Rastergraphik unterschieden werden:

- Punkte können durch Vektorzüge unterschiedlicher Form (Kreis, Dreieck, Quadrat, etc.) unterschieden werden, zum anderen ist auch die bildliche Darstellung durch unterschiedliche **Icons** möglich (*Symbology*);
- Bei Linien hat der **Strichtyp** mittels Vektorgraphik weniger Ausdrucksmöglichkeiten (z.B. gestrichelt, punktiert) als bei Verwendung von Rastergraphik-basierten Elementen (z.B. Mehrfachlinien);
- **Flächen-Schraffuren** durch linienhafte Vektorzüge bieten i.d.R. eingeschränkte Möglichkeiten (z.B. gestreift, kariert), **Flächen-Signaturen** auf Basis von Bilddaten sind variabler.

Projektionen

Kartographische Projektionen erlauben eine optimale Darstellung für bestimmte Gebiete der Erde. In den Grundlagen zur Kartographie wurden diese ausführlich dargestellt.
Neben diesen 2D-Projektionen gibt die Computer-Anwendung im Gegensatz zur Papier-Karte noch die Möglichkeit 3D-Projektionen zu verwenden. Aus der **Konstruktiven Geometrie** als Teilgebiet der Mathematik bzw. deren Anwendung in Technischen Zeichnungen sind für Computervisualisierungen gut geeignete Verfahren hervorgegangen wie z.B. die **Perspektivische Projektion**, sogar Animationen sind denkbar. Die meisten GIS-Anwendungen verwenden jedoch eine der 2D-Projektionen als Standard-Darstellung.

8.4.2 Thematische Darstellung

Die aus der Daten-Modellierung kommende thematische Gliederung in Form von Objektarten (s.o) beeinflusst auch die Art der Darstellung.

Layer und Objekt-Klassen

Die **CAD-Systeme** begründeten die Unterteilung in sog. **Layer** (auch *Ebenen* genannt). Wobei in CAD-Systemen i.d.R. kein explizites Datenschema vorhanden ist; dieser für GIS-Anwendungen typische Begriff nimmt Bezug auf die Objektarten. In GIS-Anwendungen dienen die **Objektarten** zur Thematischen Gliederung und ermöglichen damit unmittelbar eine Thematische Darstellung.

Die in obigem Abschnitt erläuterten Gestaltungsprinzipien für das Layout können für jede Objektart angepasst werden. Anders als bei einer Papier-Karte ist das Weglassen und Hinzufügen bestimmter Objektarten nach Wunsch des Anwenders jederzeit möglich.

Verschneidung

Unter Verschneidung versteht man die gleichzeitige Darstellung von Datenbeständen unterschiedlicher Herkunft mit dem Ziel, daraus weitere Informationen abzuleiten. Dabei spielen zum einen geometrische Eigenschaften, wie z.B. unterschiedliche Bezugssysteme, eine Rolle, zum anderen tritt eine thematische Unterscheidung auf.
Geobasisdaten können mit Geodaten aus einem bestimmten Anwendungsgebiet, genannt **(Geo)-Fachdaten**, überlagert werden, um neue **geometrische** und **semantische Bezüge** zu erhalten. GIS-Analysen (siehe übernächstes Teilkapitel) erlauben eine Auswertung dieser Bezüge (*Relationen*).

8.5 Datenerfassung

Wie bereits erwähnt, sind Vermessungswesen und Photogrammetrie die Hauptdatenlieferanten für GIS-Anwendungen. Liegen bereits - etwa aus dem nicht-digitalen Zeitalter - Daten in Form von Papierkarten vor, so ist eine für GIS taugliche Aufbereitung notwendig. Auch Sachdaten müssen ggf. erst manuell oder automatisiert erfasst werden. Sowohl bei den Geometrie- als auch bei den Sachdaten ist auf eine passende Qualität zu achten.

8.5.1 Erfassung von Geometrie-Daten

Wie oben erläutert, können als Geometrie-Daten Vektor- oder Rasterdaten erfasst werden. Außerdem ist eine Umwandlung zwischen beiden Arten möglich; dazu sind Verfahren der Digitalen Bildverarbeitung notwendig.

Erzeugung von Vektordaten

Sollen Vektordaten erfasst werden, so kommt i.d.R. ein **Digitalisier-Tisch** (kurz: **Digitizer**) zum Einsatz. Über bekannte Punkte (*Passpunkte*) erfolgt zunächst die Herstellung der **Georeferenz**, d.h. es wird mittels geodätischer Transformation der Zusammenhang zwischen Digitizer-Koordinaten und Welt-Koordinaten bestimmt. Nach dieser Einpassung können Einzelpunkte, Höhenlinien oder andere interessierende Objekte koordinaten-mäßig erfasst werden. Ist der Digitizer direkt an das GIS angebunden, so kann im selben Arbeitsschritt eine Objekt-Erzeugung inklusive Sachdaten erfolgen.
Eine abschließende Kontrolle auf geometrische und semantische Korrektheit sollten ebenfalls erfolgen (siehe auch unten: *Datenqualität*).

Erzeugung von Rasterdaten

Liegen Bilddaten vor, so kann auch eine Erfassung von Rasterdaten sinnvoll sein. Dazu wird ein **Scanner** verwendet, der die Bilddaten mit einer für den Verwendungszweck ausreichenden Auflösung abtastet. Je nach Bildvorlage können entweder ein Schwarz-Weiß- oder mehrere Farb-Auszüge erstellt werden. Wie bei der Erfassung von Vektordaten ist bei der Verwendung im GIS die **Georeferenzierung** herzustellen. Falls es sich bei den Bilddaten um keine Orthophotos (siehe Kapitel über *Photogrammetrie*) handelt, ist dabei noch eine Entzerrung und ggf. eine Abbildung in die vorgegebene Projektion beinhaltet.

Konversion zwischen Vektor- und Rasterdaten

Liegen bereits Vektor- oder Rasterdaten in digitaler Form vor, so kann auch eine Umwandlung erfolgen, die man als **Konversion** bezeichnet.
Die **Vektor-Raster-Konversion** ist die einfachere von beiden. Hierbei erfolgt als grundlegender Schritt eine **Rasterung** mit passender Auflösung, d.h. ein Pixel erhält die Objektfarbe, wenn es zu mehr als der Hälfte auf der Objektkontur liegt. Um den graphischen Eindruck zu verbessern, wird der Grad der Bedeckung als Information benutzt, mit welcher Intensität die Farbe erscheint (**Aliasing**).
Die **Raster-Vektor-Konversion** erfordert mehr Nacharbeiten. Dazu kommen Methoden der Digitalen Bildverarbeitung zum Einsatz, mit denen Punkt- und Linien-hafte Objekte erkannt werden können. Dabei werden bestimmte **Filter** verwendet, die zur Extraktion von Punkten und Kanten dienen. Die so entstehenden Daten sind nie vollständig, da störende Effekte, wie z.B. Schatten, die Unterbrechung eines Linienzugs bedingen können. Daher sind manuelle Nacharbeiten in Bezug auf Geometrie, aber auch Thematik und Sachdaten notwendig. Eine Automatisierung dieses Prozesses mit guten Ergebnissen ist im Fachgebiet der **Fernerkundung** noch Forschungsgegenstand (siehe auch Kapitel *Photogrammetrie*).

8.5.2 Erfassung von Sachdaten

Besteht bereits die Geometrie eines Geo-Objekts, u.a. aus CAD-Daten, so müssen noch die Sachdaten erfasst werden. Als Datengrundlage können amtliche, statistische und sonstige für den Anwendungszweck relevante Aufzeichnungen dienen. Um diesen Vorgang automatisieren zu können, ist eine Eigenschaft der Daten notwendig, die über die **Georeferenz** Auskunft gibt. Dies können Postleitzahlen, Hausnummern, Parzellennummern oder andere auf die Position hinweisende Eigenschaften sein.

8.5.3 Datenqualität

Sowohl die Geometrie- als auch die Sachdaten sollten vor der Erfassung auf ihre Eignung überprüft werden (*Qualitätsmanagement*). Aber auch bei guter Eignung können nach der Erfassung Inkonsistenzen auftreten.

Datenkonsistenz bei Geometrie-Daten

Bei der Datenkonsistenz von Geometrie-Daten liegen unterschiedliche Abstufungen vor:

- **Grundlegende geometrische Bedingungen**: z.B. Rechtwinkligkeit, Parallelität, Abstands- und Flächen-Bedingungen;

- **Vollständigkeit**: z.B. durchgehende Polylinie, geschlossenes Polygon;

- **Objekt-Relationen**: z.B. keine Überdeckung bei Flächen gleicher Objektart, aber auch keine „leeren" Flächen (*Sliver-Polygone*).

Um vorgegebene Bedingungen herzustellen bzw. auftretende Ungenauigkeiten beseitigen zu können, muss die GIS-Anwendung entsprechende Werkzeuge für die **Datenbereinigung** zur Verfügung stellen. Man spricht in diesem Zusammenhang auch von einer **Homogenisierung** des Datenbestands.

Datenkonsistenz bei Sachdaten

Auch für die Sachdaten sind Kriterien bekannt, welche deren Qualität beschreiben:

- **Ursprung**: legt die Thematik und die Attribute fest;
- **Gebietsabdeckung**: hängt von den beteiligten Datenproduzenten ab;
- **Detaillierungsgrad**: beeinflusst die thematische Genauigkeit der Information;
- **Datenmodellierung**: erleichtert oder erschwert die Verarbeitbarkeit der Daten;
- **Aktualität**: bestimmt das Alter der Daten.

Je nach Kriterium ist die Datengrundlage entsprechend zu wählen, sind vorhandene Daten entsprechend aufzubereiten und/oder kann eine Fortführung des Datenbestands in regelmäßigen Abständen erforderlich sein.

8.6 GIS-Analysen

Neben den GIS-Anwendungen und den von GIS-Daten abgeleiteten Produkten, wie z.B. Karten, geben insbesondere GIS-Analysen den Fachanwendern viele Möglichkeiten. Im folgenden sollen hierfür einige grundlegende Beispiele gegeben werden.

8.6.1 Attributive Abfragen

Attributive Abfragen betreffen die Sachdaten (Attributive Daten). Als gängige Methode, die auch in der allgemeinen Informatik verwendet wird, hat sich die **SQL-Abfrage** durchgesetzt. Durch ihre relativ einfache Syntax kann sie gut an unterschiedlichste Datenbanken angepasst werden. Für den Anwender von GIS-Anwendungen ist diese strikte Syntax jedoch hinter den Bedienelementen einer Benutzeroberfläche verborgen, der Fachanwender sollte diese jedoch kennen (siehe Kapitel *Grundlagen der Informatik*).
Mehrere SQL-Abfragen können durch **Logische Operatoren** (der *Booleschen Algebra*) verbunden werden:

- **Logisches UND**, d.h. alle Bedingungen müssen wahr sein (mathematisch: *Schnittmenge*);
- **Logisches ODER**, d.h. mindestens eine Bedingung muss wahr sein (mathematisch: *Vereinigungsmenge*);
- **Logisches NICHT**, d.h. die Negation der Bedingung ist wahr (mathematisch: *Ausschlussmenge*).

8.6.2 Grundlegende Räumliche Abfragen

Mit Geometrischen Abfragen können Geo-Objekte aufgrund ihrer geometrischen Eigenschaften abgefragt werden. Hierzu gibt es unterschiedliche Möglichkeiten:

Rein Geometrische Abfragen

Je nach Art der Koordinaten gibt es spezielle Formeln zur Berechnung von:

- Abstand: Horizontalstrecke;
- Fläche: Flächeninhalt.

Geometrische Abfragen unter Einbezug der Topologie

Sobald eine Beziehung zwischen zwei Geo-Objekten hergestellt wird, kommt die Topologie ins Spiel:

- **Bereichsabfrage** in einem Rechteck bestimmter Lage und Ausdehnung;
- **Punkt-Puffer**, d.h. Abfrage der Objekte innerhalb eines Kreises um einen bestimmten Punkt;
- **Linien-Puffer**, d.h. Abfrage der Objekte innerhalb zweier Parallelen um eine bestimmte Linie.

Bei der Bereichsabfrage und den Puffer-Abfragen wird intern auch Topologische Information benötigt (siehe folgenden Abschnitt), da bei Linien und Flächen zwischen einer nicht vorhandenen, teilweisen oder vollständigen Überdeckung unterschieden werden muss. Hierfür gibt es **Topologische Operatoren** (*Egenhofer-Operatoren*):
- **Disjoint**, **Intersects** zur Feststellung, ob eine Überdeckung vorhanden ist,
- **Equals**, **Touches**, **Overlaps**, **Crosses**, **Within**, **Contains** zur weiteren Unterscheidung im Falle einer Überdeckung.

8.6.3 Statistische Auswertungen

Eine der grundlegenden GIS-Funktionen für planerische Aufgaben ist die Statistische Auswertung. Hier ist ein ganzes Spektrum von Analysen möglich, viele GIS-Anwendungen unterstützen in der Grundfunktionalität nur grundlegende Methoden:

- **Univariate Verfahren** z.B. 1D-Häufigkeitsverteilungen (Histogramme), 1D-Punkt- und Intervallschätzungen (Mittelwerte), Prüfung auf Ausreißer;
- **Bivariate Verfahren**, z.B. 2D-Häufigkeitsverteilungen (Kreuztabellen), 2D-Punkt- und Intervallschätzungen (Mittelwerte), Korrelationsanalyse;
- **Multivariate Verfahren**, z.B. Regressionsanalyse, Faktorenanalyse, Geostatistik, Klassifizierung.

Die Univariaten Verfahren sind die gängigsten und am meisten unterstützten Verfahren, die mehrdimensionalen Verfahren werden meist in externen Programmsystemen (oder zusätzlichen GIS-Bausteinen) berechnet, die auf Statistische Analysen spezialisiert sind.

8.6.4 Topologische Analysen

Die Grundlagen der Topologischen Analysen wurden bereits im einführenden Kapitel zur *Mathematik* am Beispiel des Routings erläutert. Aus Sicht eines GIS sieht das ganze folgendermaßen aus:

Es werden Vektordaten benötigt, welche die geometrischen Grundlage für Knoten und Kanten bilden. Üblicherweise verwendet jede GIS-Anwendung eine Art von Topologie (s.o.), auf der Topologische Analysen aufgebaut werden können. Je nach Anwendungsgebiet der GIS-Anwendung fallen auch die Topologische Analysen unterschiedlich aus, die auch als **Netzwerk-Analysen** bezeichnet werden. Einige Möglichkeiten seien hier genannt:

- **Routing**: optimaler Weg zwischen zwei Punkten, z.B für den Straßenverkehr, für das Flotten-Management oder zum (Rad-)Wandern;

- **Ausbreitung/Erreichbarkeit**: ähnlich dem Routing, nur daß hier um einen Ausgangspunkt bis zu einer bestimmten Entfernungsvorgabe das Einzugsgebiet ermittelt wird;

- **Leitungsinformationssysteme**: spezialisierte Anwendungsfälle, z.B. für Strom-, Telefon-, Wasser- oder Abwasserleitungen;

8.6.5 Dreidimensionale Analysen

Bereits im Unterkapitel zur *Kartographischen Verarbeitung von Höhendaten* wurde die Analyse von Geländeformen angesprochen. Geoinformationssysteme erleichtern solche Analysen sehr, und geben die Möglichkeit derartige Analysen zur Planung heranzuziehen. So können aus Hangneigungen und -expositionen zum einen optimale Flächen für die Landwirtschaft, zum anderen für Hangrutschungen gefährdete Gebiete ermittelt werden. **Sichtbarkeitsanalysen** erlauben die Planung von Mobilfunkmasten und anderen technischen Anwendungen. Auch die Geowissenschaften, wie z.B. Klimatologie, Hydrologie, Bodenkunde, Hydrogeologie profitieren mit **geostatistischen Verfahren** von GIS-Anwendungen.

8.7 Moderne GIS-Architekturen

Das Klassische Desktop-GIS wird heutzutage immer mehr durch **Client-Server-Systeme** ersetzt, die

- einen Mehrnutzer-Betrieb zulassen;

- räumliche Unabhängigkeit von der Datenbasis erlauben;

- und den gemeinsamen Zugriff auf verteilte Datenbanken ermöglichen.

Neben einer unternehmensinternen Nutzung solcher Systeme (*Data Warehouse*), zeigen sich derartige Anwendungen zunehmend im Internet. Insbesondere für die Web Mapping Services und die Location Based Services gibt es bereits viele Anwendungen.

8.7.1 Geo Web Services

Geo Web Services sind auf Geodaten spezialisierte Web Services, die auf dem Client-Server-Prinzip beruhen. Es handelt sich um Web Services für **Geodaten-Server**, die von dem ISO-Gremium für Geoinformation (**OGC** = Open Geospatial Consortium) standardisiert wurden und somit bei einer bestimmten Anfrage ein eindeutiges Ergebnis in einer bestimmten Form zurückliefern müssen.

Die wichtigsten dieser Dienste sollen kurz vorgestellt werden:

- **Web Map Service** (**WMS**): Rasterdaten-basierte Karten-Erstellung;

- **Web Feature Service** (**WFS**): Feature-basierte GML-Daten-Bereitstellung;

- **Web Coordinate Transformation Service** (**WCTS**): Bereitstellung von Koordinaten-Transformationen für andere Geo Web Services.

8.7.2 Location Based Services (LBS)

Location Based Services sind seit dem Mobiltelefon-Zeitalter in die Entwicklung gekommen. Erst durch die zusätzliche Integration von GPS und mobilem Internet wurden sie zu ausgereiften Systemen. Sie erlauben bei (näherungsweise) bekanntem Standort die Abfrage über sog. **Points of Interest** (**POIs**). Dabei kann es sich um das nächstliegende Hotel, Restaurant oder ähnliches handeln.

8.8 Anwendung von GIS

Die Anwendung von GIS eröffnet zahlreiche Möglichkeiten. Zunächst müssen geeignete GIS-Daten zur Verfügung stehen.

8.8.1 Verfügbare GIS-Daten

Sowohl von amtlichen Stellen als auch von privaten Firmen wurden und werden Geodaten produziert. Von grundlegender Wichtigkeit sind zunächst **Geobasisdaten**, welche i.d.R. die Grundlage des Raumbezugs herstellen. Die Geobasisdaten werden in den meisten Ländern von den staatlichen Vermessungsbehörden angeboten. In Deutschland werden die amtlichen Geobasisdaten von den Vermessungsverwaltungen der Länder und zentral vom Bundesamt für Kartographie und Geodäsie (BKG) verwaltet. Die Vermessungsverwaltungen erfassen seit den 1990er-Jahren ihre Daten im Amtlich Topographisch-Kartographischen Informationssystem (**ATKIS**), von welchem Produkte wie Karten und Geländemodelle abgeleitet werden. In den USA ist die Behörde U.S. Geological Survey (USGS) für Geobasisdaten zuständig, in Großbritannien die nationale Vermessungsbehörde Ordnance Survey (OS).

Fachdaten werden i.d.R. in speziellen Sparten für ihre Anwendungsgebiete erhoben (siehe nächstes Teilkapitel). Neben den Daten in der Lage sind z.B. auch **Höhendaten** und **statistische Daten** zur Erstellung von GIS-Anwendungen notwendig.

Geodaten-Infrastrukturen (GDIs) sollen den Austausch von Geodaten zwischen Geodaten-Produzenten, Dienstleistern und Geodatennutzern über das Internet erleichtern.

8.8.2 Anwendungsgebiete

Neben den in der Öffentlichkeit bekannten, oben erwähnten Client-Server-Anwendungen wird GIS v.a. in folgenden Bereichen verwendet:

- **Land-Informationssysteme**: Kataster, Topographie, Landmanagement;

- **Raum-Informationssysteme**: Raumordnung und Landesplanung, Regionalplanung, Landschaftsplanung, Kommunale Anwendungen, Amtliche Statistik;

- **Umwelt-Informationssysteme**: Nationale und Internationale Umweltprogramme, Land- und Forstwirtschaft, Betriebliche Umwelt-GIS;

- **Boden-Informationssysteme**: Bodenkunde und Geologie, Archäologie

- **Netz-Informationssysteme**: Energieversorger, Wasserver- und Entsorger;

- **Fach-Informationssysteme**: Transport- und Verkehrswesen, Telekommunikation, Ressourcen-Management, Landesverteidigung, Geomarketing, Soziale Anwendungen;

8.8.3 GIS-Produkte und GIS-Software

Vor der Erstellung eines von GIS-Daten abgeleiteten Produkts ist meist eine Datenaufbereitung notwendig.

Datenaufbereitung (Geoprocessing)

Um Karten oder ähnliche digitale Produkte zu erzeugen, muss aus einem Datenbestand eine Darstellung für einen bestimmten Karten-Maßstab abgeleitet werden. Hier ist zum einen eine geometrische, zum anderen eine thematische Aufbereitung notwendig.
Die geometrische Aufbereitung verwendet im Prinzip Methoden der **Generalisierung** (siehe Kapitel *Grundlagen der Kartographie*). Hierfür gibt es auch algorithmische Methoden, u.a. den **Douglas-Peucker-Algorithmus** zum ausdünnen von linienhaften Objekten; eine vollständig automatisierte Generalisierung ist noch in der Forschung.
Die Thematische Aufbereitung wählt bestimmte Objektklassen aus (**Selektion**), fasst manche Objektklassen zusammen (**Aggregation**).

Beispiele für GIS-Produkte und -Software

Sowohl in analoger als auch in digitaler Form werden heutzutage von GIS-Datenbeständen Produkte abgeleitet. Die Produkte reichen somit von analogen Karten über digitale Karten bis hin zu dreidimensionalen Darstellungen, Stadtmodellen und Auskunftssystemen im Internet. Daneben gibt es Spezialanwendungen wie z.B. Verteilte Anwendungen, die Sensoren unterschiedlichster Art über das Internet verfügbar machen (*Sensor Web*).
Für die Allgemeinheit sind neben Fahrzeugnavigationssystemen vor allem **Google Earth** und OpenStreetMap (**OSM**) im letzten Jahrzehnt bekannte Anwendungen geworden.
Die bekanntesten kommerziellen GIS-Anwendungen stammen von ESRI (**ArcGIS**), Intergraph (**GeoMedia**), **MapInfo** und **Smallworld**. Bei den Open-Source-Systemen sind GRASS GIS und QGIS die bekanntesten.

Soviel zur Theorie!
Als Erholung zwischendurch empfehle ich seltene Musikstücke in **gis**-Moll ☺, z.B.
Johann Sebastian Bach: Präludium und Fuge XVIII gis-Moll BWV 863,
Johannes Brahms: Walzer gis-Moll op. 39, No.3,
Frédéric François Chopin: Etude gis-moll Op.25, No.6,
Alexander Skrjabin: Klaviersonate Nr. 2 gis-Moll op. 19,

Im folgenden Kapitel wird die Funktionalität von MensorGIS kurz vorgestellt und der Theorie gegenübergestellt.

Kapitel 9

Praktische Anwendung in MensorGIS

Das Open Source GIS „MensorGIS" (von lateinisch *mensor* = Vermesser, Feldmesser) stellt viele der bisher beschriebenen Formeln, Methoden und Modelle in einer geschlossenen Anwendung dar. Bis auf die Erzeugung von PDF-Dokumenten und den Verschnitt von Polygonen wurden dabei keine externen Programmbibliotheken verwendet. Dies führt zum einen dazu, daß nicht immer alle Varianten eines Themas, wie z.B. sämtliche Referenzsysteme der Erde, abgedeckt sind, zum anderen ist die Performance nicht immer optimal. Der Vorteil ist jedoch, daß die Grundlagen und Prinzipien eines GIS besser erkennbar bleiben als bei kommerziellen Produkten.

In den folgenden Abschnitten sollen die in MensorGIS verfügbaren Geoinformatik-Grundlagen zusammengestellt und ein kurzer Einblick in das System gegeben werden.

9.1 Anwendung der Mathematik

Mathematische Grundlagen sind beinahe in allen Algorithmen des GIS zu finden.

9.1.1 Trigonometrie

Trigonometrische Funktionen und Formeln treten in den Formeln der Kartographie sowie der Niederen und Höheren Geodäsie auf.

9.1.2 Statistik

Als Erweiterung der attributiven Abfrage wurden einfache Statistik-Funktionen implementiert.

9.1.3 Matrizenrechnung

Die Matrizenrechnung wird im Modul zur Ausgleichungsrechnung verwendet, das in einem getrennten .NET-Projekt implementiert ist und als DLL (Dynamic Link Library) in das Hauptprogramm eingebunden wird.

9.1.4 Analytische Geometrie

Die Analytische Geometrie wird bei manchen Methoden intern verwendet, ohne daß dies nach außen in Erscheinung tritt. Häufig tritt die Ermittlung des Schnittpunkts zweier Geraden auf.

9.1.5 Interpolationsverfahren

Bei der Interpolation von Höhendaten wird das Korrelationsverfahren bei der Berechnung von Höhenschichtflächen und Höhenlinien verwendet.

9.1.6 Affine Abbildungen

Affine Abbildungen finden ihre Anwendung in Koordinaten-Transformationen (z.B. Helmert-Transformation).

9.1.7 Topologie

Die Graphentheorie wird bei Routing und Ausbreitungsberechnung benötigt.

9.2 Anwendung der Niederen Geodäsie

Funktionalität zur Niederen Geodäsie ist im Menü *Vermessung* zu finden.

9.2.1 Bestimmung von Einzelpunkten in der Lage

Von den Klassischen Verfahren zur Bestimmung von Einzelpunkten in der Lage wurden folgende implementiert:

- Bogenschnitt
- Vorwärtsschnitt
- Rückwärtsschnitt

Die Polygonometrische Punktbestimmung zeigt folgende Verfahren:

- Einseitig angeschlossener Polygonzug
- Beidseitig angeschlossener Polygonzug

Polarverfahren für Aufnahme und Absteckung:

- Aufnahme mittels Freier Stationierung
- Absteckung mittels Freier Stationierung

9.2.2 Transformationen

Helmert- und Affintransformation werden u.a. bei der Freien Stationierung benötigt (siehe oben).

9.2.3 Trassierung

Die Trassierungselemente Gerade und Kreisbogen wurden beim Trassen-Entwurf implementiert; eine Koordinaten-Transformation bringt die Elemente vom Entwurf in ein Landeskoordinatensystem.

9.2.4 Punktbestimmung in der Höhe

MensorGIS verwendet den 2D+1D Ansatz in Bezug auf die Höhe. Punkthöhen werden dabei als Attribut-Wert eines bestimmten Attributs betrachtet. Insbesondere der Import von CSV-Daten (Comma Separated Values) lässt die einfache Einbindung von Höhendaten zu.

9.3 Anwendung der Höheren Geodäsie

Funktionalität zur Höheren Geodäsie steckt hinter den Einstellungen zu den *Referenzsystemen*, die wiederum beim *Import* und *Export* benötigt werden. Die Ausgleichungsrechnung wird im Menüpunkt *Vermessung - Netz-Ausgleichung* verwendet.

9.3.1 Transformationen

Die Koordinaten-Transformationen zwischen

- Dreidimensionalen Koordinaten und Geodätischen Koordinaten,
- Geodätischen Koordinaten und Ebenen Koordinaten

treten beim Import und Export von Datensätzen auf.

Eine Datumstransformation kann ebenfalls beim Import und Export von Datensätzen auftreten.

9.3.2 Geodätische Abbildungen

Es wurden die folgenden Geodätischen Abbildungen implementiert:

- UTM-Projektion (weltweit),
- GK-Projektion (Deutschland, Österreich, u.A.),
- Schweizer Projektionskoordinaten CH1903 (Schweiz),
- British National Grid des OSGB (Großbritannien),
- State Plane-Projektionen (USA)

OS ist die Abkürzung für *Ordnance Survey*, die britische Behörde für Landesvermessung. Die State Plane-Projektionen sind für alle Staaten der USA vertreten, wobei unterschiedliche Projektionen zum Einsatz kommen (überwiegend transversale Mercator-Projektion und Lamberts konformer Kegelentwurf).

9.3.3 Ausgleichungsmodelle

Das Ausgleichungsmodell der Vermittelnden Ausgleichung nach der L2-Norm wurde umgesetzt für folgende Beobachtungstypen:
- Höhenanschluss, Lageanschluss, Höhenfestpunkt, Lagefestpunkt,
- Höhenunterschied, Horizontalstrecke, Raumstrecke,
- Zenitdistanz, Horizontalwinkel, Horizontalrichtung, Richtungswinkel.

Die Ausgabe des numerischen Ergebnisses erfolgt in eine HTML-Datei, die der graphischen Netzskizze in eine SVG-Datei.

Hinweis: Im zweiten Teil dieses Buches befindet sich eine detaillierte Präsentation dieses Programms und seiner Theorie!

9.4 Anwendung der Kartographie

Die Kartographischen Grundlagen zeigen sich am deutlichsten im Erscheinungsbild der Graphikanzeige und deren Einstellmöglichkeiten im *Werkzeug-Kasten* und im Menü *Kartographie*. Über den Menüpunkt *Export - SVG* kann der aktuelle Datenbestand in unterschiedlichen Kartographischen Projektionen in eine Vektorgraphik-Datei ausgegeben werden. Im Menü *Höhendaten* werden kartographische Auswertungen von Höheninformation angeboten.

9.4.1 Erzeugung des Kartenbildes

Funktionalität zu den Prinzipien der

- Geometrischen und Kartographischen Eigenschaften,

- Thematischen Kartierung (Klassifizierung und Diagramme)

wurde umgesetzt.
Bei dem für MensorGIS kreierten Datenformat OpenCartoDB wird das Kartenbild automatisch erzeugt.
Der *Atlas Viewer* im *Kartographie*-Menü zeigt eine einfache Weltatlas-Darstellung, die mit Sachdaten hinterlegt ist.

9.4.2 Kartographische Projektionen

Kartographische Projektionen können in Form von SVG-Graphiken exportiert werden. Dabei werden folgende Projektionen unterstützt:

- Azimutal - Orthographisch

- Azimutal - Lambert

- Azimutal - Stereographisch

- Azimutal - Mittabstandstreu

- Zylinder - Quadr. Plattkarte

- Zylinder - Lambert
- Zylinder - Mercator
- Zylinder - Apian
- Zylinder - Mercator-Sanson
- Kegel - Ptolemäus
- Kegel - Albers
- Kegel - Lambert
- Kegel - Bonne
- Polykon Lambert-Lagrange
- Rechtwinklige Koordinaten

9.4.3 Verarbeitung von Höhendaten

Für Höhendaten wurden die grundlegenden Verarbeitungs- und Darstellungsmethoden implementiert:

- Höhenschichtflächen
- Höhenlinien
- Höhenprofile

9.5 Anwendung der Informatik

MensorGIS wird mit VB.NET und C#.NET entwickelt. Die Computergraphik wurde bereits bei der Anwendung der Kartographie erwähnt. Die Abspeicherung eines Datenbestands (Projekts) im Menüpunkt *Datei - Speichern* und dessen Wiederherstellung mittels *Datei - Öffnen* greift auf das DOM von XML zu. Beim *Import* bzw. *Export* eines Shape Files wird eine dBase-Datenbank gelesen bzw. geschrieben.

9.5.1 Computergraphik

Die Bildschirmtransformation zur Darstellung der Geo-Objekte sowie ihre Inverse zur Anzeige von Attribut-Daten eines angeklickten Geo-Objekts sind grundlegende Methoden. MensorGIS verarbeitet in erster Linie Vektor-Daten und stellt Höhenschichtflächen und Ortho-Bilder als Raster-Daten dar.

9.5.2 Programmierung

Als Entwicklungsumgebung wurde Visual Studio, als Programmiersprachen Visual Basic und Visual C# (.NET) gewählt. Das Modul zur Ausgleichung wird als DLL (Dynamic Link Library) ins Hauptprogramm eingebunden.

9.5.3 Strukturen und Methoden

Die interne Datenhaltung wurde im Laufe der Versionen von Arrays auf Listen-Strukturen umgestellt. Für die Speicher-intensiven Strukturen wurden Listen von Objekten einer Objekt-Klasse gewählt. Damit und mittels der von den Listen angebotenen Methoden kann die Performance optimiert werden.

9.5.4 Datenformate

Die externe Abspeicherung eines Projekt-Datensatzes erfolgt in MensorGIS in Form von XML-Dateien, getrennt nach Geometrie-Typen, Texten, Attributen, Bildern, Diagrammen, Datenschema und allgemeinen Parametern wie z.B. Referenzsystem.

9.5.5 Datenbanken

Beim Import und Export von Shape Files tritt die Verwendung einer relationalen dBase-Datenbank auf, wenn auf die Attribute zugegriffen wird.
Hinweis zur Nutzung: Der verwendete Datenbanktreiber *Foxpro* wird auf 64-Bit-Betriebssystemen nur noch unter C# unterstützt.

9.6 Anwendung der Geoinformatik

MensorGIS ist als Desktop Vektor-GIS mit Topologie-Verwaltung konzipiert. Verwaltung des Objektarten-Katalogs und Attributive Abfragen befinden sich im Menü *Daten*, GIS-Analysen unter Anwendung der Graphentheorie im Menü *Topologie*.

9.6.1 Datenarten

MensorGIS verarbeitet Vektor-Daten und Sachdaten, stellt als Ausnahme Orthophotos und die Höhenschichtflächen als Rasterhintergrund dar.

9.6.2 Datenhaltung

Die Abspeicherung eines Projekt-Datensatzes erfolgt in MensorGIS in Form von XML-Dateien.
Folgende andere Datenformate können importiert / exportiert werden:

Import	Export
DXF (grundlegende Datentypen)	DXF
Shape File (Punkt, Linie, Fläche)	Shape File
GML2 (Simple Features)	GML2
GPX (Track, Route)	GPX
KML (Point, LineString, Polygon)	KML
CSV (Comma Separated Values) für Punkte	SVG (grundlegende Datentypen)

Für MensorGIS wurde das Datenformat „OpenCartoDB" kreiert, um kartographische Darstellung zu zeigen. Dieses Datenformat kann ebenfalls importiert und exportiert werden.

9.6.3 Datenmodellierung

MensorGIS kann mit dem Simple Features Modell aus GML2 umgehen, d.h. Punkt-, Linien- und Flächen-Objekte, daneben auch Text-Objekte verarbeiten.
Der Objektarten-Katalog aus GML2-Schemas kann übernommen werden.
Topologie wird bei jedem Import- und Digitalisierungs-Vorgang berücksichtigt.
Referenzsysteme treten beim Import und Export auf. Bei der Implementierung des GML2-Formats wurden auch ausgewählte EPSG-Schlüssel verwendet.

9.6.4 Datendarstellung

Die Geometrische Darstellung kann bezüglich ihres Layouts verändert werden (z.B. Größe, Farbe, Linientyp, Schraffur, Icon, etc.).
Projektionen sind beim Export in eine SVG-Graphik auswählbar.
Für MensorGIS wurde eine hybride Thematische Darstellung von CAD-Layern und Objektarten gewählt. Eine Verschneidung von unterschiedlichen Datenbeständen ist möglich.

9.6.5 Datenerfassung

Beispielhaft wurde ein Digitizer zur Bildschirm-Digitalisierung von einer Rasterdaten-Vorlage implementiert. Mittels Transformation können Vektordaten in einem zu ladenden Rasterbild digitalisiert werden. Außerdem können einfache geometrische Primitive wie Punkt, Linie, Polylinie, Polygon, Rechteck und Text direkt im Hauptfenster durch Mausklick und/oder Koordinaten-Eingabe digitalisiert werden.
Alternativ kann auch ein Ortho-Bild georeferenziert und durch Resampling dem Referenzsystem des aktuellen Projekt-Datenbestands angepasst werden.

9.6.6 GIS-Analysen

Zum einen sind Geometrische Abfragen wie

- Bereichsabfrage,
- Punkt-Puffer,
- Linien-Puffer

zum anderen Attributive Abfragen mittels SQL-ähnlicher Syntax implementiert:

- reine Attributive Abfrage,
- Attributive Abfrage mit Statistischen Funktionen,

Als Topologische Analysen wurden umgesetzt:

- Aufbau einer speziellen Topologie,
- Routing (mit Straßenklassifizierung),
- Ausbreitung/Erreichbarkeit

Die Analysen zeigen ihre Ergebnisse graphisch an und exportieren sie in HTML-Dateien.

9.6.7 GIS-Architekturen

MensorGIS ist eine reine Desktop-Anwendung, die nur in einer Beispiel-Anwendung auf einen externen, aktuellen Datenbestand zugreift: Beim *Wetter Viewer* im *Kartographie*-Menü werden die aktuellen Wetterdaten von mehr als 100 Flughäfen weltweit über das Internet abgefragt.

9.6.8 GIS-Anwendungen

MensorGIS kann Daten aus unterschiedlichen Quellen in unterschiedlichen Maßstäben darstellen. Besonderer Wert wurde auf geodätische und kartographische Funktionen gelegt.

9.7 Tutorials zu MensorGIS

Mit zum MensorGIS-Paket gehören kleinere Test-Datenbestände in unterschiedlichen Datenformaten sowie eine Reihe von Tutorials, die zum einen die Bedienung von MensorGIS und zum anderen fachliche Hintergründe erklären:

- GeneralTutorial.htm
  Import unterschiedlicher Datenformate; Einstellen von Ansichtsparametern; Verwendung von Datenschemata; Verwendung des On-Screen-Digitizers.

- TopoTutorial.htm
  Öffnen eines MensorGIS-Projekts; automatisierte Text-Generierung; Berechnung eines Routings und einer Ausbreitung in einem topologischen Netz.

- ProjectionsTutorial.htm
  Einstellen von Referenzsystemen (auch Import, Export); Import und Export von Geo-Datenbeständen mit unterschiedlichen Referenzsystemen.

- SurveyTutorial.htm
  Öffnen eines MensorGIS-Projekts; automatisierte Text-Generierung; Berechnung von geodätischen Schnitten und Polygonzügen sowie einer Trassierung.

- AdjustmentTutorial.htm
  Laden und Eingabe von Daten für ein auszugleichendes geodätisches Netz; praktische Ausgleichung von 2D- und 3D-Netzen.

- ContourLevelsTutorial.htm
  Import von Geo-Datenbeständen mit Höhendaten; Berechnung von Höhenschichtflächen und Höhenprofilen; Resampling eines Digtitalbildes mittels Passpunkten.

- OpenCartoDBTutorial.htm
  Import eines kartographischen Datenbestands; automatisierte Text-Generierung; Abfrage von Attribut-Informationen; Generierung einer thematischen Karte.

- CombinedTutorial.htm
  Einstellen von Referenzsystemen zum Import von CSV-Daten; Bearbeitung des Datenschemas (Objektarten, Attribute); geodätische Koordinaten-Transformation zum Import von Messdaten; Generierung von Höhenlinien mit kartograph. Ausarbeitung.

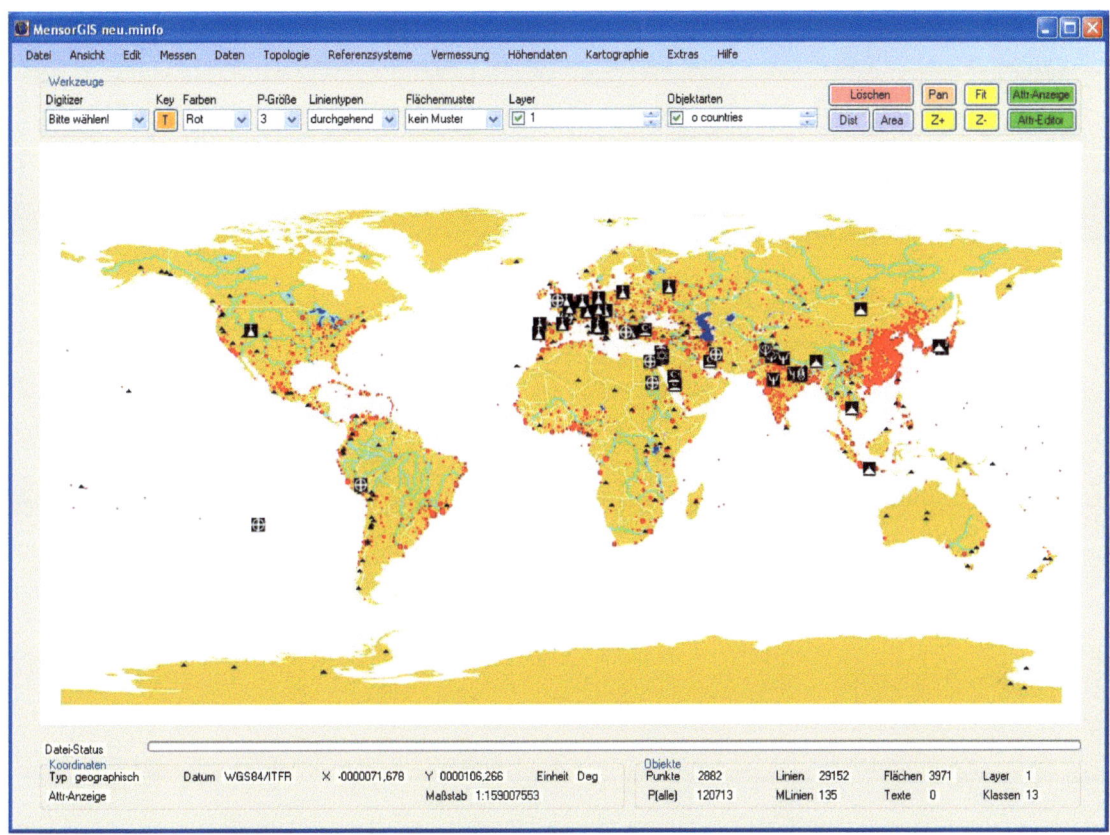

Abbildung 9.1: MensorGIS: Atlas-Viewer (Gesamtansicht)

9.8 Programm-Module von MensorGIS

MensorGIS ist als VB.NET-Projekt unter Visual Studio 2008 sowie als C#.NET-Projekt unter Visual Studio 2010 implementiert. Neben dem Quell-Code in 15 Programm-Modulen und 28/29 Fenstern (Forms) sind noch drei .NET-basierte DLLs eingebunden:

- DLLs zur Netzausgleichung; aus internen C#-Projekten „NetworkAdjustment" vom Autor selbst (bestehend aus 3 Teil-Projekten).

- DLL zur Erzeugung von PDF-Dokumenten; aus externem C#-Projekt „PDFsharp" der MigraDoc Foundation (SourceForge Project).

- DLL zur Verschneidung von Polygonen („Overlay"); aus dem externen C#-Projekt „Clipper-Library" von Angus Johnson (SourceForge Project).

Zum Zugriff auf die Sachdaten der Shape Files wird der Datenbank-Treiber für Fox-ProDB 9.0 benötigt (MSI-Setup VFPOLEDBSetup.msi). Durch die Umstellung auf 64-Bit-Betriebssysteme ab Windows 7, ist nurmehr in der C#-Version eine volle Funktion gewährleistet.

Abbildung 9.2: MensorGIS: Attribut-Abfrage nach SQL-Syntax

9.8.1 Module zur Definition der Programmstrukturen

Programmstrukturen legen die grundlegenden Definitionen in einem Programm fest, dazu zählen:

- Objektklassen (Class) und Strukturen (Structure),
- Aufzählungen (Enumeration),
- Globale Parameter,
- Konstanten.

MensorGIS (VB.NET) hat 6 Definitions-Module:

- *ModuleBaseGeom*: Grundlegende Klassen, Strukturen, Aufzählungen und Globale Parameter für Geometriedaten (inkl. Topologie);

- *ModuleBaseData*: Grundlegende Klassen, Strukturen, Aufzählungen und Globale Parameter für Attributdaten;

- *ModuleBaseTopo*: Grundlegende Strukturen, Aufzählungen und Globale Parameter für erweiterte Topologie;

- *ModuleBaseGeod*: Grundlegende Strukturen, Aufzählungen und Globale Parameter für Geodätische Berechnungen;

- *ModuleBaseTime*: Grundlegende Strukturen für Datum und Zeit;

- *ModuleGlobal*: Globale Konstanten und Parameter, globale Variablen zur Kontrolle Programmablaufs.

MensorGIScs (C#.NET) hat 3 Definitions-Klassen:

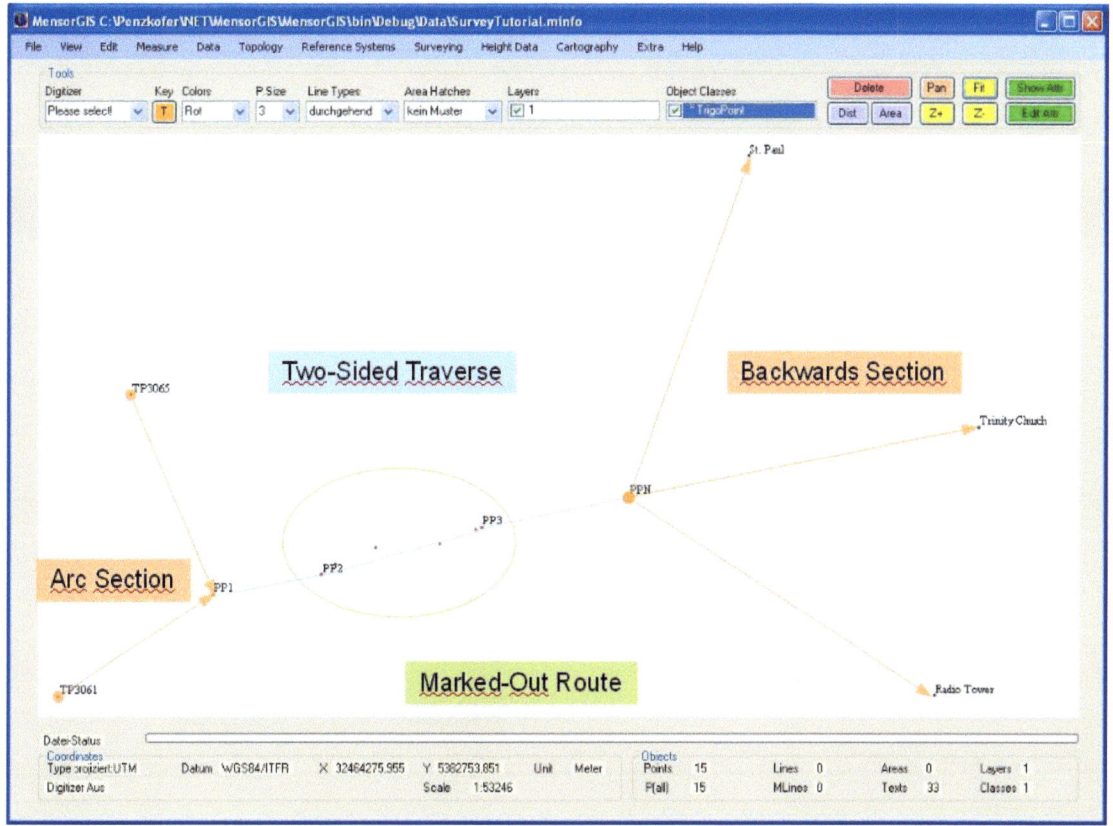

Abbildung 9.3: MensorGIS: Surveying-Tutorial

- *ClassGISkernel*: Grundlegende Klassen, Statische Konstanten und Globale Parameter v.a. für Geometrie, Attribute, Topologie, Import/Export, Benutzeroberfläche; Start-Routine;

- *ClassEnums*: Statische Aufzählungen für Geometrie, Daten, Topologie und Geodäsie;

- *ClassInitStructs*: Initialisierung grundlegender Strukturen der Nutzeroberfläche (GUI), Graphik, Voreinstellungen etc.

9.8.2 Module und Forms zur Implementierung der GIS-Funktionalität

MensorGIS konzentriert die grundlegenden Routinen der GIS-Funktionalität in 9 Haupt-Modulen, daneben sind spezialisierte Routinen auch im Quellcode von 26 Forms (Fenster) untergebracht. MensorGIS (VB.NET) hat 9 Haupt-Module:

- *ModuleInitStructures*: Initialisierung von Strukturen (Werkzeuge, Umgebung, Graphik, Daten, Voreinstellungen, GUI, etc.), enthält etwa 30 Subroutines und Functions;

- *ModuleMathFunctions*: Mathematische Funktionen (Min/Max, Vektor, Trigonometrie), enthält etwa 10 Subroutines und Functions;

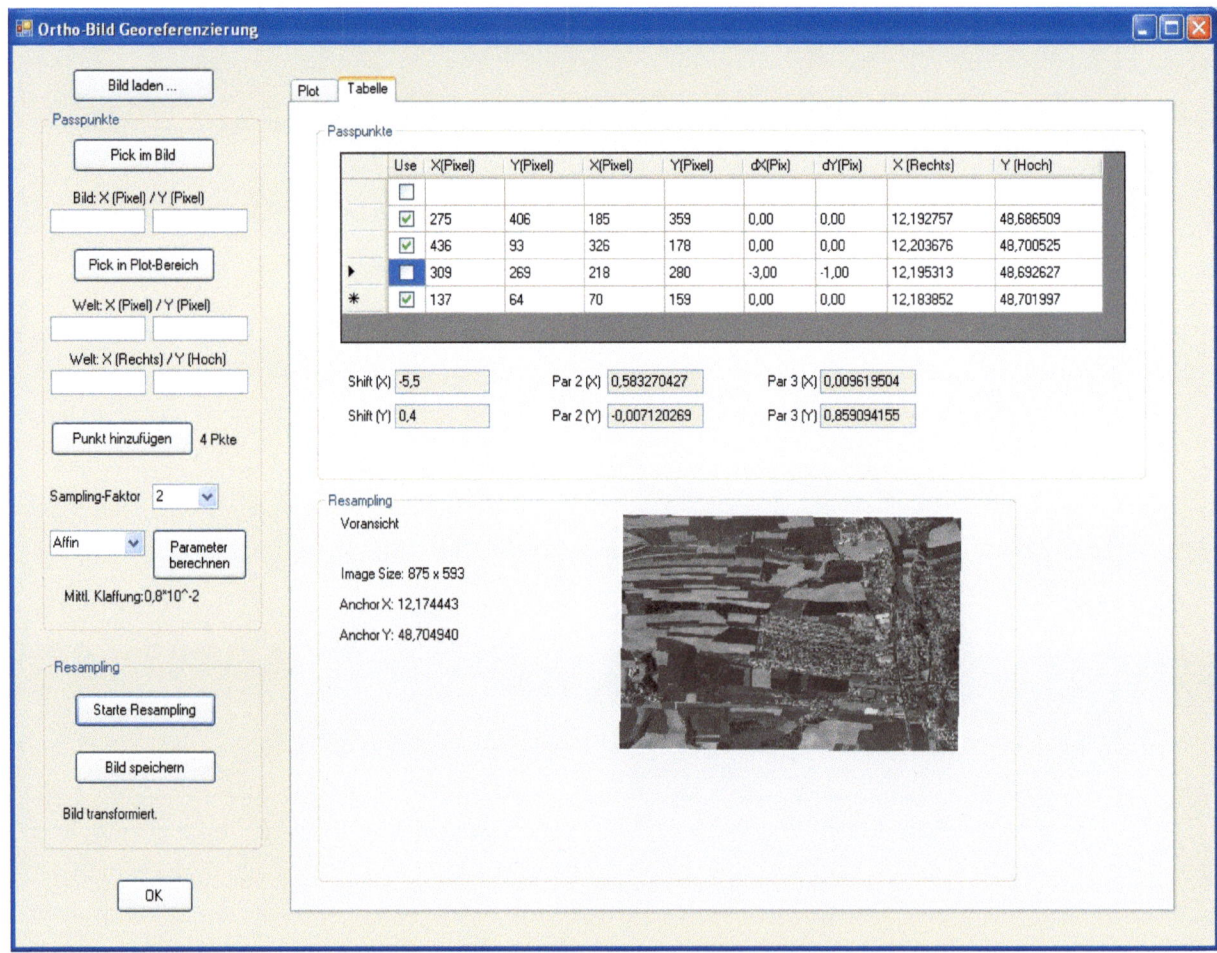

Abbildung 9.4: MensorGIS: Georeferenzierung mit Resampling

- *ModulePlotFunctions*: Geometrie-Funktionen (Graphik, Ausgabe, Drucken), enthält etwa 50 Subroutines und Functions;

- *ModuleDataExchange*: Datenaustausch-Funktionen (Internes Format, Import, Export), enthält etwa 55 Subroutines und Functions;

- *ModuleDataEdit*: Dateneditier-Funktionen (Änderung von Eigenschaften und Attributen), enthält etwa 25 Subroutines und Functions;

- *ModuleDataAnalysis*: Datenanalyse-Funktionen (Grundlegende Topologie, Abfrage), enthält etwa 25 Subroutines und Functions;

- *ModuleTopoFunctions*: Topologie-Funktionen (Erweiterte Topologie, Routing, Pufferberechnung), enthält etwa 20 Subroutines und Functions;

- *ModuleGeodFunctions*: Geodätische Funktionen (Transformationen, Niedere u. Höhere Geodäsie), enthält etwa 45 Subroutines und Functions;

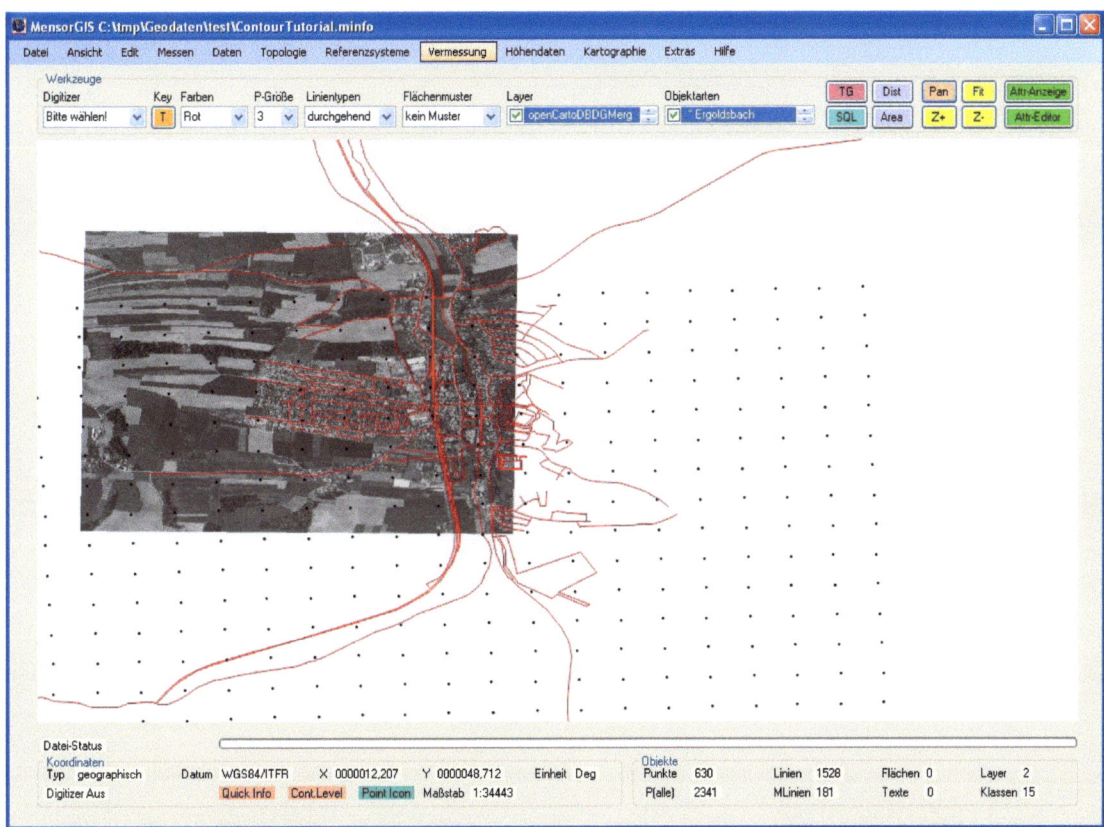

Abbildung 9.5: MensorGIS: Orthophoto mit OSM- und DGM-Daten

- *ModuleGridFunctions*: Höhenauswertungs-Funktionen (Höhenschichtflächen, Höhenlinien und -profile, Bilddaten), enthält etwa 25 Subroutines und Functions.

MensorGIScs (C#.NET) hat 9 Haupt-Klassen:

- *ClassMath*: Mathematische Funktionen (Min/Max, Vektor, Trigonometrie), enthält etwa 10 Subroutines und Functions;

- *ClassPlot*: Geometrie-Funktionen (Graphik, Ausgabe, Drucken), enthält etwa 50 Subroutines und Functions;

- *ClassExchange*: Datenaustausch-Funktionen (Internes Format, Import, Export), enthält etwa 50 Subroutines und Functions;

- *ClassDataEdit*: Dateneditier-Funktionen (Änderung von Eigenschaften und Attributen), enthält etwa 35 Subroutines und Functions;

- *ClassDataAnalysis*: Datenanalyse-Funktionen (Grundlegende Topologie, Abfrage), enthält etwa 30 Subroutines und Functions;

- *ClassTopology*: Topologie-Funktionen (Erweiterte Topologie, Routing, Pufferberechnung), enthält etwa 20 Subroutines und Functions;

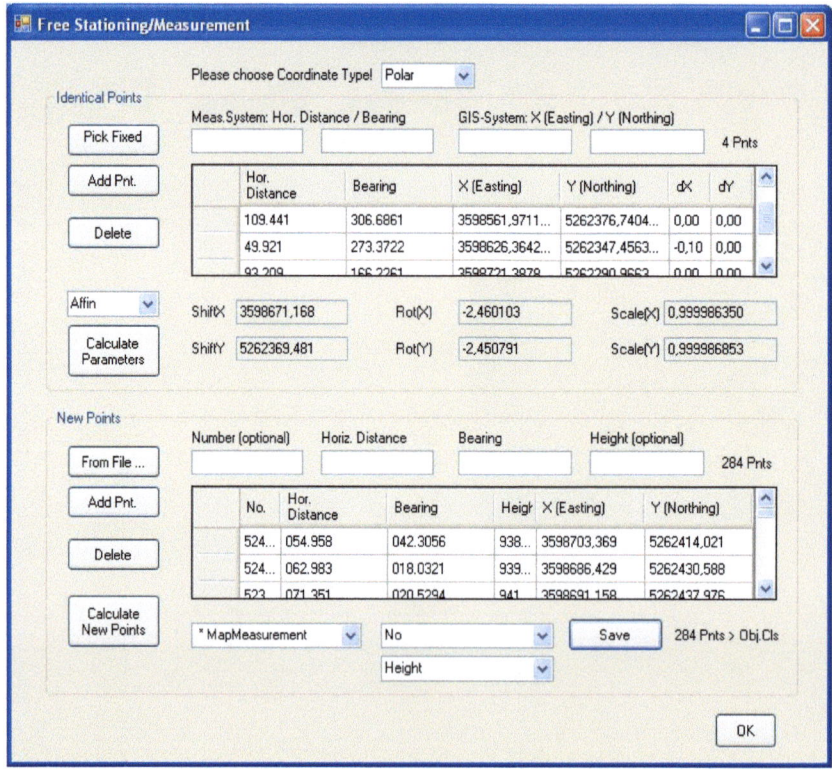

Abbildung 9.6: MensorGIS: Freie Stationierung (Messdaten-Transformation)

- *ClassSurveying*: Geodätische Funktionen (Transformationen, Niedere und Höhere Geodäsie), enthält etwa 45 Subroutines und Functions;

- *ClassHeightData*: Höhenauswertungs-Funktionen (Höhenschichtflächen, Höhenlinien und -profile), enthält etwa 15 Subroutines und Functions;

- *ClassCartography*: Kartographie-Funktionen (OpenCartoDB, Kartographische Viewer), enthält etwa 20 Subroutines und Functions.

MensorGIS hat 31/32 Fenster:

- *FormMensorGIS*: Haupt-Fenster mit Menüs, Werkzeugleiste, Graphikbereich, Statuszeile;

- *FormSplash*: Splash-Screen beim Laden des Programms;

- *FormInformation*: Informations-Fenster beim Daten-Austausch (nur C#-Version);

- *FormContextHelp*: Informations-Fenster der Kontext-Hilfe;

- *FormFeatureInspector*: Anzeige der internen Datenstrukturen auf Geoobjekt-Ebene;

- *FormPlotOrder*: Anpassung der Plot-Reihenfolge der Objektarten;

Abbildung 9.7: MensorGIS: Höhenlinien-Plan

- *FormLimiten/FormLimits*: Einstellung der Limiten, Zoom zu Ortsmarkierungen;

- *FormRefSystem*: Einstellung der Referenz-Systeme;

- *FormObjektart/FormObjectClass*: Editor zur Erzeugung von neuen Objekt-Klassen mit Attributen;

- *FormSchTreeView*: Anzeige/Editor für Objekt-Klassen;

- *FormAttribute/FormAttributes*: Anzeige/Editor für Attribut-Werte;

- *FormAbfrage/FormQuery*: Ausführung von Abfragen (geometrisch/attributiv/statistisch);

- *FormTopoAnalyse/FormTopoAnalysis*: Berechnung von Topologischen Analysen;

- *FormOverlay*: Berechnung von Verschneidungen;

- *FormText*: Erzeugung von Text-Objekten aus Objekt-Klassen;

- *FormGetCSV*: Import von „Comma Separated Value" (CSV) Daten;

- *FormDigitizer*: Bildschirm-Digitalisierung zur Datenerfassung;

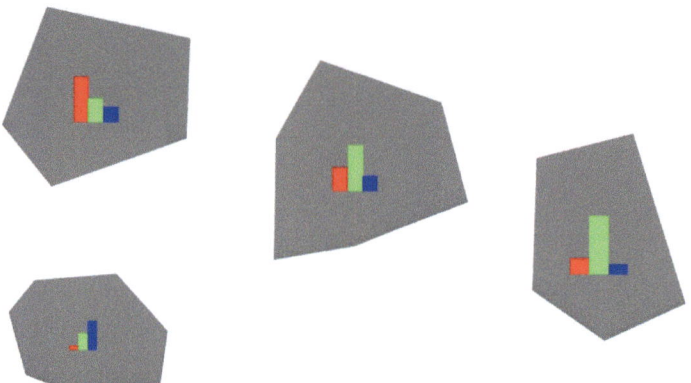

Abbildung 9.8: MensorGIS: Diagramm-Karte

- *FormOrthoImage/FormResampling*: Ortho-Bild, Georeferenzierung und Resampling;

- *FormVKSchnitte/FormSurveySections*: Berechnung von Schnittberechnungen (Niedere Geodäsie);

- *FormVKPolygone/FormSurveyTraverse*: Berechnung von Polygonzügen (Niedere Geodäsie);

- *FormVKTransform/FormSurveyFreeStat*: Transformationen; Frei Stationierung: Aufnahme und Absteckung; (Niedere Geodäsie);

- *FormVKRoute/FormSurveyMarkedRoute*: Entwicklung von Trassierungen (Niedere Geodäsie);

- *FormAusgleichung/FormNetAdjustment*: Berechnung von Kleiste-Quadrate-Netzausgleichungen (Niedere Geodäsie);

- *FormContour/FormContourLevels*: Erzeugung von Höhenschichtflächen (Kartographie);

- *FormContourLines*: Erzeugung von Höhenlinien (Kartographie);

- *FormProfile/FormHeightProfile*: Erzeugung von Höhenprofilen (Kartographie);

- *FormStyleEditor*: Änderung von Graphikstil-Eigenschaften (Kartographie);

- *FormIconManager*: Änderung von Punktsymbol-Eigenschaften (Kartographie);

- *FormAtlasViewer*: Weltatlas-Viewer (Kartographie);

- *FormAtlasCountry/FormCountryData*: Weltatlas-Länderdaten (Kartographie);

- *FormThematicMap*: Erzeugung von Thematischen Karten (Kartographie);

- *FormCharts*: Erzeugung von Diagramm-Karten (Kartographie);

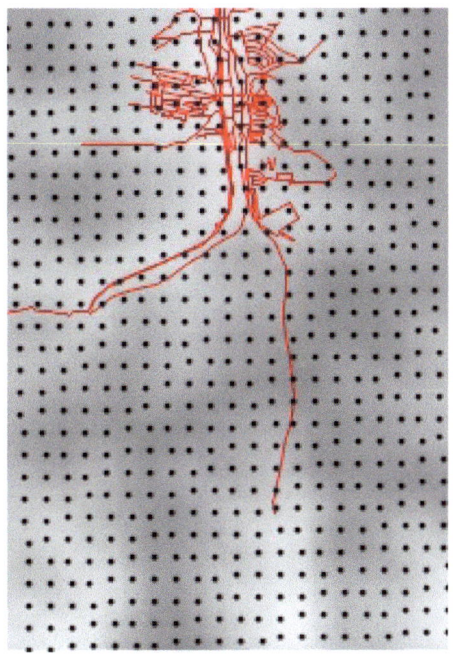

Abbildung 9.9: MensorGIS: DGM-Interpolation und OSM-Daten

9.9 Projekt-Format von MensorGIS

MensorGIS legt die eigentlichen Daten in Form von XML-Dateien ab. Die Projektdateien sind normale ASCII-Textdateien mit der Endung *.minfo, die auf die im jeweiligen Projekt vorhandenen XML-Dateien verweisen.
Die XML-Dateien teilen sich auf in die Kategorien:

- <Prj-Name>cfg.xml: Konfiguration (Layer, Limiten, Referenzsysteme)
- <Prj-Name>pnt.xml: Punkt-Objekte
- <Prj-Name>lin.xml: Linien-Objekte
- <Prj-Name>are.xml: Flächen-Objekte
- <Prj-Name>txt.xml: Text-Objekte
- <Prj-Name>cht.xml: Diagramm-Objekte
- <Prj-Name>img.xml: Bilddaten
- <Prj-Name>att.xml: Attributdaten
- <Prj-Name>sch.xml: Datenschema

Hier wurde nur ein Auszug aus der Programmbeschreibung wiedergegeben. Eine ausführliche Darstellung befindet sich in der Datei „MensorGIShelp.chm" bzw. „MensorGIScs-Help.chm" der herunterladbaren ZIP-Dateien.

Ich hoffe, daß dieses Skriptum einen guten Überblick über Geoinformatik und verwandte Wissenschaften geben konnte.

Kritik, Fragen und Anregungen werden unter gearwheelsoft2@hotmail.com gerne entgegengenommen.

Auch ein Blick in den Anhang ist noch zu empfehlen!

Kapitel 10

Anhänge

Anhang A: Bibliographie

Empfehlenswerte Bücher und Veröffentlichungen zu den Themen
„Mathematik", „Niedere und Höhere Geodäsie",
„Kartographie", „Photogrammetrie",
„Informatik" und „Geoinformatik".

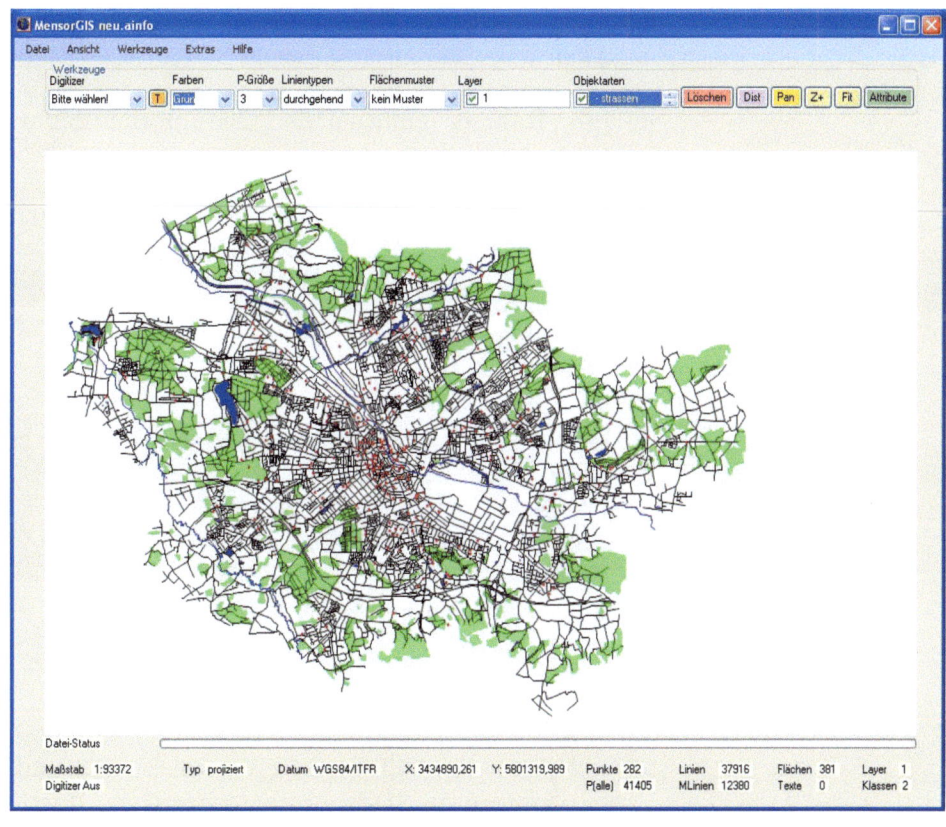

Abbildung 10.1: Projekt Frida/Osnabrück (freie Geodaten)

Literaturverzeichnis

[1] Häßler, Johann / Wachsmuth, Herbert, Formelsammlung für den Vermessungsberuf, Bing, 1990

[2] Agoston, Max K., Computer Graphics and Geometric Modelling, Springer, 2010

[3] Balzert, Helmut, Lehrbuch der Software-Technik, Spektrum, 2001

[4] Baumann, Eberhard, Vermessungskunde, Dümmler, 1993

[5] Berg, Mark de, Computational Geometry, Springer, 2000

[6] Bill, Ralf, Grundlagen der Geo-Informationssysteme, Wichmann, 2016

[7] Bornstein, Niel, .NET und XML, O'Reilly, 2004

[8] Box, Don, Essential XML, Addison-Wesley, 2001

[9] Brinkhoff, Thomas, Geodatenbanksysteme in Theorie und Praxis, Wichmann, 2013

[10] Bugaievskij, Lev, Map Projections, Taylor & Francis, 1995

[11] Burger, Wilhelm / Burge, Mark J., Principles of Digital Image Processing - Fundamental Techniques/Core Algorithms, Springer, 2009/2010

[12] Clark, John / Holton, Derek A., Graphentheorie, Spektrum, 1997

[13] Ehlert, Dieter, Differentielle Verschiebungen und Drehstreckungen im 3D-Koordinatensystemen, Institut für Angewandte Geodäsie, 1991

[14] Eisenberg, J. David, SVG essentials, O'Reilly, 2002

[15] Finsterwalder, Richard, Photogrammetrie, de Gruyter, 1968

[16] Gotthardt, Ernst, Einführung in die Ausgleichsrechnung, Wichmann, 1978

[17] Gruber, Franz, Joeckel, Rainer, Formelsammlung für das Vermessungswesen, Springer-Vieweg, 2014

[18] Hanisch, Armin, XML mit .NET, Addison-Wesley, 2002

[19] Hake, Günther / Grünreich, Dietmar, Kartographie, de Gruyter, 1994

[20] Herold, Helmut / Lurz, Bruno / Wohlrab, Jürgen, Grundlagen der Informatik, Pearson, 2012

[21] Herter, Michael / Koos, Björn, Java und GIS, Wichmann, 2006

[22] Höpcke, Walter, Fehlerlehre und Ausgleichsrechnung, de Gruyter, 1980

[23] Ihde, Johannes, Beziehungen zwischen den geodätischen Bezugssystemen Rauenberg, ED50 u. Syst. 42, Institut für Angewandte Geodäsie, 1995

[24] Kahmen, Heribert, Vermessungskunde, de Gruyter, 2005

[25] Liberty, Jesse, Learning Visual Basic .NET, O'Reilly, 2003

[26] Konecny, Gottfried, Geoinformation: Remote Sensing, Photogrammetry and Geographic Information Systems, Second Edition, CRC Press, 2014

[27] Korduan, Peter / Zehner, Marco L., Geoinformation im Internet, Wichmann, 2008

[28] Kraus, Karl, Photogrammetrie, de Gruyter, 2004

[29] Kudraß, Thomas, Taschenbuch Datenbanken, 2015

[30] Maling, Derek, Coordinate Systems and Map Projections, Pergamon Press, 1993

[31] Mason, John, BASIC Matrix methods, Butterworths, 1984

[32] McConnell, Steve, Code Complete, Microsoft Press, 2004

[33] Mintert, Stefan, XML & Co., Addison-Wesley, 2002

[34] Papula, Lothar, Mathematische Formelsammlung für Ingenieure und Naturwissenschaftler, Vieweg/Teubner, 2012

[35] Rase, Wolf-Dieter, Kartographische Oberflächen, BoD, 2015

[36] Reißmann, Günter, Die Ausgleichungsrechnung, Verl. für Bauwesen, 1980

[37] Schiele, Hans-Günter, Computergrafik für Ingenieure, Springer-Vieweg, 2012

[38] Schuhr, Peter, Konforme Datumstransformation zwischen deutschen Gauß-Krüger- und UTM-Koordinaten, AVN, 3/1997, S. 106-112, 1997

[39] Schweizer, Wolfgang, MATLAB kompakt, de Gruyter, 2016

[40] Scott, Umbaugh E., Digital Image Processing and Analysis, CRC Press Inc., 2010

[41] Sedgewick, Robert, Algorithmen in C, Addison-Wesley, 1993

[42] Shirley, Peter / Marschner, Steve, Fundamentals of Computer Graphics, Fourth Edition, A K Peters/CRC Press, 2015

[43] Stephens, Rod, Visual Basic Graphics Programming, Wiley, 2000

[44] Trauth, Martin H., MATLAB Recipes for Earth Sciences, Springer, 2007

[45] Worboys, Michael F. / Duckham, Matt, GIS: A Computing Perspective, Second Edition, Routledge Chapman & Hall, 2010

[46] Zeppenfeld, Klaus, Lehrbuch der Grafikprogrammierung, Spektrum, 2004

[47] Zipf, Alexander / Andrae, Christine / Fitzke, Jens, Simple Features, Wichmann, 2013

[48] Zimmermann, Albert, Basismodelle der Geoinformatik, Hanser, 2012

Anhang B: Internetadressen

Empfehlenswerte Internetadressen für Open-Source-Software, aktuelle Daten und weitere Informationen rund um die Geoinformatik (Stand: Dezember 2016).

Geodäsie	www.bkg.bund.de/
	www.bev.gv.at/
	www.swisstopo.admin.ch/
	www.colorado.edu/geography/gcraft/notes/coordsys/coordsys.html
	spatialreference.org/ref/epsg/
	www.webwiki.de/geoware.de
Geoinformatik	www.opengeospatial.org/standards
	www.gismngt.de/format/format.htm
	paulbourke.net/dataformats/dxf/min3d.html
	www.esri.com/library/whitepapers/pdfs/shapefile.pdf
	www.geoinformatik.uni-rostock.de/
Geodaten	www.geodatenzentrum.de/geodaten/gdz_rahmen.gdz_div
	www.bbsr.bund.de/BBSR/DE/Raumbeobachtung/rbonline.html
	www.geoportal.de
	www.geoland.at/
	www.geoportal.ch/ch
	www.diva-gis.org/Data
	www.openstreetmap.de/
	www.gpsies.com/trackList.do
	www.naturalearthdata.com/downloads/
	www2.jpl.nasa.gov/srtm/
kommerz. GIS	www.esri.de
	www.intergraph.com/global/de
	www.aed-sicad.de
Open-Source GIS	opensourcegis.org/
	www.gislounge.com/open-source-gis-applications/
	www.giswiki.org/wiki/Open_Source_GIS
Informatik	www.w3.org/
	www2.f1.htw-berlin.de/scheibl/algor/index.htm
Kartographie	www.geographynetwork.com/
	www.carto.net/
Mathematik	www.mathe-online.at/mathint.html
	de.wikipedia.org/wiki/Graphentheorie

Anhang C: Konstanten und Referenzsysteme

Zusammenstellung einiger grundlegender Mathematischer und Geodätischer Konstanten.

Symbol	Wert	Einheiten	Erklärung
ρ	0.01745329251994	rad/Altgrad	Umrechnungsfaktor ins Bogenmaß (Math.)
ρ_g	0.01570796326795	rad/Neugrad	Umrechnungsfaktor ins Bogenmaß (Gon)
0.3048	0.30480000000000	m/ft	Umrechnungsfaktor von Feet nach Meter
1/0.3048	3.28083989501312	ft/m	Umrechnungsfaktor von Meter nach Feet
a_{GPS}	6378137.00000	m	Große Halbachse der Erde (WGS84)
b_{GPS}	6356752.31424	m	Kleine Halbachse der Erde (WGS84)
f_{GPS}	1/298.257223563	-	Abplattung der Erde (WGS84)

Beispiele für geodätische Referenzsysteme:

Abkürzung	genaue Bezeichnung	Referenzellipsoid
WGS84	World Geodetic System 1984	WGS84
ETRS89	European Terrestrial Reference System 1989	GRS80
NAD27	North American Datum 1927	Clarke-Ellipsoid 1866
NAD83	North American Datum 1983	GRS80
ED50	European Datum 1950	Internat. Ellipsoid 1924
Pulkovo 1942(58)	Pulkovo 1942(1958)	Krassowsky-Ellipsoid 1940
Pulkovo 1995	Pulkovo 1995	Krassowsky-Ellipsoid 1940
OSGB 1936	Ordnance Survey of Great Britain 1936	Airy-Ellipsoid 1830
DHDN	Deutsches Hauptdreiecksnetz/Potsdam-Datum	Bessel-Ellipsoid 1841
BMN	Österreichisches Bundesmeldenetz/Hermannskogel	Bessel-Ellipsoid 1841
CH1903/LV03	Schweizer Militärkoordinaten/alte Sternwarte Bern	Bessel-Ellipsoid 1841

Anhang D: Formelsymbole

Erklärung von wichtigen Werten und Parametern in Kurzschreibweise (im Programm) und in mathematischen Formeln:

A, B	$\mathbf{A}, \mathbf{B}$	Matrizen allgemein (Mathematik)
q, p, r	$\mathbf{q}, \mathbf{p}, \mathbf{r}$	Vektoren allgemein (Mathematik)
A, B, K, P, Q	$\mathbf{A}, \mathbf{B}, \mathbf{K}, \mathbf{P}, \mathbf{Q}$	Matrizen (Ausgleichungsrechnung)
b, v, w, x	$\mathbf{b}, \mathbf{v}, \mathbf{w}, \mathbf{x}$	Vektoren (Ausgleichungsrechnung)
rho	ρ	Umrechnungsfaktor zwischen Grad- und Bogenmaß
a, b	a, b	Große und Kleine Halbachsen (Ellipse/Ellipsoid)
f, e2, es2	f, e^2, e'^2	Abplattung, 1. und 2. numerische Exzentrizität (Ellipsoid)
t, s	t, s	Richtungswinkel, Strecke
E, N	E, N	Projektions-Koordinaten: 2D-Koord. Easting und Northing
Y, X	Y, X	Projektions-Koordinaten: 2D-Koord. Rechts- und Hochwert
x, y	x, y	Projektions-Koordinaten: 2D-Koord. bei Kartenprojektionen
x, y, z	x, y, z	Kartesische Koordinaten: 3D-Koord. z.B. bei GPS
theta, phi, r	θ, φ, r	sphärische Polar-Koordinaten: Länge, Breite, Radius
lambda, phi, H	λ, φ, H	Geographische Koordinaten: Länge, Breite, Höhe
L, B, H	L, B, H	Geodätische Koordinaten: Länge, Breite, Höhe
H	H	Höhe im Landessystem
h	h	ellipsoidische Höhe

Anhang E: Geschichte

Die folgende Zusammenstellung der z.T. im Text genannten Wissenschaftler ist zugleich eine Liste der einflussreichsten Wissenschaftler auf den Gebieten der Mathematik, Astronomie, Geodäsie und Kartographie:

- Jean-Baptiste D'Alembert (1717-1783)
  französischer Mathematiker und Astronom

- Friedrich Wilhelm Bessel (1784-1846)
  deutscher Astronom, Mathematiker und Geodät

- Leonhard Euler (1707-1783)
  schweizer Mathematiker

- Carl Friedrich Gauß (1777-1855)
  deutscher Mathematiker, Astronom, Geodät und Physiker

- Edmond Halley (1656-1742)
  englischer Astronom, Mathematiker, Kartograph, Geophysiker und Meteorologe

- Friedrich Robert Helmert (1843-1917)
  deutscher Mathematiker, Physiker und Geodät

- Hipparchos von Nicäa (190-120 v.Chr)
  griechischer Astronom, Mathematiker und Geograph der Antike

- Joseph-Louis Lagrange (1736-1813)
  italienisch-französischer Mathematiker und Astronom

- Johann Heinrich Lambert (1728-1777)
  schweizerisch-elsässischer Mathematiker, Logiker, Physiker und Philosoph

- Pierre-Simon Laplace (1749-1827)
  französischer Mathematiker und Astronom

- Gerhard Mercator (1512-1594)
  niederländisch-flandrischer Kartograph, Geograph, Mathematiker, Philosoph und Theologe

- Isaac Newton (1642-1727)
  englischer Physiker, Mathematiker, Astronom, Alchemist, Philosoph und Verwaltungsbeamter

- Claudios Ptolemaios (85-160 n.Chr.)
  griechischer Mathematiker, Geograph, Astronom, Astrologe, Musiktheoretiker und Philosoph

- Johann Georg v. Soldner (1776-1833)
  deutscher Physiker, Mathematiker, Astronom und Geodät

Anhang F: Glossar

Die Beschreibung der Begriffe ist bewusst kurz gehalten; ausführliche Erläuterungen befinden sich im fortlaufenden Text; die entsprechenden Stellen sind im Seitenindex auffindbar. Weitere Definitionen sind in der Literatur und im Internet zu finden (siehe Anhänge A und B). Querverweise innerhalb des Glossars sind *kursiv* gedruckt.

- Attribut
  Attribute kennzeichnen jeweilige thematische Inhalte von raumbezogenen Objekten und charakterisieren eine *Entität*, eine Klasse, eine Beziehung oder einen Beziehungstyp in einem *Datenmodell*.

- CAD - Computer Aided Design
  Mittels CAD wird computergestütztes Konstruieren und Entwerfen von technischen Zeichnungen in 2D ausgeführt. Mit aufwendigeren Programmen können dreidimensionale Volumenmodelle erstellt werden.

- Datenbank
  Eine Datenbank ist eine Sammlung von zusammenhängenden Daten, die in einem computergestützten Informationssystem gespeichert ist; wesentliche Arten: relational, objekt-orientiert, objekt-relational, non-SQL.

- Datenformat
  Ein Datenformat ist eine Spezifikation, die definiert, wie Daten in einer Datei strukturiert sind, und die Aspekte unterscheidet wie die Sequenz von Dateneinträgen, ihre Länge und wichtige Kopfdaten. Wichtige Beispiele sind *DXF*, *Shape File* und *GML*.

- Datenmodell
  Ein Datenmodell bezeichnet ein künstlich geschaffenes, abstraktes Abbild eines Ausschnittes aus der Wirklichkeit mit dem Ziel, bestimmte Gegebenheiten in Datenstrukturen abbilden zu können.

- Datensatz
  Ein Datensatz ist ein Satz von abhängigen Datenfeldern (einer *Datenbank*), die eine einzige Einheit beschreiben, die auch als eine Einheit zur Verarbeitung gruppiert ist.

- Datenschema
  siehe Objektarten-Katalog

- Datum, geodätisches
  Ein geodätisches Datum ist eine geodätische Referenzfläche (z.B. Kugel, Ellipsoid), die durch fünf Parameter festgelegt wird: Länge und Breite eines Zentralpunktes, Azimut einer Linie von diesem Punkt aus und zwei Konstanten zur Beschreibung der Form und Größe der Referenzfläche.

- DGM - Digitales Geländemodell
  Ein DGM bezeichnet die digitale Darstellung der Geländeoberfläche durch räumliche Koordinatentripel einer Menge von Flächenpunkten. Manchmal auch als DHM (Digitales Höhenmodell) bezeichnet.

- DOM - Document Object Model
  Das DOM ist eine W3C-Spezifikation, die Programmen eine allgemeine Vorgehensweise für den Zugriff auf ein Dokument als Menge von Objekten bietet. Es stellt im Wesentlichen eine Programmierschnittstelle (API) für den Zugriff auf HTML- oder *XML*-Dokumente wie z.B. GML-Dateien dar. Alternative: *SAX*.

- DXF - Data Exchange Format
  DXF ist ein von Autodesk mit dem Produkt AutoCAD definierter *CAD*-Austausch-Standard, der sich auch im GIS-Umfeld zum Quasi-Austausch-Standard für *Vektordaten* entwickelt hat.

- Entität
  Eine Entität ist ein individuelles, unterscheidbares Exemplar von Elementen der realen Welt oder Vorstellungswelt. Entitäten entstehen durch Abstraktion und werden z.B. in einer *Datenbank* repräsentiert (GIS: *Feature, Geo-Objekt*).

- EPSG - European Petroleum Survey Group
  Die EPSG, Seit 2005: OGP Surveying & Positioning Committee, verwaltet ein Verzeichnis vom *Koordinatensystemen*. Mithilfe des EPSG-Codes werden in *GML* das geodätische *Referenzsystem* und die *Projektion* der Koordinaten festgelegt.

- Export
  Bezeichnet das Herausschreiben von Daten aus einer Anwendung, damit sie in einem anderen Programm gelesen (siehe Import) werden können. Diese Art von Software wird als *Schnittstelle* (Interface) bezeichnet.

- Feature
  siehe *Geo-Objekt*

- Festpunkt
  Ein Festpunkt ist ein der Lage und/oder Höhe nach bestimmter und dauerhaft vermarkter Vermessungspunkt. Er ist Bestandteil des trigonometrischen Festpunktfeldes oder des Höhenfestpunktfeldes, und definiert das *Referenzsystem* eines Landes oder der Erde.

- Geobasisdaten
  Geobasisdaten sind eine Teilmenge der *Geodaten*, welche die Landschaft (Topographie) und die Liegenschaften der Erdoberfläche interessen-neutral beschreiben.

- Geodaten
  Geodaten sind Daten über Gegenstände, Geländeformen und Infrastrukturen der Erdoberfläche, wobei als wesentliches Element ein *Raumbezug* vorliegen muss. Geodaten lassen sich in zwei große Teilkomplexe aufteilen, die *Geobasisdaten* und die *Geofachdaten* (Fachdaten).

- Geofachdaten (auch: Fachdaten)
  Geofachdaten sind die in den jeweiligen Fachdisziplinen erhobenen Daten. Der *Raumbezug* kann direkt über *Koordinaten* oder auch indirekt z.B. durch Postleitzahlbezirke oder administrative Einheiten gegeben sein.

- Geokodierung
 Die Geokodierung ist Bestandteil der Georeferenzierung. Behandelt den tatsächlichen Transformationsschritt, der notwendig ist, um Daten verschiedenartiger Georeferenzierung in ein gewünschtes *Referenzsystem* umzurechnen. Bei *Rasterdaten* schließt dies z.B. das Resampling der Bildelemente mit ein.

- Geo-Objekt (auch: Feature)
 Unter einem Geo-Objekt wird die elementarste, aus Nutzersicht in einem GIS enthaltene Einheit verstanden. Sie stellt das Abbild einer konkreten physisch, geometrisch oder begrifflich begrenzten Einheit der Erde dar und besitzt eine eindeutige Identität.

- Georeferenz
 Die Georeferenz ist eine Eigenschaft eines raumbezogenen Datenbestands, welche das *geodätische Datum* und die (Karten-)*Projektion* des Datenbestands festlegt.

- GIS-Analyse
 Im Zusammenhang mit GIS bezeichnet Analyse das Kernstück der Funktionalität eines GIS, mit der neue Informationen erzeugt und Zusammenhänge zwischen räumlichen Phänomenen hergestellt werden können; Beispiele: *Puffer*, *Netzwerkanalyse*.

- GIS - Geo-Informationssystem
 Ein GIS ist ein rechnergestütztes System, mit dem raumbezogene Daten digital erfasst und redigiert, gespeichert und reorganisiert, modelliert und analysiert sowie alphanumerisch und graphisch präsentiert werden können (EVAP-Prinzip).

- GML - Geography Markup Language
 GML ist ein herstellerunabhängiges, offenes Rahmenkonzept zur Definition von geographischen Objekten und Anwendungsschemata, das es ermöglicht, geographische Informationen zu modellieren, zu speichern und zu transportieren. GML ist eine Spezifikation des OGC basierend auf der *XML*-Technologie.

- Graphentheorie
 Die Graphentheorie ist ein Bestandteil der algebraischen *Topologie*, in der Nachbarschaftsbeziehungen formuliert und analysiert werden.

- Graphische Primitive
 Ein graphisches Primitiv ist ein grundsätzliches Element, das verwendet werden kann, um ein graphisches Element zu erstellen. Ein Graphisches Kernsystem definiert z.B. graphische Primitive wie Punkt, Polylinie, Fläche, Symbolmarker und Text.

- Import
 Import ist der Prozess, Daten von einem Computersystem (Programm) zu einem anderen zu bringen. Hierzu bedient man sich *Schnittstellen*-Programmen (Interfaces).

- Interoperabilität
 Interoperabilität bezeichnet die Möglichkeit, Daten aus unterschiedlichen Systemen in einen einzelnen Arbeitsablauf zu integrieren.

- Koordinatensystem
  Ein Koordinatensystem dient der Positionsangabe von Punkten in der Ebene bzw. im Raum; wesentliche Arten: kartesisch, polar.

- Koordinaten-Transformation
  System von mathematischen Gleichungen zur Umrechnung der Koordinaten zwischen unterschiedlichen *Koordinatensystemen*.

- Layer (auch: Ebene oder Schicht)
  Eine nutzbare Unterteilung eines Datensatzes, die allgemein Elemente eines bestimmten Themas enthält. Dies sorgt für eine logische, themenbezogene Trennung von kartierten Informationen und ist somit die Basis für das Ebenenprinzip.

- Metadaten
  Metadaten bezeichnet in *Datenbanken* und ähnlichen Systemen zum Management von gespeicherten Nutzdaten die system-internen Daten, die zur Verwaltung der eigentlichen Nutzdaten verwendet werden („Daten über Daten").

- Netzwerkanalyse
  Eine grundsätzliche GIS-Analyse-Funktionalität, basierend auf topologischer Modellierung, die zum Berechnen und Ermitteln von Beziehungen verwendet wird; Beispiele: Ermittlung von Kriterien wie Kürzeste Wege, Nächster Nachbar.

- Objektarten-Katalog (auch: Datenschema)
  Ein Objektarten-Katalog enthält die Beschreibung und Definition von *Objektarten*, die Repräsentanten von Realwelt-Phänomenen darstellen.

- Objektklasse (auch: Objektart)
  Eine Objektklasse ist eine logische Klassifizierung von individuellen Objekten mit einheitlichen Eigenschaften und Strukturen, die auch mit gleichartigen Methoden behandelt werden.

- Passpunkt (auch: Referenzpunkt)
  Passpunkte sind Bezugspunkte, mit deren Hilfe Daten aus unterschiedlichen *Koordinatensystemen* auf ein gemeinsames System transformiert werden.

- Polar-Koordinatensystem
  Koordinaten in Form von Winkel-Angabe(n) und Strecke/Radius; z.B. Geographische Koordinaten.

- Projektion (auch: Abbildung)
  Die Projektion ist ein Verfahren der Abbildung, bei dem die Bildpunkte durch geometrisches Projizieren oder durch analytische Gleichungen erzeugt werden. Dies geschieht durch eine mathematisch definierte Abbildungsvorschrift, z.B. von sphärischen Koordinaten in ein ebenes *Koordinatensystem*.

- Puffer
  Ein Puffer ist eine Zone eines gegebenen Abstandes um einen Punkt, eine Linie oder ein Polygon, die vom Benutzer definiert wurde. Die Erstellung von Puffern zur Bestimmung der Nähe von Merkmalen ist eine häufige Anwendung der *GIS-Analyse*.

- Rasterdaten (Bilddaten)
  Rasterdaten bezeichnen eine Art der geometrischen Darstellung von *Geo-Objekten*, bei denen das Objekt äquidistant diskretisiert und quantisiert wird. In der GIS-Welt handelt es sich in der Regel um Bilddaten mit einem (geo-)graphischen Bezug.

- Raumbezug
  Das verbindende Element aller GIS-Anwendungen in den verschiedensten Fachdisziplinen ist der Raumbezug. Der Raumbezug kann durch Angabe von zwei- oder dreidimensionalen *Koordinaten* oder durch andere im Raum verteilte Eigenschaften (z.B. Postleitzahlen) hergestellt werden.

- Referenzsystem (auch: Bezugssystem)
  Ein geodätisches Referenzsystem legt für Punktpositionen in Lage und Höhe das *geodätische Datum* und die Koordinatenbeschreibung (siehe *Projektion*) fest. Ein Referenzsystem wird im Vermessungswesen durch *Festpunkt*felder definiert. Das weltweit benutzte Referenzsystem ist WGS84.

- Routing
  Unter Routing versteht man das Ermitteln des optimalen Weges zwischen zwei Orten, hierbei kann der optimale Weg der kürzeste oder auch der schnellste sein.

- Sachdaten (Attribute)
  Sachdaten geben den thematischen Inhalt eines raumbezogenen Objekts wieder und stellen somit die Klasse der nichtgeometrischen Daten dar. Andere Bezeichnungen für Sachdaten sind *Attribut*, thematische Daten oder auch alphanumerische Daten.

- SAX - Simple API for XML
  SAX ist ein De-facto-Standard, der ein Application Programming Interface (API) zum sequentiellen Parsen von *XML*-Daten beschreibt.

- Schnittstelle (auch: Interface)
  Schnittstellen werden zum Zugriff auf gespeicherte Daten (interne Datenschnittstellen) bzw. zum Austausch von Daten (extern Datenschnittstellen) benötigt.

- Semantik
  Die Semantik ist die Lehre von der Sinnhaftigkeit oder Bedeutung sprachlicher Konstruktionen wie Wörter oder Sätze. Die Semantik eines *Geo-Objekts* ist in der Regel durch Zugehörigkeit zu einer bestimmten Art oder einer Klasse von Objekten (*Objektklasse*) gegeben.

- Shape File
  Mit Shape File bezeichnet man ein von der Firma ESRI eingeführtes Format für Geodaten. Neben der SHP-Datei (und einer SHX-Datei) zur Speicherung der Geometriedaten wird eine DBF-Datei zur Speicherung der *Sachdaten* gleichzeitig erzeugt, optional auch eine PRJ-Datei zur Speicherung der *Georeferenz*.

- SQL - Structured Query Language
  SQL ist die Standard-Abfragesprache zur Benutzung von Relationalen *Datenbank*-Managementsystem. Der heute gültige Standard ist SQL:2011, das auf allen Hardwareplattformen eingesetzt werden kann; es existieren noch viele Dialekte von SQL.

- SVG - Scalable Vector Graphics
  SVG ist eine auf Basis von *XML* von Adobe u.a. definierte Sprache zur Darstellung von Vektorgraphik im WWW; heute selten benutzt.

- Tabelle (einer *Datenbank*)
  Eine Tabelle ist ein Möglichkeit, Daten in Zeilen und Spalten zu organisieren, wobei jede Zeile eine individuelle Einheit, einen *Datensatz* oder ein Objekt repräsentiert und jede Spalte ein einzelnes Feld oder einen Attributwert.

- TIN - Triangulated Irregular Network
  TIN ist eine Form irregulärer Dreiecksvermaschung und wird verwendet, um zusammenhängende räumliche Daten zu repräsentieren, die auf einen Satz unregelmäßig verteilter Punkte zurückzuführen sind. Ein TIN wird oft für *DGM*s/DHMs als Verfahren zur Erstellung einer Geländedarstellung aus Punktdaten benutzt.

- Topographie
  Topographie ist der Überbegriff für alle natürlichen und anthropogenen Objekte auf der Erdoberfläche und deren Relationen untereinander.

- Topologie (siehe auch *Graphentheorie*)
  Die Topologie ist ein Zweig der Mathematik, die sich mit den Eigenschaften geometrischer Strukturen beschäftigt, die bei stetigen Abbildungen (Verformungen) invariant bleiben. Nicht die Metrik, sondern die gegenseitige Lage der Objekte ist relevant.

- Transformation
  1. Die *Koordinaten-Transformation* ist ein Prozess der Koordinaten-Umrechnung von einem *Koordinatensystem* in ein anderes. 2. In Bezug auf *XML* ist eine Transformation eine Umwandlung von XML-Dokumenten in andere Text-Formate.

- UTM-Projektion - Universal Transverse Mercator-Projektion
  Die UTM-Projektion ist eine winkeltreue (konforme) *Projektion*, deren Grundlagen vom Mathematiker Gauß entworfen wurden. Geometrisch lässt sie sich als transversale Mercatorprojektion interpretieren, d.h. ein Zylinder wird senkrecht (transversal) über die Erde gestülpt.

- Vektordaten
  Vektordaten sind ein *Datenmodell*, das auf der Darstellung von geographischen Objekten durch kartesische Koordinaten basiert und im Allgemeinen zur Darstellung linearer Merkmale verwendet wird. Basisdatentypen sind Punkt, Linie und Fläche.

- Verschneidung
  Eine grundlegende Gruppe von *GIS-Analyse*-Funktionen, die ein digitales Zusammenführen von Lage- und *Attribut*-Informationen mehrerer Themen-Ebenen (*Layer*) oder *Objektklassen* aus unterschiedlichen Quellen ermöglicht.

- XML - Extensible Markup Language
  XML ist ein offener Standard des W3Cs, welcher für die Definition, die Validierung und den Austausch von Dokumentenformaten in Web entworfen wurde. XML ist eine Auszeichnungssprache wie HTML, jedoch können in XML die Behandlungsregeln selbst definiert werden.

Seitenindex

Stichwort- und Namensverzeichnis

Seitenverweise in normaler Schrift beziehen sich auf die Grundlagenkapitel, solche in *geneigter* Schrift auf die Anwendungskapitel.

Index

.NET-System, 62, 91
7-Parameter-Transformation, 40

Abplattung, 36
Access (Datenbank), 71
ActiveX, 68
Adjazenz, 19
Affine Abbildung, 18, *84*
Affine Projektion, 60
Affintransformation, 29
Ähnlichkeitstransformation, 27
Analytische Geometrie, 17, 69, *84*
Analytische Statistik, 15
Apian-Projektion, 55
Applet, 68
Application-Server, 68
ArcGIS, 81
Arithmetisches Mittel, 14
Array, 62
ASP, 68
ATKIS, 80
Attribute, 72, 109
Attributive Abfragen, 77
Attributive Daten, 70
Ausgleichungsmodelle, 43, *86*
Ausgleichungsrechnung, 47
AWT, 62
Azimut, 36
Azimutale Abbildungen, 50

Baselines, 43
Baumstruktur, 63
Bedingte Ausgleichung, 44
Bedingungsgleichungen, 44
Beobachtungsgleichungen, 45
Bereichsabfrage, 78

Beschreibende Statistik, 14
Bewerteter Graph, 19
Bezugssysteme, 12, 73, 106
Bilddaten, 59
Bilddaten-Formate, 64
Bildschirm-Koordinaten, 60
Bildschirm-Transformation, 60
Bilineare Interpolation, 59
Bilineare Projektion, 60
Bivariate Verfahren, 78
Boden-Informationssysteme, 81
Bogenlänge, Klothoide, 31
Bogenmaß, 13
Bogenschnitt, 22
Bonne-Projektion, 54
Boolesche Algebra, 77
Bündelblock-Ausgleichung, 47

CAD-System, 74, 109
Cassini-Soldner-Projektion, 52
CGI, 68
CityGML, 72
Client, 67
Client-Server-Prinzip, 67
Client-Server-Systeme, 67, 79
Codephasenmessung, 43
Computergraphik, 59, *87*
CORBA, 68
Cursor-Konzept, 66

Datenarten, 69, *88*
Datenaufbereitung, 81
Datenbank-Abfrage, 66
Datenbank-Management, 67
Datenbank-Schema, 65
Datenbank-Server, 68

Datenbank-Treiber, 66
Datenbank-Zugriff, 66
Datenbanken, 12, 64, *88*, 109
Datenbanken, Web-Anbindung, 68
Datenbereinigung, 77
Datendarstellung, 73, *89*
Datenerfassung, 75, *89*
Datenformate, 63, 70, *88*, 109
Datenhaltung, 12, 70, *88*
Datenkapselung, 66
Datenmodellierung, 12, 72, *89*, 109
Datenqualität, 76
Datensatz, 65, 109
Datenschema, 72, 109
Datenstrukturen, 62, *88*
Datenverarbeitung, 63, *88*
Datum, geodätisches, 35, 109
Datum-Shift-Parameter, 41
Datumstransformation, 37, 40
Datumstransformation nach Molodensky, 40
DBF, 71
DBMS, 64, 67
DCL, 65
DDL, 65
DGM, 48, 109
DGPS, 43
DHM, 48
Digitale Bildverarbeitung, 59
Digitales Geländemodell, 48
Digitales Höhenmodell, 48
Digitales Landschaftsmodell, 48
Digitizer, 75
Dijkstra-Algorithmus, 19
Dimensionierung, 62
DML, 65
Document Object Model, 64
DOM, 64, 110
Douglas-Peucker-Algorithmus, 81
DQL, 65
Drehstreckung, 18
Dreidimensionale Analysen, 79
Dreidimensionale Modelle, 48
DTD, 63
DXF, 70, 110

Ebene Projektion, 60
Ebenengleichung, 17
echte Konische Abbildung, 54
echte Zylindrische Abbildung, 51
Eliminationsverfahren, 16
Ellipsoidparameter, 36
Entity, 65, 110
Entwicklungsumgebung, 62
Entzerrung, 48
EPS, 64
EPSG, 73, 110
ER-Modell, 64
Erdellipsoid, 35
Export, 70, 110

Fach-Informationssysteme, 81
Fachdaten, 80
Farbgebung, 49
Farbkomponenten, 59
Farbmodell, 59
Feature, 70, 72, 110
Fehlergleichungen, 45
Felder, 65
Fernerkundung, 48
Festpunktfeld, 35, 110
Flächen-Schraffuren, 74
Flächen-Signaturen, 74
Flächentreue Azimutalprojektion, 51
Flächenverzerrung, 56
Formelsymbole, 107
Freiheitsgrad, 43
Fremdschlüssel, 65

Galileo, 42, 43
Gauß-Elimination, 16
Gauß-Krüger-Koordinaten (Deutschland), 41
GDI+, 62
Geländeformen, 57
Generalisierung, 12, 49, 81
Geo Web Services, 80
Geo-Datenbanken, 71
Geo-Objekt, 70, 111
Geobasisdaten, 75, 80, 110
Geodaten, 80, 110
Geodaten-Infrastruktur, 80

Geodaten-Server, 80
Geodätische Abbildungen, 41, *85*
Geodätische Grundaufgaben, 36
Geodätische Koordinaten, 35
Geodätische Winkelmessung, 21
Geodätisches Bezugssystem, 35
Geodätisches Koordinatensystem, 21
Geofachdaten, 75, 110
Geoid, 33
Geoinformatik, 69
Geokodierung, 73, 111
GeoMedia, 81
Geometrie-Typ, 72
Geometrische Abfragen, 78
Geometrische Darstellung, 73
Geometrische Höhenbestimmung, 32
Georeferenz, 47, 71, 75, 76, 111
Georeferenzierung, 71, 73, 76
Geostatistik, 79
geoTIFF, 71
Geradengleichung, 17
Gesamtdarstellungen der Erde, 56
GIF, 64
GIS-Analysen, 12, 77, *89*, 111
GIS-Anwendungen, *90*, 111
GIS-Anwendungsgebiete, 81
GIS-Architekturen, 79, *90*
GIS-Daten, 80
GIS-Funktionalität, *93*
GIS-Produkte, 81
GIS-Software, 81
GLONASS, 42
GML, 70, 73, 111
GML2, 72
GML3, 72
Gnomonische Projektion, 51
GNSS, 42
Gon, 21
Google Earth, 81
GPS, 33, 35, 40, 42
GPX, 70
Graphentheorie, 19, 111
Graphische Primitive, 72, 74, 111
Grauwert, 59
Grauwertinterpolation, 59

Große Halbachse, 36

Hammer-Projektion, 53
Hangexposition, 57
Hangneigung, 57
Helmert-Transformation, 27
Hochwert, 21
Höhendaten, 57, 80, *87*
Höhenkoten, 57
Höhenlinien, 57
Höhenprofile, 57
Höhenstufen, 57
Höhensystem, 33
Homogenisierung, 77
Hypotenuse, 14

Icons, 74
IDE, 62
Import, 70, 111
Index, Datenbank, 65
Indikatrix, Tissotsche, 56
Interoperabilität, 70, 111
Interpolationsverfahren, 17, *84*
Intervall, 57
Inzidenz, 19

JDBC, 66
JPG, 64
JSP, 68
JVM, 62

Kanten, 19
Kantenwerte, 19
Kantenzug, 19
Kartenbild, 49, *86*
Kartenprojektion, 12, 50
Kartographische Auswertungen, 48
Kartographische Projektionen, 50, 74, *86*
Kathete, 14
Kegelprojektion nach Lambert, flächentreu, 54
Klassifikationsmethoden, 15
Kleine Halbachse, 36
Klothoide, 31
Klothoidenparameter, 31
KML, 70
Knoten, 19

Knoten-Kanten-Modell, 72
Konische Abbildungen, 54
Konstanten, 106
Konstruktive Geometrie, 74
Konventionelle Projektionen, 55
Koordinaten-Transformation, 27, 37, 112
Korrelation, 15
Korrelationsverfahren, 18
Kreisbogen, 31
Krümmung, 31

L1-Norm, 46
L2-Norm, 45
Land-Informationssysteme, 81
Landeskoordinaten, *85*
Landeskoordinaten, Deutschland, 41
Landeskoordinaten, Österreich, 41
Landeskoordinaten, Schweiz, 52
Längenverzerrung, 56
Laserscanning, 48
Layer, 74, 112
Layout, 74
LBS, 80
Leitungsinformationssysteme, 79
Lineare Interpolation, Dreieck, 18
Lineare Interpolation, Linie, 17
Lineares Gleichungssystem, 16, 17
Linien-Puffer, 78, 112
Liste, 63
Liste, verkettete, 63
Location Based Service, 80
Logische Operatoren, 77

MapInfo, 81
Maßstabsfaktor, 40, 60
Matrix, 15
Matrix-Elemente, 15
Matrix-Inverse, 16
Matrix-Transponierte, 15
Matrizenalgebra, 15
Matrizenrechnung, 15, *83*
MDB, 71
Median, 14
MensorGIS, 83, 99
MensorGIS-Module, 91
MensorGIS-Tutorials, 90

Mercator-Projektion, 52
Meridianstreifen, 41
Metadaten, 73, 112
Methode der kleinsten Quadrate, 28
Middleware, 68
Mittabstandstreue Azimutalprojektion, 51
Mollweide-Projektion, 53
Multivariate Verfahren, 78

Nächste Nachbarschaft, 59
Neigungsverlauf, 57
Netz-Informationssysteme, 81
Netzwerkanalyse, 79, 112
Neugrad, 21
Nivellement, 32
Nivellitische Höhenbestimmung, 32
normale Azimutale Abbildung, 50
normale Zylindrische Abbildung, 51
Normalhöhe, 33
Normalorthometrische Höhe, 33
Normung, 70

Objektarten, 72
Objektarten-Katalog, 72, 112
Objektklasse, 72, 74, 112
Objektorientierte Datenbanken, 66
Objektrelationale Datenbanken, 66
ODBC, 66
OGC, 80
Oracle, 71
Orthogonalverfahren, 22
Orthographische Projektion, 50
Orthometrische Höhe, 33
Orthophoto, 48, 69
OSM, 81

Parallaxe, 47
Parallelprojektion, 61
Passpunkte, 47, 112
Pegel, 33
Perspektivische Projektion, 74
Photogrammetrie, 47, 48
PHP, 68
Pixel, 59
Planigloben, 56
Planisphären, 56

Plattkarte, 52
PlugIn, 68
PNG, 64
POI, 80
Points of Interest, 80
Polare Absteckung, 27
Polare Aufnahme, 27
Polarverfahren, 26
Polygonometrische Punktbestimmung, 25
Polygonzug, 25, 26
Polykonische Abbildungen, 55
Polykonische Projektion n. Lambert/Lagrange, 55
PostGIS, 71
PostgresSQL, 71
PRJ, 73
Programmiersprachen, 61
Programmierumgebungen, 61
Programmierung, 62, *87*
Programmstrukturen, *92*
Projektionen, 74, 112
Projektive Projektion, 60
Proprietäre Formate, 70
Pseudoranges, 43
Punkt-im-Polygon-Test, 73
Punkt-Puffer, 78, 112
Punktbestimmung in der Höhe, 32, *85*
Punktbestimmung in der Lage, 22, *84*

Quadtree, 67
Qualitätsmanagement, 76

Radiant, 13
Raster-Vektor-Konversion, 76
Rasterdaten, 69, 113
Rasterdaten-Formate, 71
Raum-Informationssysteme, 81
Raumbezug, 113
Räumliche Projektion, 61
Realtime-Kinematic, 43
Rechtswert, 21
Rechtwinkliges Dreieck, 14
Reduktion, 35
Referentielle Integrität, 67
Referenzsysteme, 12, 73, 106, 113

Regression, 15
Relation, 65, 75
Relationale Datenbanken, 65
Request, 67
Resampling, 59
Response, 67
RGB-Modell, 59
Richtungswinkel, 21
RMI, 68
Rotation, 27, 29
Rotationsparameter, 40
Routing, 19, 79, 113
RPC, 68
Rückwärtsschnitt, 24

Sachdaten, 70, 113
Sanson-Flamsteed-Projektion, 53
Satellitengestützte Höhenbestimmung, 33
Satz des Pythagoras, 22
SAX, 64, 113
Scanner, 75
schiefachsige Azimutale Abbildung, 50
schiefachsige Zylindrische Abbildung, 51
Schlüsselfeld, 65
Schnitte, 17
Schnittstellen, 70, 113
Schraffur, 49
Schrägstrecke, 32
Schummerung, 57
Semantik, 70, 113
Server, 67
Server-API, 68
Service, 67
Servlet, 68
Shape File, 71, 113
SHP, 70
Sichtbarkeitsanalyse, 79
Simple Feature-Modell, 72
Simplex-Algorithmus, 46
Skalar, 15
Skalierung, 27, 29
Smallworld, 81
SOAP, 68
SpatiaLite, 71
SQL, 65, 66, 113

SQL-Abfrage, 77
SQL:2011, 67
SSI, 68
Stab-Werner-Projektion, 54
Stadtmodell, 72
Standardabweichung, 14
Standardisierung, 70
Statistik, 14, *83*
Statistische Auswertungen, 78
Statistische Daten, 80
Stereographische Projektion, 50
Stochastisches Modell, 43
Strichtyp, 74
Structured Query Language, 66
SVG, 114
Swing, 62

Tags, 63
Thematische Darstellung, 74
Thematische Karte, 49
TIF, 64
TIN, 48, 114
Tissotsche Indikatrix, 56
Topographie, 114
Topologie, 19, 72, *84*, 114
Topologische Analysen, 79
Topologische Operatoren, 78
Trägerphasenmessung, 43
Transaktion, 67
Transformationen, 27, *84, 85*, 114
Transformationen, B,L,h - E,N,h, 38
Transformationen, x,y,z - B,L,h, 37
Translation, 27, 29
Translationsparameter, 40
transversale Azimutale Abbildung, 50
transversale Zylindrische Abbildung, 51
Trassierung, 31, *85*
Trassierungselemente, 31
Triangulated Irregular Network, 48
Trigonometrie, 13, *83*
Trigonometrische Funktionen, 13
Tupel, 65

Überbestimmtes Gleichungssystem, 43
UDDI, 68
UML, 62
Umwelt-Informationssysteme, 81

unechte Konische Abbildung, 54
unechte Zylindrische Abbildung, 51
Univariate Verfahren, 78
Universal Transverse Mercator, 42
UTM-Koordinaten, 42, 114

Varianz, 14
Vektor, 15
Vektor-Raster-Konversion, 76
Vektordaten, 69, 114
Vektordaten-Formate, 70
Vererbung, 66
Verkettung, 63
Vermittelnde Ausgleichung, 45
Verschneidung, 75, 114
Verteilte Anwendungen, 67
Verzerrungseigenschaften, 56
Visualisierung, 12, 73
Vorwärtsschnitt, 23
VRML, 61

WCTS, 80
Web Coordinate Transformation Service, 80
Web Feature Service, 80
Web Map Service, 80
Web Mapping, 80
Web-Dienst, 68
Welt-Koordinaten, 60
WFS, 80
WGS84, 35, 43
Winkelverzerrung, 56
WMS, 80
WSDL, 68

X3D, 61
XML, 63, 114
XML Schema Description, 72
XSD, 63, 72

Zenitdistanz, 32
Zentral-Projektion, Kartographie, 51
Zentrale Kegelprojektion, 54
Zentralprojektion, allgemein, 61
Zerlappte Netze, 56
Zylinderprojektion nach Lambert, 52, 53
Zylindrische Abbildungen, 51

Statistik und Ausgleichungsrechnung
Kurzskriptum

Markus Penzkofer

Oktober 2016

Inhaltsverzeichnis

1 Einführung   **129**
    1.1 Statistik 129
    1.2 Matrizenrechnung 129
    1.3 Ausgleichungsrechnung 129

2 Grundlagen aus der Statistik   **131**
    2.1 Beschreibende Statistik 131
       2.1.1 Häufigkeitsverteilungen 131
       2.1.2 Lageparameter 132
       2.1.3 Streuungsmaße 132
    2.2 Wahrscheinlichkeitsrechnung 133
       2.2.1 Ereignisalgebra 133
       2.2.2 Rechnen mit Wahrscheinlichkeiten 134
       2.2.3 Wahrscheinlichkeitsverteilungen 134
       2.2.4 Rechnen mit Erwartungswerten und Varianzen 136
    2.3 Schließende Statistik 136
       2.3.1 Punktschätzungen 136
       2.3.2 Intervallschätzungen 137
       2.3.3 Hypothesentests 138

3 Grundlagen aus der Matrizenrechnung   **139**
    3.1 Vektoren und Matrizen 139
       3.1.1 Ordnung einer Matrix 139
       3.1.2 Transponierte einer Matrix 139
       3.1.3 Vektor als Sonderfall einer Matrix 139
    3.2 Matrizenalgebra 140
       3.2.1 Das Skalarprodukt 140
       3.2.2 Addition und Subtraktion von Matrizen 140
       3.2.3 Multiplikation von Matrizen 140
       3.2.4 Inverse von Matrizen 140
       3.2.5 Einheitsvektoren und -Matrizen 140
    3.3 Lineare Gleichungssysteme 141
       3.3.1 Lineare Gleichungssysteme 141
       3.3.2 Lösungsverfahren 141
    3.4 Lineare Regression 142

		3.4.1 Minimierungsansatz 142
		3.4.2 Normalgleichungen 142

4 Ausgleichungsrechnung — 143
- 4.1 Ausgleichungsmodelle 143
  - 4.1.1 Grundlegende Modelle 143
  - 4.1.2 Robuste Modelle 146
- 4.2 Beobachtungsgleichungen im vermittelnden Modell 146
  - 4.2.1 Höhe (Nivellement) 146
  - 4.2.2 Lage (2D) 147
  - 4.2.3 Raum (2D+1D) 148
- 4.3 Zusätzliche Analysen 149
  - 4.3.1 Fehlerellipsen 149
  - 4.3.2 Aufdeckung von groben Fehlern 149

5 Anwendung der Ausgleichungsrechnung — 151
- 5.1 Praktische Anwendung in MensorGIS 151
  - 5.1.1 Ausgleichungsmodelle 151
  - 5.1.2 Benutzeroberfläche 151
- 5.2 Rechenbeispiele Statistik 152
  - 5.2.1 Lageparameter 152
  - 5.2.2 Streuungsmaße 152
- 5.3 Rechenbeispiele Matrizenrechnung 152
  - 5.3.1 Matrix-Inverse 152
  - 5.3.2 Lineares Gleichungssystem 152
- 5.4 Rechenbeispiele Ausgleichungsrechnung 154
  - 5.4.1 Höhennetz 154
  - 5.4.2 Lagenetz 156
  - 5.4.3 Angeschlossener Polygonzug 159
  - 5.4.4 Raumnetz 161
- 5.5 Programm-Module und Bedienung in MensorGIS 164

6 Anhänge — 169
- Anhang A: Bibliographie 169
- Anhang B: Zuätzliche Formeln 171
- Anhang C: Konstanten 174
- Anhang D: Formelsymbole 175
- Anhang E: Geschichte 176
- Anhang F: Glossar 177
- Seitenindex 180

Kapitel 1

Einführung

Die Ausgleichungsrechnung ist eine komplexe Wissenschaft, die auf vielen Grundlagen der Mathematik aufbaut. Dazu zählen vor allem deren Teilgebiete Statistik und Matrizenrechnung.

1.1 Statistik

Die Statistik erlaubt zum einen die Beschreibung von Eigenschaften erfasster Daten, z.B. von Messdaten. Zum anderen macht sie Aussagen über Wahrscheinlichkeiten. Dies führt hin bis zu statistischen Tests, die Aussagen über eine bestimmte Hypothese machen können. Die wesentlichen Teilgebiete Deskripitive Statistik, Wahrscheinlichkeitsrechnung und Schließende Statistik werden damit abgedeckt.
Die in der Ausgleichungsrechnung benötigten Grundlagen der Statistik werden kurz dargestellt. Dabei wird stets eine Auswahl des Gesamtthemas Statistik vorgenommen.

1.2 Matrizenrechnung

Die Matrizenrechnung ist mittlerweile elementarer Bestandteil der Mathematik und vieler ihrer Anwendungen. Dabei werden mathematische Zusammenhänge, die sich aus mehreren Komponenten, z.B. mehreren Gleichungen, zusammensetzen, in Form von rechteckigen Tableaus dargestellt, die man Matrizen nennt. Für diese Matrizen sind grundlegende Rechenoperationen definiert wie man sie von einfachen Zahlen her kennt.
Auch hier sollen nur die für die Ausgleichungsrechnung relevanten Formeln und Vorgehensweisen beschrieben werden.

1.3 Ausgleichungsrechnung

Was sich im Vermessungswesen „Ausgleichungsrechnung" nennt, wird in der Mathematik meist mit dem Begriff „Regression" behandelt. Im Prinzip bestehen keine großen Unterschiede, nur wurde das Verfahren der Regression sozusagen auf die Spitze getrieben und mit zusätzlichen Werkzeugen ausgestattet. Im Zeitalter des Computers ist es zudem wesentlich einfacher als von Hand, eine Ausgleichung durchzuführen. Wesentliche Konzepte davon wurden in dem MensorGIS-Modul „Vermittelnde Ausgleichung" in C# umgesetzt.

Kapitel 2

Grundlagen aus der Statistik

Die Statistik lässt sich einteilen in die **Beschreibende Statistik**, die **Wahrscheinlichkeitsrechnung** und in die **Schließende Statistik**.

2.1 Beschreibende Statistik

Die **Beschreibende Statistik** berechnet aus einem Datenbestand, z.B. einem Satz von Messwerten, empirische Größen, welche diese Daten charakterisieren. Das Ergebnis sind z.B. **Häufigkeitsverteilungen** (Histogramme), **Mittelwerte** (arithmetisches Mittel, geometrisches Mittel, Median) und **Streuungsgrößen** (Varianz, Standardabweichung). Ausgangspunkt sei in unserem Kontext immer ein Datensatz von Messdaten zu einer zu beobachtenden Größe, die mehrfach gemessen wurde.

2.1.1 Häufigkeitsverteilungen

Häufigkeitsverteilungen wie das **Histogramm**, die **Empirische Verteilungsfunktion** und das **Quantil** bilden die Grundlage für die im folgenden behandelten statistischen Größen. Zur Vereinfachung werden nur eindimensionale Häufigkeitsverteilungen besprochen.
Am gebräuchlichsten ist die **Klassifizierte Häufigkeitsverteilung** in Form eines **Histogramms**. Dabei werden die Messdaten in Klassen eingeteilt, die einen bestimmten i.d.R. gleich großen Bereich umfassen, der Klassenbreite genannt wird.
Die **Empirische Verteilungsfunktion** ergibt sich aus der Klassifizierten Häufigkeitsverteilung durch fortlaufende Aufsummierung der Klassen (*Kumulative Summe*), also einer Anhäufung über die Klassen hinweg.
Das q%-**Quantil** ist derjenige Wert, der von der Masse der Messwerte x_q den unteren Anteil q in % abtrennt. Bei stetiger und monoton wachsender Empirischer Verteilungsfunktion ist das q%-**Quantil** definiert als Lösung der Gleichung:

$$F(x_q) \;=\; q \qquad\qquad \text{Quantil}$$

Basierend auf der Klassifizierten Häufigkeitsverteilung gibt es eine Interpolationsformel für q. Für die noch zu besprechenden gebräuchlichen Verteilungsfunktionen gibt es Tabellen bzw. rechnerische Verfahren, um Quantile zu bestimmen.

2.1.2 Lageparameter

Lageparameter beschreiben die Lage der Messwert-Anhäufung mit einem einzigen Wert. Dafür gibt es unterschiedliche Konzepte:

- **Häufigster Wert** oder **Modus**
- **Zentralwert** oder **Median**
- **Arithmetisches Mittel** und
- **Geometrisches Mittel**

sind die am häufigsten verwendeten Größen, daher im folgenden ihre Definitionen:
Der **Häufigste Wert** oder **Modus** ist derjenige Messwert mit der größten Häufigkeit, in einem Histogramm also der Wert der Klasse mit der größten Anzahl.
Der **Zentralwert** oder **Median** q_{50} ist der mittlere Wert der nach der Größe geordneten n Messwerte x_i. Er ist ein Mittelwert, der von Ausreißern weniger stark beeinflusst wird als die anderen Mittelbildungen. Die zu verarbeitenden Zahlenwerte x_i müssen zuerst sortiert werden und der „mittlere" Index gebildet werden, dann gibt es zwei Fälle:

$$i_q = \text{FIX}\left(\frac{n}{2}\right) \qquad \text{Mittel-Index}$$
$$q_{50}^b = x_{(i_q+1)} \qquad \text{Median für ungerades } n$$
$$q_{50}^a = (x_{i_q} + x_{(i_q+1)})/2 \qquad \text{Median für gerades } n$$

Hierbei ist FIX() die Fixum-Funktion, die zum nächsten ganzzahligen Wert abrundet.
Das **Arithmetische Mittel** $\hat{x}$ ist definiert als Quotient aus Summe der Messwerte x_i und Anzahl n der Messwerte. Es minimiert die Summe der quadratischen Abweichungen der Messwerte vom erhaltenen Mittelwert:

$$\hat{x} = \frac{1}{n} \cdot \sum_{i=1}^{n} x_i \qquad \text{Arithmetisches Mittel}$$

Das **Geometrische Mittel** x_g ist definiert als die n-te Wurzel aus dem Produkt der Messwerte x_i, wobei n die Anzahl der Messwerte ist:

$$x_g = \left(\prod_{i=1}^{n} x_i\right)^{1/n} \qquad \text{Geometrisches Mittel}$$

2.1.3 Streuungsmaße

Streuungsmaße beschreiben die Abweichungen der Einzelwerte vom Mittelwert. Auch hierfür gibt es unterschiedliche Konzepte:

- **Spannweite**
- **Quantilsabstand**
- **Empirische Varianz** bzw. **Empirische Standardabweichung**

sind die am häufigsten verwendeten Größen, daher im folgenden ihre Definitionen:
Die **Spannweite** R_x berechnet sich als Differenz aus größtem und kleinstem Messwert:

$$R_x = x_{max} - x_{min} \qquad \text{Spannweite}$$

Der **Quantilsabstand** Q_x ist definiert als die Differenz zwischen 75%- und 25%-Quantil:

$$Q_x = q_{75} - q_{25} \qquad \text{Quantilsabstand}$$

Das **Empirische Varianz** S^2 ist definiert als Quotient aus Summe der Abweichungsquadrate vom Arithmetischen Mittel $\hat{x}$ und Anzahl der Messwerte n minus 1. Die **Empirische Standardabweichung** S berechnet sich als Wurzel aus der Varianz:

$$S_x^2 = \frac{1}{n-1} \cdot \sum_{i=1}^{n} (\hat{x} - x_i)^2 \qquad \text{Empirische Varianz}$$

$$S_x = \sqrt{S_x^2} \qquad \text{Empirische Standardabweichung}$$

Bei zweidimensionalen Häufigkeitsverteilungen (nicht weiter behandelt) tritt zwischen zwei Datensätzen die **Kovarianz** $S_{x,y}$ auf. Sie verknüpft Wertepaare (x_i, y_i) miteinander und drückt Art und Stärke der Kopplung aus:

$$S_{x,y} = \frac{1}{n-1} \cdot \sum_{i=1}^{n} (\hat{x} - x_i)(\hat{y} - y_i) \qquad \text{Empirische Kovarianz}$$

2.2 Wahrscheinlichkeitsrechnung

In der **Wahrscheinlichkeitsrechnung** wird von Ereignissen und deren Wahrscheinlichkeit ausgegangen. Die **Ereignisalgebra** und das Rechnen mit Wahrscheinlichkeiten werden hier nur kurz behandelt. In unserem Zusammenhang werden vor allem **Analytische Wahrscheinlichkeitsverteilungen**, deren **Dichte** und zugehörige beschreibende Maße (Erwartungswert, Varianz) genauer dargestellt.

2.2.1 Ereignisalgebra

Ein **Ereignis** ist eine Teilmenge der Gesamtmenge der Elementarereignisse eines Zufallsexperiments. So ist z.B. beim Würfeln das Ereignis „ungerade Augenzahl" die Teilmenge $\{1, 3, 5\}$ aus der Gesamtmenge $\{1, 2, 3, 4, 5, 6\}$.

Bei der **Ereignisalgebra** werden Ereignisse miteinander verknüpft. Für zwei Ereignisse A und B gilt:

- **Summe** oder **Vereinigung** $A \cup B$
- **Produkt** oder **Durchschnitt** $A \cap B$
- **Differenz** $A - B$
- **Komplement** $\bar{A}$

Zwei Ereignisse A und B sind **disjunkt**, wenn deren Durchschnitt die Leere Menge ergibt:

$$A \cap B = \emptyset \qquad \text{disjunkte Ereignisse}$$

2.2.2 Rechnen mit Wahrscheinlichkeiten

Für jedes der Ereignisse kann eine bestimmte Wahrscheinlichkeit P festgelegt werden. Die **Wahrscheinlichkeitsrechnung** basiert auf folgenden **Axiomen von Kolmogorov**:

- Für jedes beliebige Ereignis A gilt: $0 \leq P(A) \leq 1$.
- Die Gesamtmenge der Elementarereignisse Ω hat die Wahrscheinlichkeit 1: $P(\Omega) = 1$.
- Sind $A_1, A_2, \ldots$ paarweise disjunkte Ereignisse, dann gilt:
  $P(A_1 \cup A_2 \cup \ldots) = P(A_1) + P(A_2) + \ldots$.

Der **Satz von Laplace** definiert die Wahrscheinlichkeit des Ereignisses A wie folgt:

$$P(A) = \frac{\text{Anzahl der für } A \text{ günstigen Elementarereignisse}}{\text{Anzahl der insgesamt möglichen Elementarereignisse}}$$

Auch mit Wahrscheinlichkeiten kann gerechnet werden:
Wahrscheinlichkeit des **komplementären Ereignisses** $\bar{A}$:

$$P(\bar{A}) = 1 - P(A) \qquad \text{Wahrscheinlichkeit des Komplements}$$

Additionssatz für beliebige Ereignisse:

$$P(A \cup B) = P(A) + P(B) - P(A \cap B) \qquad \text{Additionssatz für Ereignisse}$$

Zwei Ereignisse A und B heißen **unabhängig**, wenn gilt:

$$P(A \cap B) = P(A) \cdot P(B) \qquad \text{unabhängige Ereignisse}$$

Zum Rechnen mit Wahrscheinlichkeiten gibt es noch weitere Gesetze (z.B. Kommutativ-, Assoziativ- und Distributiv-Gesetze), sowie Aussagen über bedingte Wahrscheinlichkeiten, die für die Zielsetzung dieses Skripts nicht wichtig sind. Die kombinatorischen Grundlagen, im speziellen der Binomial-Koeffizient, werden in Anhang B erklärt.

2.2.3 Wahrscheinlichkeitsverteilungen

Den **Wahrscheinlichkeitsverteilungen** liegen zufällige Ereignisse, auch **Zufallsereignisse** genannt, zugrunde.
Im Rahmen der Wahrscheinlichkeitsrechnung werden **diskrete** Zufallsereignisse und **diskrete** Wahrscheinlichkeitsverteilungen definiert. Die kontinuierlichen Pendants gehören zur Schließenden Statistik (siehe folgendes Teilkapitel).
Eine Zufallsvariable X heißt diskret, wenn sie die Werte $x_1, x_2, \ldots$ annehmen kann, wobei auch eine abzählbar unendliche Menge zugelassen ist.
Die analytische Verteilungsfunktion zu den Zufallsvariablen (Messwerten) $x_1, x_2, \ldots$, deren Wahrscheinlichkeiten $p_i = P(X = x_i)$ und dem Ereignis $X = x_i$ ist definiert durch:

$$F(X) = P(X \leq x) = \sum_{x_i \leq x} p_i \qquad \text{analytische Verteilungsfunktion}$$

Wichtige diskrete Verteilungen sind (math. Definitionen in Anhang B):

- die **Binomialverteilung**

- die **Poisson-Verteilung**

- die **Hypergeometrische Verteilung** und

- die **Normalverteilung**

Die hier dargestellten **analytischen Wahrscheinlichkeitsverteilungen** haben ihr Analogon in der Empirischen Verteilungsfunktion (siehe vorhergehendes Teilkapitel). Das Analogon zur Klassifizierten Häufigkeitsverteilung (Histogramm) kann ebenfalls analytisch dargestellt werden: Es wird **Wahrscheinlichkeitsdichte** oder kurz **Dichte** genannt. Da in der Beschreibenden Statistik die Empirische Verteilungsfunktion die **kumulative Summe** der Klassifizierten Häufigkeitsverteilung ist, gilt für die analytische Darstellung, daß eine Wahrscheinlichkeitsverteilung F das **Integral** der Wahrscheinlichkeitsdichte f ist:

$$F(X) = \int_{-\infty}^{x} f(u)du \qquad \text{Wahrscheinlichkeitsverteilung und Dichte}$$

Das Integral über die Dichte von $-\infty$ bis ∞ ergibt stets 1 (vgl. Axiome von Kolmogorov oben 2.2.2). Eine Zufallsvariable mit dieser Eigenschaft wird **stetig** genannt.
In der Praxis wird oft folgende Formel gebraucht:

$$P(a < X \leq b) = F(b) - F(a) = \int_{a}^{b} f(u)du \qquad \text{Wahrscheinlichkeit des Intervalls (a,b]}$$

Da die **Normalverteilung** auch in der Schließenden Statistik eine große Rolle spielt, soll für sie die Definition angegeben werden. Für die **Dichte f der Normalverteilung** gilt die bekannte Formel nach Gauss:

$$f(X) \;=\; \frac{1}{\sigma\sqrt{2\pi}} \cdot e^{-\frac{1}{2}\left(\frac{x-\mu}{\sigma}\right)^2} \qquad \text{Dichte der Normalverteilung}$$

Die hierin vorkommenden Parameter μ und σ entsprechen zwei bereits aus der Beschreibenden Statistik bekannten empirischen Größen:

- μ heißt **Erwartungswert** und entspricht dem arithmetischen Mittelwert,

- σ wird (analytische) **Standardabweichung** genannt.

Das Quadrat der Standardabweichung σ ist die (analytische) **Varianz** σ^2.
Bei dem Term $\frac{x-\mu}{\sigma}$ handelt es sich um die **Standardisierte Variable**. Hat μ den Wert 0 und σ den Wert 1, so spricht man von der häufig benutzten **Standard-Normalverteilung**. Die Kurznotation für die Standard-Normalverteilung lautet: $F \propto N(0,1)$.
Bei einer nach $N(\mu, \sigma^2)$ verteilten Zufallsvariable liegen

- ca. 68% der beobachteten Werte zwischen $\mu - \sigma$ und $\mu + \sigma$;

- ca. 95% der beobachteten Werte zwischen $\mu - 2\sigma$ und $\mu + 2\sigma$;

- ca. 99.7% der beobachteten Werte zwischen $\mu - 3\sigma$ und $\mu + 3\sigma$.

2.2.4 Rechnen mit Erwartungswerten und Varianzen

Zur rechnerischen Verknüpfung von Erwartungswerten und Varianzen gibt es einige Sätze:

- Erwartungswert einer Summe
- Erwartungswert eines Produkts
- Linearität des Erwartungswerts
- Varianz einer Summe
- Varianz einer linearen Abbildung

Dabei verwendet man üblicherweise folgende Symbolik: $E[X]$ für den Erwartungswert und $Var[X]$ für die Varianz.

Sind zwei Erwartungswerte gegeben, so berechnen sich ihre **Summe** und ihr **Produkt** wie folgt (bei der Summe müssen die Variablen unabhängig sein):

$$E[X + Y] = E[X] + E[Y] \qquad \text{Erwartungswert einer Summe}$$
$$E[X \cdot Y] = E[X] \cdot E[Y] \qquad \text{Erwartungswert eines Produkts}$$

Eine **lineare Abbildung** der Variable X mit den Parametern a und b wirkt auf den Erwartungswert in folgender Weise:

$$E[a \cdot X + b] = a \cdot E[X] + b \qquad \text{Linearität des Erwartungswerts}$$

Sind zwei Varianzen gegeben, so berechnet sich ihre **Summe** wie folgt:

$$Var[X + Y] = Var[X] + Var[Y] \qquad \text{Varianz einer Summe}$$

Eine **lineare Abbildung** der Variable X mit den Parametern a und b wirkt auf die Varianz in folgender Weise:

$$Var[a \cdot X + b] = a^2 \cdot \sigma^2 \qquad \text{Varianz einer linearen Abbildung}$$

2.3 Schließende Statistik

Die **Schließende Statistik** bietet Methoden, um von einer Stichprobe auf eine Grundgesamtheit (z.B. die Gesamtzahl der Messwerte oder den Gesamterhebungsumfang einer Umfrage) zu schließen. Wesentliche Instrumente sind Punktschätzungen, Intervallschätzungen und Hypothesentests.

Die Schließende Statistik verwendet *kontinuierliche* Wahrscheinlichkeitsverteilungen.

2.3.1 Punktschätzungen

Punktschätzungen ermitteln einen einzigen Wert aus einer Stichprobe, z.B. einem Satz von Messwerten. Es treten Pendants zur Deskriptiven Statistik auf:

- das **Stichprobenmittel** als Pendant zum arithmetischen Mittel,
- die **Stichprobenvarianz** als Pendant zur empirischen Varianz,
- der **Anteilssatz** als Pendant zum Satz von Laplace (siehe oben 2.2.2).

Die Definitionen unterscheiden sich äußerlich auch nur in den Variablenbezeichnungen.
Für das **Stichprobenmittel** μ gilt:

$$\mu \;=\; \frac{1}{n} \cdot \sum_{i=1}^{n} x_i \qquad\qquad \text{Stichprobenmittel}$$

Die **Stichprobenvarianz** σ^2 wird ebenso analog zum empirischen Fall berechnet:

$$\sigma^2 \;=\; \frac{1}{n-1} \cdot \sum_{i=1}^{n}(\hat{x}-x_i)^2 \qquad\qquad \text{Stichprobenvarianz}$$

$$\sigma \;=\; \sqrt{\sigma^2} \qquad\qquad \text{Stichprobenstandardabweichung}$$

Der **Anteilssatz** p berechnet den prozentualen Anteil der Messwerte mit einer bestimmten Eigenschaft:

$$p \;=\; \frac{\text{Anzahl der Elemente, die zutreffen}}{\text{Anzahl der Elemente in der Stichprobe}}$$

2.3.2 Intervallschätzungen

Intervallschätzungen dienen zur Abschätzung von Intervallgrenzen, zwischen denen der gegebene Satz von Messwerten (die Stichprobe) mit einer vorzugebenden Wahrscheinlichkeit liegt. Man spricht dann vom **Konfidenzintervall** zu einer gegebenen Wahrscheinlichkeit. Die angegebene Wahrscheinlichkeit wird bei den Hypothesentests (folgender Abschnitt) als **Irrtumswahrscheinlichkeit** α bezeichnet. Deren Komplement wird **Vertrauensniveau** genannt: $1-\alpha$.
Eine Intervallschätzung läuft immer nach demselben Schema ab:

- Wahl der **Verteilungsfunktion**, z.B. die Normalverteilung;

- Wahl des **Vertrauensniveaus** $1-\alpha$, z.B. 95% mit $\alpha = 5\%$;

- Ermittlung der **Stichprobe**, z.B. Berechnung des Stichprobenmittels $\hat{x}$ bei Normalverteilung;

- Ermittlung des **Quantils** q zum gegebenen Vertrauensniveau, z.B. $1-\alpha/2$ bei Normalverteilung (Symmetrie!);

- Berechnung des **Streuungsmaßes** k, z.B. $k = q \cdot \sigma/\sqrt{n}$ bei Normalverteilung;

- Berechnung des **Intervalls**, z.B. $[\hat{x}-k, \hat{x}+k]$.

Als Verteilungsfunktion wird eine der im vorherigen Kapitel genannten Funktionen verwendet, also z.B. die Normalverteilung. Bei symmetrischen Fragestellungen teilt sich die Irrtumswahrscheinlichkeit in zwei Teile: $1-\alpha/2$.

2.3.3 Hypothesentests

Hypothesentests lassen eine Aussage zu, ob ein gegebener Satz von Messwerten (die Stichprobe) mit einer vorzugebenden Wahrscheinlichkeit eine bestimmte Bedingung erfüllt, z.B. innerhalb bestimmter Intervallgrenzen liegt. Diese Aussage wird als **Null-Hypothese** H_0 formuliert; ihre Negation bezeichnet man als **Alternativ-Hypothese** H_A. Die Wahrscheinlichkeit der Ablehnung der Aussage nennt man **Irrtumswahrscheinlichkeit** α. Die Entscheidung wird mittels der **Testgröße** in Abhängigkeit von den statistischen Eigenschaften der Fragestellung festgelegt.

Ein **Hypothesentest** folgt etwa folgendem Schema:

- Wahl der **Verteilungsfunktion**;

- Formulierung der **Null-Hypothese** H_0 und der **Alternativ-Hypothese** H_A;

- Ermittlung der **Testgröße**, d.h. eines funktionalen Zusammenhangs für die Stichprobe;

- Ermittlung der **Entscheidungsregel**, d.h. des Ablehnungskriteriums;

- Ermittlung des sich aus der Entscheidungsregel ergebenden **Werts**, i.d.R. das Quantil;

- Vergleich von Testgröße und Quantil-Wert gibt die **Entscheidung**.

Je nach Problemstellung unterscheidet man einseitige und zweiseitige Hypothesentests:

- **einseitiger Hypothesentest**: Annahmebereich am unteren Ende, Verwerfungsbereich am oberen Ende;

- **zweiseitiger Hypothesentest**: Annahmebereich symmetrisch in der Mitte, Verwerfungsbereich an beiden Enden.

Bei Hypothentests werden in Abhängigkeit von der Art der Testgröße spezielle Verteilungsfunktionen verwendet; diese sind vor allem (math. Definitionen in Anhang B):

- **Student-Verteilung** oder t-Verteilung (bei Mittelwert)

- **Chi-Quadrat-Verteilung** oder χ^2-Verteilung (bei Varianz)

- **Fisher-Verteilung** oder F-Verteilung (bei Verhältnis zweier Varianzen)

Bei einem Hypothesentest können folgende Fehler auftreten:

- **Fehler 1. Art** = Ablehnung einer wahren Nullhypothese,

- **Fehler 2. Art** = Annahme einer falschen Nullhypothese.

Hypothesentests mit einer Irrtumswahrscheinlichkeit von $\alpha = 5\%$ entsprechen den üblichen Anforderungen, bei der Standard-Normalverteilung ist das der sog. „2-Sigma-Fehler".

Kapitel 3

Grundlagen aus der Matrizenrechnung

In der Ausgleichungsrechnung sind mehrere Gleichungen gleichzeitig zu lösen, es treten **Gleichungssysteme** auf. Die **Matrizenrechnung** ist im Zeitalter des Computers die optimale Form zur Darstellung und direkten Umsetzung von Gleichungssystemen. Die meisten Computeralgebra-Systeme bauen auf Matrizen und ihren Anwendungen auf, z.B. MATLAB, Maple und Mathematica. Bei eigener Programmierung mit gängigen Programmiersprachen sind meist Software-Bibliotheken für diesen Zweck verfügbar.
In diesem Kapitel werden die wichtigsten **Rechenregeln** der Matrizenrechnung sowie die Linearen Gleichungssysteme kurz dargestellt.

3.1 Vektoren und Matrizen

Matrizen können als eine rechteckige Anordnung von Zahlenwerten bzw. Ausdrücken beschrieben werden. Die angeordneten Zahlenwerte werden auch als **Elemente der Matrix** bezeichnet. Es folgen einige grundlegende Vektor- und Matrix-Eigenschaften:

3.1.1 Ordnung einer Matrix

Die Ordnung einer Matrix **A** ist durch die Anzahl ihrer Zeilen und Spalten bestimmt. Hinweis: Dieser Begriff ist nicht mit dem Rang einer Matrix zu verwechseln, der die linear unabhängigen Zeilen bzw. Spalten angibt.

3.1.2 Transponierte einer Matrix

Eine Matrix **A** kann transponiert werden, indem Zeilen und Spalten vertauscht werden. Die transponierte Matrix schreibt man $\mathbf{A}'$ oder manchmal auch $\mathbf{A}^\mathbf{T}$.

3.1.3 Vektor als Sonderfall einer Matrix

Eine Matrix, die nur aus einer einzelnen Zeile oder Spalte besteht, wird als Vektor bezeichnet. Es gibt **Zeilen-** und **Spaltenvektoren**, je nachdem welche Dimension die Ordnung 1 hat.

3.2 Matrizenalgebra

Für Matrizen können ähnliche Rechenregeln definiert werden wie für einzelne Zahlen, die im Zusammenhang mit Matrizen auch als **Skalare** bezeichnet werden.

3.2.1 Das Skalarprodukt

Ein Zeilenvektor $\mathbf{a}'$ und ein Spaltenvektor $\mathbf{b}$ gleicher Ordnung n bilden ein Skalarprodukt wie folgt (das Ergebnis ist eine Zahl, ein Skalar):

$$\mathbf{a}' \cdot \mathbf{b} \;=\; a_1 \cdot b_1 + a_2 \cdot b_2 + \ldots + a_n \cdot b_n$$

3.2.2 Addition und Subtraktion von Matrizen

Zwei Matrizen $\mathbf{A}$ und $\mathbf{B}$ gleicher Ordnung werden addiert bzw. subtrahiert, indem man die an gleicher Stelle stehenden Elemente addiert bzw. subtrahiert:

$$\mathbf{A} + \mathbf{B} \;=\; (a_{ij}) + (b_{ij}) = (a_{ij} + b_{ij})$$
$$\mathbf{A} - \mathbf{B} \;=\; (a_{ij}) - (b_{ij}) = (a_{ij} - b_{ij})$$

3.2.3 Multiplikation von Matrizen

Das Produkt einer Matrix $\mathbf{A}$ mit einer Matrix $\mathbf{B}$ ist nur möglich, falls die Spaltenzahl von $\mathbf{A}$ mit der Zeilenzahl von $\mathbf{B}$ übereinstimmt. Jedes Element der neuen Matrix entsteht aus dem Skalarprodukt der i-ten Zeile von $\mathbf{A}$ mit der k-ten Spalte von $\mathbf{B}$:

$$\mathbf{A} \cdot \mathbf{B} \;=\; \left(\sum_{j=1}^{n} a_{ij} \cdot b_{jk} \right)$$

3.2.4 Inverse von Matrizen

Die Division von Matrizen ist nicht definiert. Für Gleichungsumformungen, die der Division entsprechen, ist die Multiplikation mit der Matrix-Inversen $\mathbf{A}^{-1}$ von links notwendig (hierbei gilt: $\mathbf{A}^{-1} \cdot \mathbf{A} = \mathbf{E_n}$, $\mathbf{E_n} \cdot \mathbf{x} = \mathbf{x}$, mit *Einheitsmatrix* $\mathbf{E_n}$):

$$\mathbf{A} \cdot \mathbf{x} \;=\; \mathbf{B}$$
$$\mathbf{x} \;=\; \mathbf{A}^{-1} \cdot \mathbf{B}$$

Nicht immer existiert die Inverse; falls dies der Fall ist, gibt es zu deren Ermittlung bestimmte Rechenverfahren. Das bekannteste ist die **Gauß-Elimination**, das auch zur Lösung von Gleichungssystemen in Matrizenform verwendet wird (weiteres siehe unten).

3.2.5 Einheitsvektoren und -Matrizen

Ein **Einheitsvektor** $\mathbf{e_i}$ ist ein Vektor der Länge Eins (ein *normierter Vektor*). Z.B. spannen drei Einheitsvektoren den dreidimensionalen Raum auf, wenn sie orthogonal zueinander sind (Skalarprodukt = 0).

Eine **Einheitsmatrix** (*Identitätsmatrix*) $\mathbf{E_n}$ ist eine quadratische Matrix, deren Hauptdiagonalelemente Eins und deren übrige Elemente Null sind. Für eine Einheitsmatrix, einen beliebigen Vektor **a** und eine beliebige Matrix **A** (passender Dimensionierung) gelten folgende Regeln:

$$\mathbf{E_n} \cdot \mathbf{E_n} = \mathbf{E_n}$$
$$\mathbf{E_n} \cdot \mathbf{a} = \mathbf{a}$$
$$\mathbf{E_n} \cdot \mathbf{A} = \mathbf{A}$$
$$\mathbf{A} \cdot \mathbf{A^T} = \mathbf{E_n}$$
$$\mathbf{A^{-1}} \cdot \mathbf{A} = \mathbf{E_n}$$

3.3 Lineare Gleichungssysteme

3.3.1 Lineare Gleichungssysteme

Lineare Gleichungssysteme können mit Matrizen und Vektoren gut dargestellt werden. Sie treten in vielen Ingenieurwissenschaften auf, in der Geodäsie u.a. in der Ausgleichungsrechnung.

Obige Gleichung zur Matrix-Inversen kann ausführlich für $n = 3$ auch folgendermaßen geschrieben werden:

$$\begin{pmatrix} a_{11} & a_{12} & a_{13} \\ a_{21} & a_{22} & a_{23} \\ a_{31} & a_{32} & a_{33} \end{pmatrix} \cdot \begin{pmatrix} x_1 \\ x_2 \\ x_3 \end{pmatrix} = \begin{pmatrix} b_{11} & b_{12} & b_{13} \\ b_{21} & b_{22} & b_{23} \\ b_{31} & b_{32} & b_{33} \end{pmatrix}$$

Es wird ersichtlich, daß es sich im Fall von gesuchten dreidimensionalen Koordinaten x_i um drei Gleichungen handelt. Mittels sogenannter **Eliminationsverfahren** können die Unbekannten bestimmt werden.

3.3.2 Lösungsverfahren

Als **Lösungsverfahren** für Lineare Gleichungssysteme kommen unterschiedliche Methoden zum Einsatz:

- **Gleichsetzungsverfahren**
- **Einsetzverfahren**
- **Eliminationsverfahren**

Da die ersteren Verfahren schwieriger zu automatisieren sind, wird meist das Eliminationsverfahren verwendet. Es beruht auf der Addition von Gleichungen und teilt sich auf in die **Vorwärts-Elimination** und die **Rückwärts-Elimination**. Das **Eliminationsverfahren nach Gauß** ist im Anwendungskapitel in Rechenbeispielen dargestellt.

Liegen weniger Gleichungen als Unbekannte vor, so ist das Lineare Gleichungssystem **unterbestimmt**. Daraus folgt, daß es i.d.R. keine eindeutige Lösung, sondern Scharen von Lösungen gibt.

Liegen mehr (linear unabhängige) Gleichungen als Unbekannte vor, so ist das Lineare Gleichungssystem **überbestimmt**. Daraus folgt, daß die Lösung ggf. genauer bestimmt werden kann. Dies ist Thema des folgenden Themenkomplexes: der Ausgleichungsrechnung.

3.4 Lineare Regression

Die **Lineare Regression** löst ein überbestimmtes Gleichungssystem. In Hinblick auf die Ausgleichungsrechnung sollen hier die Grundstrukturen aufgezeigt werden.

3.4.1 Minimierungsansatz

Man stellt sog. Beobachtungsgleichungen auf, indem man funktionale Darstellung $f(\alpha)$ und Messwerte $\mathbf{y}$ gegenüberstellt, und erhält somit einen Satz von Gleichungen für die **Residuen** (Abweichungen) $\mathbf{r}$ (mit $\mathbf{A} = (x_{i,j})$ und den Parametern α_i):

$$\mathbf{r} = f(\alpha) - \mathbf{y} = \mathbf{A}\alpha - \mathbf{y}$$

bzw. ausführlich geschrieben:

$$\begin{aligned}
r_1 &= \alpha_0 + \alpha_1 x_{1,1} + \ldots + \alpha_j x_{j,1} + \ldots + \alpha_N x_{N,1} - y_1 \\
r_2 &= \alpha_0 + \alpha_1 x_{1,2} + \ldots + \alpha_j x_{j,2} + \ldots + \alpha_N x_{N,2} - y_2 \\
\ldots &= \ldots \\
r_i &= \alpha_0 + \alpha_1 x_{1,i} + \ldots + \alpha_j x_{j,i} + \ldots + \alpha_N x_{N,i} - y_i \\
\ldots &= \ldots \\
r_n &= \alpha_0 + \alpha_1 x_{1,n} + \ldots + \alpha_j x_{j,n} + \ldots + \alpha_N x_{N,n} - y_n
\end{aligned}$$

Beim Kleinste-Quadrate-Schätzer fordert man folgenden **Minimierungsansatz** für die Residuen:

$$\min_\alpha \sum_{i=1}^n r_i^2 = \min_\alpha \|f(\alpha) - \mathbf{y}\|_2^2 = \min_\alpha \|\mathbf{A}\alpha - \mathbf{y}\|_2^2$$

3.4.2 Normalgleichungen

Aus obigem Minimierungsansatz ergibt sich weiter:

$$\min_\alpha \|\mathbf{A}\alpha - \mathbf{y}\|_2^2 = \min_\alpha (\mathbf{A}\alpha - \mathbf{y})^T(\mathbf{A}\alpha - \mathbf{y}) = \min_\alpha (\alpha^T \mathbf{A}^T \mathbf{A}\alpha - 2\mathbf{y}^T \mathbf{A}\alpha + \mathbf{y}^T \mathbf{y})$$

Die partiellen Ableitungen bezüglich der α_j (*Jacobi-Matrix*) und Nullsetzen derselben zum Bestimmen eines Extremums ergeben ein lineares System von sog. **Normalgleichungen** zur Lösung des Minimierungsproblems:

$$\mathbf{A}^T \mathbf{A}\alpha = \mathbf{A}^T \mathbf{y}$$

Die Lösung ergibt sich zu:

$$\alpha = (\mathbf{A}^T \mathbf{A})^{-1} \mathbf{A}^T \mathbf{y}$$

Auf diesem Ansatz der Normalgleichungen basiert die im folgenden beschriebene Ausgleichungsrechnung. Man merke sich die Struktur der letzten Gleichung, sie tritt dort bei der Berechnung der Unbekannten auf.

Kapitel 4

Ausgleichungsrechnung

Am Ende des vorherigen Kapitels wurde erwähnt, daß **Überbestimmte Gleichungssysteme** durch mehr Beobachtungen als Unbekannte entstehen. Es werden also mehr Messungen gemacht, als zur eindeutigen Bestimmung von Parametern, Messelementen oder Koordinaten notwendig wären (**Freiheitsgrade**). Es werden Ausgleichungsmodelle, Beobachtungsgleichungen gebräuchlicher Messgrößen und weitergehende Analysen erläutert.

4.1 Ausgleichungsmodelle

Hat man ein Überbestimmtes Gleichungssystem, so ist ein **Ausgleichungsmodell** unter Nutzung aller Messdaten zur optimalen Berechnung der unbekannten Werte zu verwenden. Dabei werden gemäß den Regeln der **Fehlerfortpflanzung** auch die Genauigkeiten für die ausgeglichenen Beobachtungen, deren Verbesserungen und die Unbekannten geschätzt.

4.1.1 Grundlegende Modelle

Hier sollen die Bedingte und die Vermittelnde Ausgleichung kurz skizziert werden. Der Minimumsansatz der Linearen Regression mit der Lösung von Normalgleichungen (siehe vorhergehendes Teilkapitel) dient zur Herleitung der folgenden Kurzdarstellung.

Bedingte Ausgleichung

Das mathematische Modell der bedingten Ausgleichung besteht aus dem **Funktionalmodell** mit g unabhängigen Bedingungsgleichungen und dem Stochastischen Modell mit der **Gewichtskoeffizientenmatrix** $\mathbf{Q_{bb}}$ bzw. der **Gewichtsmatrix** $\mathbf{P_{bb}} = \mathbf{Q_{bb}^{-1}}$.
Man unterscheidet die

- bedingte Ausgleichung ohne Unbekannte und die
- bedingte Ausgleichung mit Unbekannten.

Bei der bedingten Ausgleichung mit Unbekannten müssen ggf. zuerst Näherungswerte für die u Unbekannten berechnet werden. Bei beiden Varianten ist als nächster Schritt ggf. eine Linearisierung der Bedingungsgleichungen durchzuführen.

Zunächst soll das Formelsystem der **bedingten Ausgleichung ohne Unbekannte** dargestellt werden.

Die **Bedingungsgleichungen** werden in folgender Form aufgestellt (**Funktionales Modell**):

$$\mathbf{B\hat{v} + w = 0}$$

Die Berechnung der Verbesserungen $\hat{\mathbf{v}}$ und der ausgeglichenen Beobachtungen $\hat{\mathbf{b}}$ erfolgt nach folgenden Formeln; eine Iteration entfällt hier:

$$\begin{aligned}
\hat{\mathbf{k}} &= -(\mathbf{B Q_{bb} B'})^{-1}\mathbf{w} \\
\hat{\mathbf{v}} &= \mathbf{Q_{bb} B'} \hat{\mathbf{k}} \\
\hat{\mathbf{b}} &= \mathbf{b} + \hat{\mathbf{v}}
\end{aligned}$$

Auf Seiten des **Stochastischen Modells** ergeben sich der Varianzfaktor $\hat{\sigma}_0^2$, die Kovarianzmatrix der Beobachtungen $\hat{\mathbf{K}}_{bb}$ sowie davon abgeleitet die Kovarianzmatrizen der Korrelaten $\hat{\mathbf{K}}_{\hat{k}\hat{k}}$, der Verbesserungen $\hat{\mathbf{K}}_{\hat{v}\hat{v}}$ und der ausgeglichenen Beobachtungen $\hat{\mathbf{K}}_{\hat{b}\hat{b}}$:

$$\begin{aligned}
\hat{\sigma}_0^2 &= \frac{\hat{\mathbf{v}}' \mathbf{P_{bb}} \hat{\mathbf{v}}}{g} \\
\mathbf{Q}_{\hat{k}\hat{k}} &= (\mathbf{B Q_{bb} B'})^{-1} \\
\hat{\mathbf{K}}_{bb} &= \hat{\sigma}_0^2 \cdot \mathbf{Q_{bb}} \\
\hat{\mathbf{K}}_{\hat{v}\hat{v}} &= \hat{\sigma}_0^2 \cdot \mathbf{Q_{bb} B'} \mathbf{Q}_{\hat{k}\hat{k}} \mathbf{B Q_{bb}} \\
\hat{\mathbf{K}}_{\hat{b}\hat{b}} &= \hat{\sigma}_0^2 \cdot (\mathbf{Q_{bb}} - \mathbf{Q}_{\hat{v}\hat{v}})
\end{aligned}$$

Im Folgenden soll das Formelsystem der **bedingten Ausgleichung mit Unbekannten** dargestellt werden.

Die **Bedingungsgleichungen** werden in folgender Form aufgestellt (**Funktionales Modell**):

$$\begin{aligned}
\hat{\mathbf{x}} &= \tilde{\mathbf{x}} + \mathbf{\Delta}\hat{\mathbf{x}} \\
\mathbf{B}\hat{\mathbf{v}} + \mathbf{A}\mathbf{\Delta}\hat{\mathbf{x}} + \mathbf{w} &= 0
\end{aligned}$$

Die Berechnung der Unbekannten $\hat{\mathbf{x}}$, Verbesserungen $\hat{\mathbf{v}}$ und der ausgeglichenen Beobachtungen $\hat{\mathbf{b}}$ erfolgt nach folgenden Formeln; ggf. ist eine Iteration notwendig:

$$\begin{aligned}
\mathbf{\Delta}\hat{\mathbf{x}} &= -(\mathbf{A'}(\mathbf{B Q_{bb} B'})^{-1}\mathbf{A})^{-1}\mathbf{A'}(\mathbf{B Q_{bb} B'})^{-1}\mathbf{w} \\
\hat{\mathbf{x}} &= \tilde{\mathbf{x}} + \mathbf{\Delta}\hat{\mathbf{x}} \\
\hat{\mathbf{k}} &= -(\mathbf{B Q_{bb} B'})^{-1}(\mathbf{A}\mathbf{\Delta}\hat{\mathbf{x}} + \mathbf{w}) \\
\hat{\mathbf{v}} &= \mathbf{Q_{bb} B'} \hat{\mathbf{k}} \\
\hat{\mathbf{b}} &= \mathbf{b} + \hat{\mathbf{v}}
\end{aligned}$$

Auf Seiten des **Stochastischen Modells** ergeben sich der Varianzfaktor $\hat{\sigma}_0^2$, die Kovarianzmatrix der Beobachtungen $\mathbf{K_{bb}}$ sowie davon abgeleitet die Kovarianzmatrizen der Unbekannten $\hat{\mathbf{K}}_{\hat{x}\hat{x}}$, der Verbesserungen $\hat{\mathbf{K}}_{\hat{v}\hat{v}}$ und der ausgeglichenen Beobachtungen $\hat{\mathbf{K}}_{\hat{b}\hat{b}}$:

$$\hat{\sigma}_0^2 = \frac{\hat{\mathbf{v}}' \mathbf{P_{bb}} \hat{\mathbf{v}}}{g - u}$$

$$\begin{aligned}
\mathbf{Q}_{\hat{k}\hat{k}} &= (\mathbf{BQ_{bb}B'})^{-1} - (\mathbf{BQ_{bb}B'})^{-1}\mathbf{AQ}_{\hat{x}\hat{x}}\mathbf{A'}(\mathbf{BQ_{bb}B'})^{-1} \\
\hat{\mathbf{K}}_{\hat{x}\hat{x}} &= \hat{\sigma}_0^2 \cdot (\mathbf{A'}(\mathbf{BQ_{bb}B'})^{-1}\mathbf{A})^{-1} \\
\hat{\mathbf{K}}_{\hat{v}\hat{v}} &= \hat{\sigma}_0^2 \cdot \mathbf{Q_{bb}B'Q}_{\hat{k}\hat{k}}\mathbf{BQ_{bb}} \\
\hat{\mathbf{K}}_{\hat{b}\hat{b}} &= \hat{\sigma}_0^2 \cdot (\mathbf{Q_{bb}} - \mathbf{Q}_{\hat{v}\hat{v}})
\end{aligned}$$

Vermittelnde Ausgleichung (L2-Norm)

Das mathematische Modell der vermittelnden Ausgleichung besteht aus dem **Funktionalmodell** mit n unabhängigen Beobachtungsgleichungen (**Jacobi-Matrix A** enthält die partiellen Ableitungen der linearisierten Beobachtungsgleichungen) und dem Stochastischen Modell mit der **Gewichtskoeffizientenmatrix** $\mathbf{Q_{bb}}$ ($q_{ii} = \sigma_b^2$) bzw. der **Gewichtsmatrix** $\mathbf{P_{bb}} = \mathbf{Q_{bb}^{-1}}$.

Zunächst müssen ggf. Näherungswerte $\tilde{\mathbf{x}}$ für die u Unbekannten berechnet und ggf. eine Linearisierung (lineare Glieder einer Taylor-Reihe) durchgeführt werden. Damit können die **Beobachtungs-** und **Fehlergleichungen** aufgestellt werden (**Funktionales Modell**):

$$\begin{aligned}
\hat{\mathbf{x}} &= \tilde{\mathbf{x}} + \mathbf{\Delta}\hat{\mathbf{x}} \\
\hat{\mathbf{v}} &= \mathbf{A}\mathbf{\Delta}\hat{\mathbf{x}} - \mathbf{w}
\end{aligned}$$

Lösungsalgorithmus: Die Berechnung der Unbekannten $\hat{\mathbf{x}}$, Verbesserungen $\hat{\mathbf{v}}$ und der ausgeglichenen Beobachtungen $\hat{\mathbf{b}}$ erfolgt nach folgenden Formeln; ggf. ist eine Iteration notwendig:

$$\begin{aligned}
\mathbf{\Delta}\hat{\mathbf{x}} &= (\mathbf{A'P_{bb}A})^{-1}\mathbf{A'P_{bb}w} \\
\hat{\mathbf{x}} &= \tilde{\mathbf{x}} + \mathbf{\Delta}\hat{\mathbf{x}} \\
\hat{\mathbf{v}} &= \mathbf{A}\mathbf{\Delta}\hat{\mathbf{x}} - \mathbf{w} \\
\hat{\mathbf{b}} &= \mathbf{b} + \hat{\mathbf{v}}
\end{aligned}$$

Auf Seiten des **Stochastischen Modells** ergeben sich der Varianzfaktor $\hat{\sigma}_0^2$, die Kovarianz-Matrix der Beobachtungen $\hat{\mathbf{K}}_{bb}$ sowie davon abgeleitet die Kovarianzmatrizen der Unbekannten $\hat{\mathbf{K}}_{\hat{x}\hat{x}}$, der Verbesserungen $\hat{\mathbf{K}}_{\hat{v}\hat{v}}$ und der ausgeglichenen Beobachtungen $\hat{\mathbf{K}}_{\hat{b}\hat{b}}$:

$$\begin{aligned}
\hat{\sigma}_0^2 &= \frac{\hat{\mathbf{v}}'\mathbf{P_{bb}}\hat{\mathbf{v}}}{n-u} \\
\hat{\mathbf{K}}_{bb} &= \hat{\sigma}_0^2 \cdot \mathbf{Q_{bb}} \\
\hat{\mathbf{K}}_{\hat{x}\hat{x}} &= \hat{\sigma}_0^2 \cdot (\mathbf{A'P_{bb}A})^{-1}) \\
\hat{\mathbf{K}}_{\hat{v}\hat{v}} &= \hat{\sigma}_0^2 \cdot (\mathbf{Q_{bb}} - \mathbf{AQ}_{\hat{x}\hat{x}}\mathbf{A'}) \\
\hat{\mathbf{K}}_{\hat{b}\hat{b}} &= \hat{\sigma}_0^2 \cdot (\mathbf{AQ}_{\hat{x}\hat{x}}\mathbf{A'})
\end{aligned}$$

Die Vermittelnde Ausgleichung ist das am leichtesten zu automatisierende Modell. Für jeden Beobachtungstyp (z.B. Strecke, Höhenunterschied, Richtungswinkel) gibt es eine bestimmte Beobachtungs- und Fehlergleichung.

Um grobe Fehler aufzudecken berechnet man auch die **Normierte Verbesserung**, dabei werden die Hauptdiagonalelemente der Kovarianzmatrix der Verbesserungen verwendet:

$$\mathbf{v_N} = |\hat{\mathbf{v}}|/\sqrt{\mathrm{diag}(\hat{\mathbf{K}}_{\hat{v}\hat{v}})}$$

Auch die **Redundanzanteile** geben Auskunft über Ausreißer, sie werden aus dem Stochastischen Modell berechnet:

$$\mathbf{r} = \text{diag}(\mathbf{Q_{\hat{v}\hat{v}}} \cdot \mathbf{P_{bb}})$$

4.1.2 Robuste Modelle

Die Ausgleichung nach den Grundlegenden Verfahren (s.o.) „verschmiert" die groben Beobachtungsfehler und verfälscht in großem Ausmaß das Ausgleichungsergebnis. Daher werden z.B. zur Aufdeckung von groben Fehlern andere Verfahren verwendet.

Ausgleichung nach der L1-Norm

Das bekannteste alternative Ausgleichungsprinzip ist eine Ausgleichung mittels der sog. L1-Norm. Bei der L1-Norm wird die *Absolut*summe der Verbesserungen (**Residuen**) zum Minimum gemacht, im Gegensatz zur Kleinste-Quadrate-Ausgleichung (L2-Norm), welche die *Quadrat*summe der Verbesserungen **v** minimiert:

$$\Sigma |\mathbf{v}| = Min.$$

Die Algorithmen für eine Ausgleichung mittels minimaler L1-Norm sind mathematisch unübersichtlicher und rechnerisch schwieriger beherrschbar als die Algorithmen der L2-Norm. Am weitesten verbreitet ist der sogenannte **Simplex-Algorithmus**.
Die Lösungsmethode stützt sich auf den mathematischen Zusammenhang, daß es bei einem Rang u des Ausgleichungsproblems genau u Beobachtungen gibt, welche das System der Unbekannten **x** eindeutig lösen. Diese u linear unabhängigen Verbesserungsgleichungen werden durch iterative Basistransformation (Simplex-Algorithmus) bestimmt. Die zugehörigen Verbesserungen **v** erhalten den Wert Null. Dann kann für die übrigen $(n-u)$ Verbesserungen aus der konsistenten Lösung **x** der zugehörige Betrag **v** (ungleich Null) berechnet werden. Auf diese Weise können Ausreißer in den Beobachtungen ermittelt werden, die durch die anderen Arten der Ausgleichung nicht nachweisbar sind.

4.2 Beobachtungsgleichungen im vermittelnden Modell

Das am einfachsten zu automatisierende Ausgleichungsmodell, die L2-Norm, soll nun näher betrachtet werden. Für 10 gebräuchliche Messgrößen aus dem Bereich Vermessungswesen werden die Beobachtungsgleichung und - falls erforderlich - die linearisierten Beobachtungsgleichungen angegeben. Winkelwerte sind in Radiant zu verwenden. Bitte beachten, daß in dieser Notation Y = Rechtswert, X = Hochwert!

4.2.1 Höhe (Nivellement)

Höhenfestpunkt (Höhenanschlusspunkt)

Beobachtungsgleichung:

$$\hat{H}_F = H_F + v_H$$

(keine Linearisierung erforderlich)

Höhenunterschied

Beobachtungsgleichung:
$$\hat{H}_B - \hat{H}_A = \Delta H_{AB} + v_{\Delta H}$$

(keine Linearisierung erforderlich)

4.2.2 Lage (2D)

Lagefestpunkt (Lageanschlusspunkt)

2 Beobachtungsgleichungen:
$$\hat{Y}_F = Y_F + v_Y$$
$$\hat{X}_F = X_F + v_X$$

(keine Linearisierung erforderlich)

Horizontalstrecke

Beobachtungsgleichung:
$$\hat{s}_{AB} = \sqrt{(X_B - X_A)^2 + (Y_B - Y_A)^2} + v_s$$

linearisiert (symbolisiert durch den Index 0):
$$\hat{s}_{AB} = \left(\frac{X_A - X_B}{s_{AB}}\right)_o dX_A + \left(\frac{Y_A - Y_B}{s_{AB}}\right)_o dY_A + \left(\frac{X_B - X_A}{s_{AB}}\right)_o dX_B + \left(\frac{Y_B - Y_A}{s_{AB}}\right)_o dY_B + v_s$$

Richtung

Beobachtungsgleichung:
$$\hat{r}_A = \tan^{-1}\frac{Y_A - Y_I}{X_A - X_I} + C + v_r$$

linearisiert:
$$\hat{r}_A = \left(\frac{Y_I - Y_A}{s_{IA}^2}\right)_o dX_I + \left(\frac{X_A - X_I}{s_{IA}^2}\right)_o dY_I + \left(\frac{Y_A - Y_I}{s_{IA}^2}\right)_o dX_A + \left(\frac{X_I - X_A}{s_{IA}^2}\right)_o dY_A + v_r$$

Horizontalwinkel

Beobachtungsgleichung:
$$\hat{r}_B - \hat{r}_A = \tan^{-1}\frac{Y_B - Y_I}{X_B - X_I} - \tan^{-1}\frac{Y_A - Y_I}{X_A - X_I} + C + v_{\Delta r}$$

linearisiert:
$$\hat{r}_B - \hat{r}_A = \left(\frac{Y_I - Y_B}{s_{IB}^2}\right)_o dX_I + \left(\frac{X_B - X_I}{s_{IB}^2}\right)_o dY_I + \left(\frac{Y_B - Y_I}{s_{IB}^2}\right)_o dX_B + \left(\frac{X_I - X_B}{s_{IB}^2}\right)_o dY_B -$$
$$- \left[\left(\frac{Y_I - Y_A}{s_{IA}^2}\right)_o dX_I + \left(\frac{X_A - X_I}{s_{IA}^2}\right)_o dY_I + \left(\frac{Y_A - Y_I}{s_{IA}^2}\right)_o dX_A + \left(\frac{X_I - X_A}{s_{IA}^2}\right)_o dY_A\right] + v_{\Delta r}$$

Richtungswinkel

Beobachtungsgleichung:

$$\hat{t}_{AB} = \tan^{-1}\frac{Y_B - Y_A}{X_B - X_A} + C + v_t$$

linearisiert:

$$\hat{t}_{AB} = \left(\frac{Y_A - Y_B}{s_{AB}^2}\right)_o dX_A + \left(\frac{X_B - X_A}{s_{AB}^2}\right)_o dY_A + \left(\frac{Y_B - Y_A}{s_{AB}^2}\right)_o dX_B + \left(\frac{X_A - X_B}{s_{AB}^2}\right)_o dY_B + v_t$$

4.2.3 Raum (2D+1D)

Raumfestpunkt (Raumanschlusspunkt)

3 Beobachtungsgleichungen:

$$\hat{Y}_F = Y_F + v_Y$$
$$\hat{X}_F = X_F + v_X$$
$$\hat{H}_F = H_F + v_H$$

(keine Linearisierung erforderlich)

Raumstrecke

Beobachtungsgleichung:

$$\hat{s}_{AB} = \sqrt{(X_B - X_A)^2 + (Y_B - Y_A)^2 + (H_B - H_A)^2} + v_s$$

linearisiert:

$$\hat{s}_{AB} = \left(\frac{X_A - X_B}{s_{AB}}\right)_o dX_A + \left(\frac{Y_A - Y_B}{s_{AB}}\right)_o dY_A + \left(\frac{H_A - H_B}{s_{AB}}\right)_o dH_A +$$

$$+ \left(\frac{X_B - X_A}{s_{AB}}\right)_o dX_B + \left(\frac{Y_B - Y_A}{s_{AB}}\right)_o dY_B + \left(\frac{H_B - H_A}{s_{AB}}\right)_o dH_B + v_s$$

Zenitdistanz

Beobachtungsgleichung:

$$\hat{z}_{IA} = \tan^{-1}\frac{H_A - H_I}{\sqrt{(X_A - X_I)^2 + (Y_A - Y_I)^2}} + C + v_z$$

linearisiert:

$$\hat{z}_{IA} = \left(\frac{X_A - X_I}{d_{IA}^2}\tan z_{IA}\right)_o dX_A + \left(\frac{Y_A - Y_I}{d_{IA}^2}\tan z_{IA}\right)_o dY_A + \left(\frac{1}{d_{IA}}\cos z_{IA}\right)_o dH_A -$$

$$- \left[\left(\frac{X_A - X_I}{d_{IA}^2}\tan z_{IA}\right)_o dX_I + \left(\frac{Y_A - Y_I}{d_{IA}^2}\tan z_{IA}\right)_o dY_I + \left(\frac{1}{d_{IA}}\cos z_{IA}\right)_o dH_I\right] + v_z$$

mit $d_{IA} = \sqrt{(X_A - X_I)^2 + (Y_A - Y_I)^2 + (H_A - H_I)^2}$.

4.3 Zusätzliche Analysen

Zur Darstellung der Fehlereigenschaften von Punkten verwendet man **Fehlerellipsen**. Da eine Ausgleichung nur Sinn macht, wenn keine **groben Fehler** in den Messdaten enthalten sind, sollte nach diesen bereits vor der Ausgleichung gesucht werden. Ist ein grober Fehler unerkannt geblieben, so gibt es auch nach der Ausgleichung Möglichkeiten zur Suche. Auch bei der **Planung** von Vermessungsnetzen hilft die Ausgleichung mögliche Inkonsistenzen zu vermeiden.

4.3.1 Fehlerellipsen

Um die Genauigkeit eines berechneten 2D-Punktes zu beschreiben, benötigt man eigentlich eine zweidimensionale Normalverteilung. Die Projektion dieser Verteilung auf die X-Y-Ebene ergibt eine Schar von Ellipsen; davon leitet sich die **Fehlerellipse** ab. Zu ihrer Berechnung werden die zum jeweiligen Punkt gehörenden Elemente der Kovarianz-Matrix der ausgeglichenen Koordinatenwerte $\hat{\mathbf{K}}_{\hat{x}\hat{x}}$ verwendet.

Die Standard-Fehlerellipse ist bestimmt durch:

- **Orientierung** t_e
- **orthogonales Achsenkreuz** a_e, b_e (große und kleine Halbachse)

Die Orientierung t_e berechnet sich mit den Elementen q_{xx}, q_{yy} und q_{xy} der Kovarianz-Matrix $\hat{\mathbf{K}}_{\hat{x}\hat{x}}$ aus:

$$2t_e = \tan^{-1} \frac{2q_{xy}}{q_{yy} - q_{xx}}$$

Große und kleine Halbachse ergeben sich aus:

$$a_e = \sigma_0 \sqrt{q_{xx} \sin^2 t + 2q_{xy} \cos t \sin t + q_{yy} \cos^2 t}$$
$$b_e = \sigma_0 \sqrt{q_{xx} \cos^2 t - 2q_{xy} \cos t \sin t + q_{yy} \sin^2 t}$$

Bereits bei der **Planung** können Vermessungsnetze dahingehend analysiert werden, ob alle Punkte mit näherungsweise derselben Genauigkeit versehen sind, d.h. etwa gleich große Fehlerellipsen besitzen, die im Idealfall kreisrund sind.

4.3.2 Aufdeckung von groben Fehlern

Grobe Fehler können mit Hilfe der in der Ausgleichung erstellten Matrizen und bestimmten Parametern ermittelt werden.

Methoden vor der Ausgleichung

Kontrollberechnungen vor der Ausgleichung bzw. bei der Erstellung der Matrizen können bereits Hinweise auf Fehler liefern. Dabei treten zwei Fälle auf:

- Wurde die fehlerhafte Beobachtung bei der Kontrollberechnung nicht verwendet, ergibt sich ein großer Fehler im Widerspruchsvektor **w** für dieses Element.
- Wurde die fehlerhafte Beobachtung bei der Kontrollberechnung verwendet, ergeben sich große Fehler bei (Kontroll-)Berechnung mit anderen Beobachtungen.

Methoden nach der Ausgleichung

Betrag und Richtung der **Residuen** können einen Hinweis auf noch vorhandene Fehler geben:

- Beobachtung mit dem größten **Residuums-Betrag** herausnehmen und Ausgleichung nochmals berechnen. Manchmal wird ein Fehler jedoch auf mehrere ausgeglichene Elemente verschmiert, dann hilft nur Versuch und Irrtum.

- Die **Richtungen der Residuen** sollten in einem Streckenzug (Polygon) normalerweise abwechselnd sein, bei einem Fehler tritt Gleichartigkeit ein. Zur Fehlersuche verdächtige Streckenzüge eines größeren Netzes getrennt berechnen.

Hinweise zur Aufdeckbarkeit

Aus den Ausgleichungsergebnissen lässt sich ein weiterer Parameter ableiten (siehe oben: Formeln zur *Vermittelnden Ausgleichung*), der einen Hinweis geben kann, ob ein Fehler in einer bestimmten Beobachtung leicht aufgedeckt werden kann. Dieser Parameter wird **Redundanzanteil r** genannt, womit sich seine Funktion bereits erklärt:

- Beobachtungen mit einem **niedrigen Redundanzanteil** (nahe 0) tragen nur wenig zur Gesamtredundanz bei. Die Residuen dieser Beobachtungen werden kaum beeinflusst, ein möglicher Fehler ist schwieriger zu finden.

- Beobachtungen mit einem **hohen Redundanzanteil** (nahe 1) tragen viel zur Gesamtredundanz bei. Die Residuen dieser Beobachtungen werden stark beeinflusst, ein möglicher Fehler ist einfacher zu finden.

Güte einer Ausgleichung

Der **Redundanzanteil** kann bereits bei der **Planung** einer Vermessung verwendet werden, um spätere Fehlerquellen zu vermeiden. In einem Netz sind Regionen mit kleinen Redunanzanteilen schwach kontrolliert. Die Gesamtredundanz sollte daher möglichst gleichmäßig über die Fläche verteilt sein.
Mit einem **Hypothesentest** kann sowohl die Güte einer Ausgleichung beurteilt als auch eine Probe auf grobe Fehler durchgeführt werden.
Im ersten Fall kann als Testgröße das Verhältnis aus Varianz der Gewichtseinheit a priori und derjenigen a posteriori verwendet werden (Chi-Quadrat-Test). Je nach Einstufung dieses Verhältnisses ist die Ausgleichung als ganze statistisch in Ordnung oder nicht.
Im zweiten Fall kann das **Data Snooping** verwendet werden, um nach Ausreißern zu suchen, die mit den oben beschriebenen Methoden nicht entdeckt wurden (t-Test). Hierzu setzt man die Irrtumswahrscheinlichkeit möglichst klein, z.B. $\alpha = 0.3\%$ entspricht einem sog. „3-Sigma-Fehler".

Kapitel 5

Anwendung der Ausgleichungsrechnung

5.1 Praktische Anwendung in MensorGIS

5.1.1 Ausgleichungsmodelle

Das Ausgleichungsmodell der **Vermittelnden Ausgleichung** nach der L2-Norm wurde in einer DLL umgesetzt für folgende Beobachtungstypen:

- Höhenanschluss, Lageanschluss, Höhenfestpunkt, Lagefestpunkt,
- Höhenunterschied, Horizontalstrecke, Raumstrecke,
- Zenitdistanz, Horizontalwinkel, Horizontalrichtung, Richtungswinkel.

5.1.2 Benutzeroberfläche

Die Benutzeroberfläche zur Netzausgleichung lässt sowohl den Import von speziell formatierten Text-Dateien, als auch die direkte Eingabe der auszugleichenden Daten zu. Dabei wird zwischen Koordinaten, Beobachtungen und Orientierungsunbekannten unterschieden.

Zwingend notwendig vor dem Start der Ausgleichung sind nur die Auswahl der **Netz-Dimension** (Höhe, Lage, Raum) und die Überprüfung der Abbruchbedingungen (zu unterschreitende Größe der Verbesserungen und Anzahl der Iterationen).

Außerdem können die **Einheiten-Faktoren** für metrische Größen (km, m, dm, cm, mm) und Winkel-Größen (gon, dgon, cgon, mgon) sowie der **Varianzfaktor a priori** festgelegt werden. Bei **Nivellement**-Daten kann die Gewichtseinheit je nivelliertem Höhenunterschied, bei **trigonometrischer Höhenbestimmung** kann der Refraktionskoeffizient eingegeben werden.

Optional ist auch eine Ausgleichung mit **Re-Gewichtung** möglich (mindestens 2 Iterationen einstellen!); der Re-Gewichtungsfaktor kann ebenfalls eingegeben werden.

Die Ausgabe des numerischen Ergebnisses erfolgt in eine HTML-Datei, die der graphischen Netzskizze in eine SVG-Datei.

Es folgen Rechenbeispiele, zunächst zu Statistik und Matrizenrechnung, dann zur Ausgleichung.

5.2 Rechenbeispiele Statistik

Datensatz Winkelmessung: 268.5221, 268.5232, 268.5227, 268.5202, 268.5223, 268.5228.

5.2.1 Lageparameter

	Originaldaten	bereinigte Daten
Median	$q_{50} = 268.5225$	$q_{50} = 268.5225$
Arithmetisches Mittel	$\hat{x} = 268.5222$	$\hat{x} = 268.5226$
Geometrisches Mittel	$x_g = 268.5222$	$x_g = 268.5225$

Der Median ist die bessere Wahl, da der Wert 268.5202 wohl ein Ausreißer ist.

5.2.2 Streuungsmaße

	Originaldaten	bereinigte Daten
Spannweite	$R_x = 0.00300000$	$R_x = 0.00110000$
Quantilsabstand	$Q_x = 0.00060000$	$Q_x = 0.00060000$
Empirische Varianz	$S^2 = 0.00000113$	$S^2 = 0.00000018$
Emp. Standardabweichung	$S = 0.00106097$	$S = 0.00042308$

Der Quantilsabstand ist die bessere Wahl, da der Wert 268.5202 ignoriert wird.
Der Wert 268.5202 liegt um etwa $2 \cdot S$ vom Arithmetischen Mittel entfernt, und damit nahe an der Fehlergrenze. In den bereinigten Daten wurde er auf 268.5222 gesetzt.

5.3 Rechenbeispiele Matrizenrechnung

5.3.1 Matrix-Inverse

$$\begin{pmatrix} 6 & 8 & 3 & | & 1 & 0 & 0 \\ 4 & 7 & 3 & | & 0 & 1 & 0 \\ 1 & 2 & 1 & | & 0 & 0 & 1 \end{pmatrix} \Rightarrow \begin{pmatrix} 1 & 2 & 1 & | & 0 & 0 & 1 \\ 4 & 7 & 3 & | & 0 & 1 & 0 \\ 6 & 8 & 3 & | & 1 & 0 & 0 \end{pmatrix} \Rightarrow \begin{pmatrix} 1 & 2 & 1 & | & 0 & 0 & 1 \\ 0 & -1 & -1 & | & 0 & 1 & -4 \\ 0 & -4 & -3 & | & 1 & 0 & -6 \end{pmatrix} \Rightarrow$$

$$\begin{pmatrix} 1 & 0 & -1 & | & 0 & 2 & -7 \\ 0 & -1 & -1 & | & 0 & 1 & -4 \\ 0 & 0 & 1 & | & 1 & -4 & 10 \end{pmatrix} \Rightarrow \begin{pmatrix} 1 & 0 & -1 & | & 0 & 2 & -7 \\ 0 & 1 & 1 & | & 0 & -1 & 4 \\ 0 & 0 & 1 & | & 1 & -4 & 10 \end{pmatrix} \Rightarrow \begin{pmatrix} 1 & 0 & 0 & | & 1 & -2 & 3 \\ 0 & 1 & 0 & | & -1 & 3 & -6 \\ 0 & 0 & 1 & | & 1 & -4 & 10 \end{pmatrix}$$

5.3.2 Lineares Gleichungssystem

Verfahren von Gauß und Jordan:

$$\begin{aligned} x_1 + 4x_2 &= 2 \\ 3x_1 + 5x_2 &= 7 \end{aligned}$$

$$\Leftrightarrow \begin{pmatrix} 1 & 4 & | & 2 \\ 3 & 5 & | & 7 \end{pmatrix} \Leftrightarrow \begin{pmatrix} 1 & 4 & | & 2 \\ 0 & -7 & | & 1 \end{pmatrix} \Leftrightarrow \begin{pmatrix} 1 & 4 & | & 2 \\ 0 & 1 & | & -1/7 \end{pmatrix} \Leftrightarrow \begin{pmatrix} 1 & 0 & | & 18/7 \\ 0 & 1 & | & -1/7 \end{pmatrix} \Leftrightarrow$$

$$\begin{aligned} x_1 + 0 &= 18/7 \\ 0 + x_2 &= -1/7 \end{aligned}$$

Verfahren von Gauß: eine Lösung:

$$x_1 + 4x_2 = 2$$
$$3x_1 + 5x_2 = 7$$

$$\Leftrightarrow \begin{pmatrix} 1 & 4 & | & 2 \\ 3 & 5 & | & 7 \end{pmatrix} \Leftrightarrow \begin{pmatrix} 1 & 4 & | & 2 \\ 0 & -7 & | & 1 \end{pmatrix} \Leftrightarrow$$

$$x_1 + 4x_2 = 2$$
$$0 - 7x_2 = 1$$

$$\Rightarrow \quad x_2 = -1/7 \quad \Rightarrow \quad x_1 - 4 \cdot 1/7 = 2 \quad \Rightarrow \quad x_1 = 18/7$$

Verfahren von Gauß: unendlich viele Lösungen:

$$2x_1 + 4x_2 = 2$$
$$3x_1 + 6x_2 = 3$$
$$5x_1 + 10x_2 = 5$$

$$\Leftrightarrow \begin{pmatrix} 2 & 4 & | & 2 \\ 3 & 6 & | & 3 \\ 5 & 10 & | & 5 \end{pmatrix} \Leftrightarrow \begin{pmatrix} 1 & 2 & | & 1 \\ 3 & 6 & | & 3 \\ 5 & 10 & | & 5 \end{pmatrix} \Leftrightarrow \begin{pmatrix} 1 & 2 & | & 1 \\ 0 & 0 & | & 0 \\ 0 & 0 & | & 0 \end{pmatrix} \Leftrightarrow$$

$$1x_1 + 2x_2 = 1$$
$$0x_1 + 0x_2 = 0$$
$$0x_1 + 0x_2 = 0$$

$$\Rightarrow \quad \text{def. } x_2 = t \quad \Rightarrow \quad x_1 = 1 - 2t$$

Verfahren von Gauß: keine Lösung:

$$x_1 + 2x_2 + 3x_3 = 4$$
$$2x_1 + 4x_2 + 6x_3 = 10$$

$$\Leftrightarrow \begin{pmatrix} 1 & 2 & 3 & | & 4 \\ 2 & 4 & 6 & | & 10 \end{pmatrix} \Leftrightarrow \begin{pmatrix} 1 & 2 & 3 & | & 4 \\ 0 & 0 & 0 & | & 2 \end{pmatrix} \Leftrightarrow$$

$$x_1 + 2x_2 + 3x_3 = 4$$
$$0x_1 + 0x_2 + 0x_3 = 2$$

$$\Rightarrow \quad \text{Widerspruch in 2. Gleichung} \quad \Rightarrow \quad L = \emptyset$$

5.4 Rechenbeispiele Ausgleichungsrechnung

Alle Rechenbeispiele behandeln die Vermittelnde Ausgleichung (L2-Norm).

5.4.1 Höhennetz

Gemessen wurde ein Nivellementnetz aus 5 Standpunkten, wobei 2 bekannte Punkte als Datums- bzw. Anschlusspunkte und 3 unbekannte Punkte zu bestimmen sind. Folgende

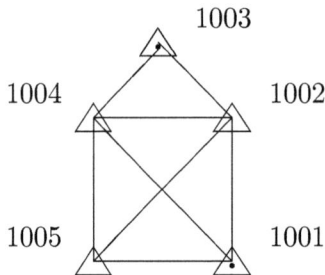

Beobachtungen liegen vor:
Höhen der bekannten 2 Punkte

Punktnr.	Höhe [m]	σ [m]	Bemerkung
1001	431,679	0,000	Datumspunkt
1003	476,139	0,007	Anschlusspunkt

8 Höhenunterschiede

von	nach	H.Diff. [m]	σ [m]	Niv.Strecke [m]
1001	1002	42,664	0,081	5610
1001	1004	68,061	0,081	7540
1001	1005	0,221	0,081	5270
1002	1005	-42,430	0,081	6950
1002	1004	25,397	0,081	6720
1002	1003	1,806	0,081	3890
1003	1004	23,588	0,081	4700
1004	1005	-67,822	0,081	5980

Mittels Differenzbildung werden Näherungswerte für die 3 Neupunkte berechnet; die 2 Datums-/Anschlusspunkte werden ebenfalls als Unbekannte geführt:
vorläufige Höhen der 3 Neupunkte und der 2 Datums-/Anschlusspunkte

Punktnr.	Höhe [m]	Bemerkung
1001	431,679	Datumspunkt
1002	474,340	Neupunkt
1003	476,139	Anschlusspunkt
1004	499,730	Neupunkt
1005	431,910	Neupunkt

Das Ausgleichungssystem besteht aus 10 Beobachtungsgleichungen und 5 Unbekannten, die Redundanz ist 5. Als Varianzfaktor a priori wird $\sigma_0^2 = 0,000044$ gewählt.

Als Referenzstrecke $s_{Ref.}$ für die Gewichtseinheit der Höhenunterschiede wird 10000 m gewählt. Elemente der Höhenunterschiede in P: $p_{ii} = 1/(s_{Niv.}/s_{Ref.})$.
Elemente der anderen Beobachtungen in P: $p_{ii} = 1/\sigma_b^2$, theoretisch für $\sigma_b = 0.0 \rightarrow p_{ii} = \infty$.
Die Matrizen für die Ausgleichung werden aufgestellt:

Gewichtsmatrix P

1.00e+15	0.00e+0	0.00e+0	0.00e+0	0.00e+0	0.00e+0	0.00e+0	0.00e+0	0.00e+0	0.00e+0
0.00e+0	8.98e-1	0.00e+0	0.00e+0	0.00e+0	0.00e+0	0.00e+0	0.00e+0	0.00e+0	0.00e+0
0.00e+0	0.00e+0	1.78e+0	0.00e+0	0.00e+0	0.00e+0	0.00e+0	0.00e+0	0.00e+0	0.00e+0
0.00e+0	0.00e+0	0.00e+0	1.33e+0	0.00e+0	0.00e+0	0.00e+0	0.00e+0	0.00e+0	0.00e+0
0.00e+0	0.00e+0	0.00e+0	0.00e+0	1.90e+0	0.00e+0	0.00e+0	0.00e+0	0.00e+0	0.00e+0
0.00e+0	0.00e+0	0.00e+0	0.00e+0	0.00e+0	1.44e+0	0.00e+0	0.00e+0	0.00e+0	0.00e+0
0.00e+0	0.00e+0	0.00e+0	0.00e+0	0.00e+0	0.00e+0	1.49e+0	0.00e+0	0.00e+0	0.00e+0
0.00e+0	0.00e+0	0.00e+0	0.00e+0	0.00e+0	0.00e+0	0.00e+0	2.57e+0	0.00e+0	0.00e+0
0.00e+0	0.00e+0	0.00e+0	0.00e+0	0.00e+0	0.00e+0	0.00e+0	0.00e+0	2.13e+0	0.00e+0
0.00e+0	0.00e+0	0.00e+0	0.00e+0	0.00e+0	0.00e+0	0.00e+0	0.00e+0	0.00e+0	1.67e+0

Jacobimatrix A

1.0000000e+000	0.0000000e+000	0.0000000e+000	0.0000000e+000	0.0000000e+000
0.0000000e+000	0.0000000e+000	1.0000000e+000	0.0000000e+000	0.0000000e+000
-1.0000000e+000	1.0000000e+000	0.0000000e+000	0.0000000e+000	0.0000000e+000
-1.0000000e+000	0.0000000e+000	0.0000000e+000	1.0000000e+000	0.0000000e+000
-1.0000000e+000	0.0000000e+000	0.0000000e+000	0.0000000e+000	1.0000000e+000
0.0000000e+000	-1.0000000e+000	0.0000000e+000	0.0000000e+000	1.0000000e+000
0.0000000e+000	-1.0000000e+000	0.0000000e+000	1.0000000e+000	0.0000000e+000
0.0000000e+000	-1.0000000e+000	1.0000000e+000	0.0000000e+000	0.0000000e+000
0.0000000e+000	0.0000000e+000	-1.0000000e+000	1.0000000e+000	0.0000000e+000
0.0000000e+000	0.0000000e+000	0.0000000e+000	-1.0000000e+000	1.0000000e+000

Beobachtungs- b und Widerspruchsvektor w

4.316790000e+002	0.0000000e+000
4.761390000e+002	0.0000000e+000
4.266400000e+001	3.0000000e-003
6.806100000e+001	1.0000000e-002
2.210000000e-001	-1.0000000e-002
-4.243000000e+001	0.0000000e+000
2.539700000e+001	7.0000000e-003
1.806000000e+000	7.0000000e-003
2.358800000e+001	-3.0000000e-003
-6.782200000e+001	-2.0000000e-003

Unbekanntenvektor $\tilde{x}$

4.316790000e+002
4.743400000e+002
4.761390000e+002
4.997300000e+002
4.319100000e+002

Die Ausgleichung ergibt folgende Ergebnisse:
Der Varianzfaktor a posteriori ist $\sigma_0^2 = 0,000050680$.
Ausgeglichene Beobachtungen: 8 Höhenunterschiede

von	nach	H.Diff. [m]	σ [m]	Verb. [gon]	N.Verb. [gon]	Red.Ant.
1001	1002	42,660	0,004	-0,004	1,1063	0,56
1001	1004	68,054	0,004	-0,007	1,3127	0,64
1001	1005	0,227	0,004	0,006	1,7706	0,47
1002	1005	-42,432	0,004	-0,002	0,5048	0,58
1002	1004	25,395	0,003	-0,002	0,4486	0,65
1002	1003	1,805	0,003	-0,001	0,1978	0,40
1003	1004	23,589	0,004	0,001	0,4403	0,46
1004	1005	-67,827	0,004	-0,005	1,3042	0,52

Ausgeglichene Unbekannte: Höhen der 3 Neupunkte und der 2 Datums-/Anschlusspunkte

Punktnr.	Höhe [m]	σ_h [m]	Δx [m]	Red.Ant.
1001	431,679	0,000	0,000	0,00
1002	474,339	0,004	-0,001	0,71
1003	476,144	0,004	0,005	—
1004	499,733	0,004	0,003	—
1005	431,906	0,004	-0,004	—

5.4.2 Lagenetz

Gemessen wurde ein Netz, bestehend aus 4 Standpunkten, wobei 2 bekannte Punkte als Anschlusspunkte und 2 unbekannte Punkte zu bestimmen sind.
Folgende Beobachtungen liegen vor:
Koordinaten der bekannten 2 Punkte

Punktnr.	Rechts [m]	Hoch [m]	σ [m]	Bemerkung
1001	600,000	1300,000	0,010	Anschlusspunkt
1002	1000,000	400,000	0,010	Anschlusspunkt

3 (Horizontal-)Strecken

von	nach	Strecke [m]	σ [m]
2001	1001	499,980	0,028
2001	2002	500,005	0,028
1001	2002	800,025	0,028

3 (Horizontal-)Richtungen

in	nach	Winkel [gon]	σ [gon]
2001	1001	319,4060	0,0032
2001	1002	178,4386	0,0032
2001	2002	37,4699	0,0032

Mittels Dreiecksauflösungen werden Näherungswerte für die 2 Neupunkte berechnet; die 2

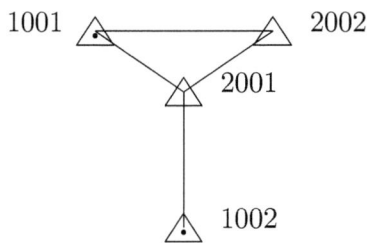

Anschlusspunkte werden ebenfalls als Unbekannte geführt:
Koordinaten der 2 Neupunkte und der 2 Anschlusspunkte

Punktnr.	Rechts [m]	Hoch [m]	Bemerkung
1001	600,000	1300,000	Anschlusspunkt
1002	1000,000	400,000	Anschlusspunkt
2001	1000,000	1000,000	Neupunkt
2002	1400,000	1300,000	Neupunkt

Der Richtungssatz in 2001 benötigt 1 Orientierungsunbekannte; Näherungswert:

Punktnr.	ω [gon]	σ [gon]	Bemerkung
2001	21,5600	0,0012	Sigma gegeben

Das Ausgleichungssystem besteht aus 10 Beobachtungsgleichungen und 9 Unbekannten, die Redundanz ist 1. Als Varianzfaktor a priori wird $\sigma_0^2 = 1,0$ gewählt.
Die Matrizen für die Ausgleichung werden aufgestellt:
Gewichtsmatrix P

1.00e+4	0.00e+0	0.00e+0	0.00e+0	0.00e+0	0.00e+0	0.00e+0	0.00e+0	0.00e+0	0.00e+0
0.00e+0	1.00e+4	0.00e+0	0.00e+0	0.00e+0	0.00e+0	0.00e+0	0.00e+0	0.00e+0	0.00e+0
0.00e+0	0.00e+0	1.00e+4	0.00e+0	0.00e+0	0.00e+0	0.00e+0	0.00e+0	0.00e+0	0.00e+0
0.00e+0	0.00e+0	0.00e+0	1.00e+4	0.00e+0	0.00e+0	0.00e+0	0.00e+0	0.00e+0	0.00e+0
0.00e+0	0.00e+0	0.00e+0	0.00e+0	1.28e+3	0.00e+0	0.00e+0	0.00e+0	0.00e+0	0.00e+0
0.00e+0	0.00e+0	0.00e+0	0.00e+0	0.00e+0	1.28e+3	0.00e+0	0.00e+0	0.00e+0	0.00e+0
0.00e+0	0.00e+0	0.00e+0	0.00e+0	0.00e+0	0.00e+0	1.28e+3	0.00e+0	0.00e+0	0.00e+0
0.00e+0	0.00e+0	0.00e+0	0.00e+0	0.00e+0	0.00e+0	0.00e+0	9.77e+4	0.00e+0	0.00e+0
0.00e+0	0.00e+0	0.00e+0	0.00e+0	0.00e+0	0.00e+0	0.00e+0	0.00e+0	9.77e+4	0.00e+0
0.00e+0	0.00e+0	0.00e+0	0.00e+0	0.00e+0	0.00e+0	0.00e+0	0.00e+0	0.00e+0	9.77e+4

Jacobimatrix A

1.00e+0	0.00e+0	0.00e+0	0.00e+0	0.00e+0	0.00e+0	0.00e+0	0.00e+0	0.00e+0
0.00e+0	1.00e+0	0.00e+0	0.00e+0	0.00e+0	0.00e+0	0.00e+0	0.00e+0	0.00e+0
0.00e+0	0.00e+0	1.00e+0	0.00e+0	0.00e+0	0.00e+0	0.00e+0	0.00e+0	0.00e+0
0.00e+0	0.00e+0	0.00e+0	1.00e+0	0.00e+0	0.00e+0	0.00e+0	0.00e+0	0.00e+0
6.00e-1	-8.00e-1	0.00e+0	0.00e+0	-6.00e-1	8.00e-1	0.00e+0	0.00e+0	0.00e+0
0.00e+0	0.00e+0	0.00e+0	0.00e+0	-6.00e-1	-8.00e-1	6.00e-1	8.00e-1	0.00e+0
1.61e-16	-1.00e+0	0.00e+0	0.00e+0	0.00e+0	0.00e+0	-1.61e-16	1.00e+0	0.00e+0
1.02e-1	7.64e-2	0.00e+0	0.00e+0	-1.02e-1	-7.64e-2	0.00e+0	0.00e+0	-1.00e+0
0.00e+0	0.00e+0	3.41e-17	-1.06e-1	-3.41e-17	1.06e-1	0.00e+0	0.00e+0	-1.00e+0
0.00e+0	0.00e+0	0.00e+0	0.00e+0	1.02e-1	-7.64e-2	-1.02e-1	7.64e-2	-1.00e+0

157

Beobachtungs- b und Widerspruchsvektor w

1.300000000e+003	0.0000000e+000
6.000000000e+002	0.0000000e+000
4.000000000e+002	0.0000000e+000
1.000000000e+003	0.0000000e+000
4.999800000e+002	-2.0000000e-002
5.000050000e+002	5.0000000e-003
8.000250000e+002	2.5000000e-002
3.194060000e+002	-5.5293983e-004
1.784386000e+002	-1.4000000e-003
3.746990000e+001	-3.5470602e-003

Unbekanntenvektor $\tilde{x}$

1.300000000e+003
6.000000000e+002
4.000000000e+002
1.000000000e+003
1.000000000e+003
1.000000000e+003
1.300000000e+003
1.400000000e+003
2.156000000e+001

Die Ausgleichung ergibt folgende Ergebnisse:
Der Varianzfaktor a posteriori ist $\sigma_0^2 = 1,164948324$.
Ausgeglichene Beobachtungen: 3 (Horizontal-)Strecken

von	nach	Strecke [m]	σ [m]	Verb. [m]	N.Verb. [m]	Red.Ant.
2001	1001	499,994	0,027	0,014	1,0000	0,22
2001	2002	500,019	0,027	0,014	1,0000	0,22
1001	2002	800,007	0,024	-0,018	1,0000	0,35

Ausgeglichene Beobachtungen: 3 (Horizontal-)Richtungen

in	nach	Winkel [gon]	σ [gon]	Verb. [gon]	N.Verb. [gon]	Red.Ant.
2001	1001	319,4049	0,0033	-0,0011	1,0000	0,10
2001	1002	178,4386	0,0035	0,0000	0,0065	0,00
2001	2002	37,4710	0,0033	0,0011	1,0000	0,10

Ausgeglichene Unbekannte: Koordinaten der 2 Anschlusspunkte und der 2 Neupunkte

Punktnr.	Rechts [m]	Hoch [m]	σ_R [m]	σ_H [m]	Δx [m]	Δx [m]	Err.Ell. $a/b[m]/\theta[gon]$		
1001	600,000	1300,000	0,011	0,011	0,000	0,000	0,011	0,011	97,1
1002	1000,000	400,000	0,011	0,011	0,000	0,000	0,011	0,011	100,0
2001	999,998	1000,007	0,021	0,037	-0,002	0,007	0,037	0,021	195,2
2002	1400,007	1300,026	0,027	0,058	0,007	0,026	0,058	0,026	191,3

Ausgeglichene Unbekannte: 1 Orientierungsunbekannte

Punktnr.	ω [gon]	σ [gon]	Δx [gon]
2001	21,5612	0,0031	0,0012

5.4.3 Angeschlossener Polygonzug

Gemessen wurde ein beidseitig angeschlossener Polygonzug, bestehend aus 4 Standpunkten, also 2 Neupunkten. Auf den 2 bekannten Punkten wurden die Brechungswinkel zu 2 weiteren Festpunkten gemessen (Richtungsanschluss). Folgende Koordinaten sind gegeben

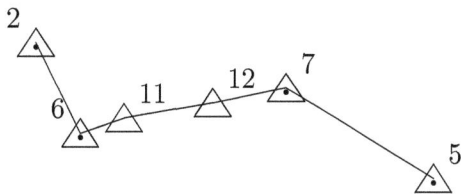

und folgende Beobachtungen liegen vor:
Koordinaten der bekannten 4 Punkte

Punktnr.	Rechts [m]	Hoch [m]	Bemerkung
2	32465486,700	5379619,550	Festpunkt (Richtungsanschluss)
6	32466572,253	5377033,157	Festpunkt, 1. Standpunkt
7	32472101,788	5378309,988	Festpunkt, 4. Standpunkt
5	32476248,450	5375714,110	Festpunkt (Richtungsanschluss)

3 (Horizontal-)Strecken

von	nach	Strecke [m]	σ [m]
6	11	1475,357	0,005
11	12	2207,785	0,005
12	7	1998,432	0,005

4 (Horizontal-)Winkel

in	von	nach	Winkel [gon]	σ [gon]
6	2	11	114,3653	0,0005
11	6	12	192,7690	0,0005
12	11	7	205,2299	0,0005
7	12	5	248,5423	0,0005

Mittels Polarem Anhängen werden Näherungswerte für die 2 Neupunkte berechnet:
Koordinaten der 2 Neupunkte

Punktnr.	Rechts [m]	Hoch [m]	Bemerkung
11	32468025,910	5377285,300	2. Standpunkt
12	32470144,450	5377906,740	3. Standpunkt

Das Ausgleichungssystem besteht aus 7 Beobachtungsgleichungen und 4 Unbekannten, die Redundanz ist 3. Als Varianzfaktor a priori wird $\sigma_0^2 = 1,0$ gewählt.
Die Matrizen für die Ausgleichung werden aufgestellt:
Gewichtsmatrix P

```
4.0000e+004   0.0000e+000   0.0000e+000   0.0000e+000   0.0000e+000   0.0000e+000   0.0000e+000
0.0000e+000   4.0000e+004   0.0000e+000   0.0000e+000   0.0000e+000   0.0000e+000   0.0000e+000
0.0000e+000   0.0000e+000   4.0000e+004   0.0000e+000   0.0000e+000   0.0000e+000   0.0000e+000
0.0000e+000   0.0000e+000   0.0000e+000   4.0000e+006   0.0000e+000   0.0000e+000   0.0000e+000
0.0000e+000   0.0000e+000   0.0000e+000   0.0000e+000   4.0000e+006   0.0000e+000   0.0000e+000
0.0000e+000   0.0000e+000   0.0000e+000   0.0000e+000   0.0000e+000   4.0000e+006   0.0000e+000
0.0000e+000   0.0000e+000   0.0000e+000   0.0000e+000   0.0000e+000   0.0000e+000   4.0000e+006
```

Jacobimatrix A

```
 1.7090240e-001    9.8528796e-001    0.0000000e+000    0.0000000e+000
-2.8147424e-001   -9.5956879e-001    2.8147424e-001    9.5956879e-001
 0.0000000e+000    0.0000000e+000   -2.0178092e-001   -9.7943068e-001
-4.2515230e-002    7.3744478e-003    0.0000000e+000    0.0000000e+000
 7.0184371e-002   -1.5490750e-002   -2.7669141e-002    8.1163023e-003
-2.7669141e-002    8.1163023e-003    5.8869652e-002   -1.4544187e-002
 0.0000000e+000    0.0000000e+000   -3.1200511e-002    6.4278850e-003
```

Beobachtungs- b und Widerspruchsvektor w

```
1.475357000e+003    -5.5880110e-003
2.207785000e+003    -1.9204452e-002
1.998432000e+003    -1.2644154e-002
1.143653000e+002     4.9047333e-004
1.927690000e+002     2.3378084e-005
2.052299000e+002    -1.9957606e-004
2.485423000e+002    -3.2097027e-004
```

Unbekanntenvektor $\tilde{x}$

```
5.377285300e+006
3.246802591e+007
5.377906740e+006
3.247014445e+007
```

Die Ausgleichung ergibt folgende Ergebnisse:
Der Varianzfaktor a posteriori ist $\sigma_0^2 = 6,702385312$.
Ausgeglichene Beobachtungen: 3 (Horizontal-)Strecken

von	nach	Strecke [m]	σ [m]	Verb. [m]	N.Verb. [m]	Red.Ant.
6	11	1475,369	0,011	0,012	1,6649	0,33
11	12	2207,798	0,011	0,013	1,6781	0,33
12	7	1998,444	0,011	0,012	1,6687	0,33

Ausgeglichene Beobachtungen: 4 (Horizontal-)Winkel

in	von	nach	Winkel [gon]	σ [gon]	Verb. [gon]	N.Verb. [gon]	Red.Ant.
6	2	11	114,3649	0,0008	-0,0004	0,4117	0,64
11	6	12	192,7690	0,0011	0,0000	0,0583	0,33
12	11	7	205,2299	0,0011	0,0000	0,0565	0,30
7	12	5	248,5427	0,0007	0,0004	0,3977	0,72

Ausgeglichene Unbekannte: Koordinaten der 2 Neupunkte

P.nr.	Rechts [m]	Hoch [m]	σ_R [m]	σ_H [m]	Δx [m]	Δx [m]	Err.Ell.	a/b[m]/θ[gon]	
11	32468025,917	5377285,300	0,011	0,018	0,007	0,000	0,018	0,011	187,8
12	32470144,451	5377906,736	0,011	0,021	0,001	-0,004	0,021	0,011	186,5

5.4.4 Raumnetz

Gemessen wurde 1 Neupunkt von 2 bekannten Punkten aus.
Folgende Koordinaten sind gegeben und folgende Beobachtungen liegen vor:
Koordinaten der bekannten 2 Punkte

Punktnr.	Rechts [m]	Hoch [m]	Höhe [m]	Bemerkung
1001	10000,000	10000,000	150,000	Festpunkt
1002	25312,456	10000,000	201,314	Festpunkt

2 Höhenunterschiede

von	nach	H.Diff. [m]	σ [m]
1001	2001	201,140	0,100
1002	2001	149,750	0,100

2 Schrägstrecken

von	nach	Strecke [m]	σ [m]
2001	1001	11097,850	0,200
2001	1002	11556,040	0,250

2 Zenitdistanzen

in	nach	Winkel [gon]	σ [gon]
2001	1002	100,8253	0,0007
2001	1001	101,1536	0,0008

2 Horizontalwinkel

in	von	nach	Winkel [gon]	σ [gon]
1001	2001	1002	54,1631	0,0003
1002	1001	2001	51,3479	0,0004

Mittels Bogenschnitt und Trigonometrischer Höhenbestimmung werden Näherungswerte

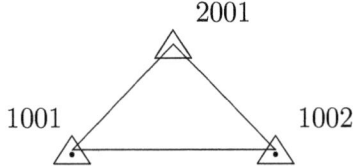

für den 1 Neupunkt berechnet:
Koordinaten des 1 Neupunkts

Punktnr.	Rechts [m]	Hoch [m]	Höhe [m]	Bemerkung
2001	17316,400	18341,900	351,300	Neupunkt

Das Ausgleichungssystem besteht aus 8 Beobachtungsgleichungen und 3 Unbekannten, die Redundanz ist 5. Als Varianzfaktor a priori wird $\sigma_0^2 = 1,0$ gewählt.
Als Einheiten-Faktor für metrische Größen wird 100 (cm), für Winkelgrößen 1000 (mgon) gewählt; dies wirkt sich auf die Gewichtung aus.
Die Matrizen für die Ausgleichung werden aufgestellt:
Gewichtsmatrix P

1.00e-002	0.00e+000	0.00e+000	0.00e+000	0.00e+000	0.00e+000	0.00e+000	0.00e+000
0.00e+000	1.00e-002	0.00e+000	0.00e+000	0.00e+000	0.00e+000	0.00e+000	0.00e+000
0.00e+000	0.00e+000	2.50e-003	0.00e+000	0.00e+000	0.00e+000	0.00e+000	0.00e+000
0.00e+000	0.00e+000	0.00e+000	1.60e-003	0.00e+000	0.00e+000	0.00e+000	0.00e+000
0.00e+000	0.00e+000	0.00e+000	0.00e+000	2.04e+000	0.00e+000	0.00e+000	0.00e+000
0.00e+000	0.00e+000	0.00e+000	0.00e+000	0.00e+000	1.56e+000	0.00e+000	0.00e+000
0.00e+000	0.00e+000	0.00e+000	0.00e+000	0.00e+000	0.00e+000	1.11e+001	0.00e+000
0.00e+000	0.00e+000	0.00e+000	0.00e+000	0.00e+000	0.00e+000	0.00e+000	6.25e+000

Jacobimatrix A

0.0000000e+000	0.0000000e+000	1.0000000e+000
0.0000000e+000	0.0000000e+000	1.0000000e+000
7.5168261e-001	6.5927554e-001	1.8138998e-002
7.2185238e-001	-6.9192535e-001	1.2978788e-002
-5.1615799e-002	4.9475877e-002	5.5084189e+000
-7.8229202e-002	-6.8612203e-002	5.7355912e+000
3.7832019e+000	-4.3134728e+000	0.0000000e+000
3.8123779e+000	3.9772702e+000	0.0000000e+000

Beobachtungs- b und Widerspruchsvektor w

2.011400000e+004	-1.6000000e+001
1.497500000e+004	-2.3600000e+001
1.109785000e+006	2.1393370e+001
1.155604000e+006	-2.0086653e+001
1.008253000e+005	-9.7850338e-001
1.011536000e+005	-1.2278203e+000
5.416310000e+004	-3.3123084e-001
5.134790000e+004	4.9612699e-001

Unbekanntenvektor $\tilde{x}$

1.834190000e+006
1.731640000e+006
3.513000000e+004

Die Ausgleichung ergibt folgende Ergebnisse:
Der Varianzfaktor a posteriori ist $\sigma_0^2 = 1,957203207$.
Ausgeglichene Beobachtungen: 2 Höhenunterschiede

von	nach	H.Diff. [m]	σ [m]	Verb. [m]	N.Verb. [m]	Red.Ant.
1001	2001	201,298	0,001	0,158	1,1296	1,00
1002	2001	149,984	0,001	0,234	1,6729	1,00

Ausgeglichene Beobachtungen: 2 Schrägstrecken

von	nach	Strecke [m]	σ [m]	Verb. [m]	N.Verb. [m]	Red.Ant.
2001	1001	11097,637	0,001	-0,213	0,7617	1,00
2001	1002	11556,240	0,001	0,200	0,5728	1,00

Ausgeglichene Beobachtungen: 2 Zenitdistanzen

von	nach	Winkel [gon]	σ [m]	Verb. [m]	N.Verb. [m]	Red.Ant.
2001	1002	100,8252	0,0007	-0,0010	0,1585	0,45
2001	1001	101,1537	0,0008	0,0009	0,1057	0,55

Ausgeglichene Beobachtungen: 2 (Horizontal-)Winkel

in	von	nach	Winkel [gon]	σ [gon]	Verb. [gon]	N.Verb. [gon]	Red.Ant.
1001	2001	1002	54,1631	0,0004	0,0000	0,4081	0,00
1002	1001	2001	51,3479	0,0006	0,0000	0,4391	0,00

Ausgeglichene Unbekannte: Koordinaten des 1 Neupunkts

P.Nr.	Rechts [m]	Hoch [m]	Höhe [m]	σ_R [m]	σ_H [m]	σ_h [m]	Err.Ell. $a/b[m]/\theta[gon]$		
2001	17316,401	18341,900	351,298	0,001	0,001	0,001	0,001	0,001	40,1

Hinweis: Alle Ergebnisse können in dieser Form direkt der vom Programm erzeugten HTML-Datei entnommen werden.

gearwheelsoft2@hotmail.com

5.5 Programm-Module und Bedienung in MensorGIS

MensorGIS benutzt drei Programmbibliotheken (DLLs) für die Ausgleichungsrechnung:

- ClassUtilsCs.dll: Hilfsroutinen zu Vektoren und Matrizen
- ClassMatrixCs.dll: Matrixoperationen
- ClassVermausCs.dll: Vermittelnde Ausgleichung

Dem Modul zur Vermittelnden Ausgleichung müssen alle erforderlichen Parameter übergeben werden. Es erzeugt daraus eine Ergebnis-Dokumentation in Form einer HTML-Datei und einer SVG-Graphik. Dabei werden folgende Schritte durchlaufen:

- Initialisierung und Steuerung des Ablaufs
- Ausgleichungs-Algorithmus (ggf. mit Iterationen)
    Erstellung der Matrizen/Vektoren für alle definierten Beobachtungsarten
    Berechnung des Ausgleichungs-Algorithmus inkl. Probe
- Erzeugung der ASCII-Ergebnisdateien und der HTML- und SVG-Datei

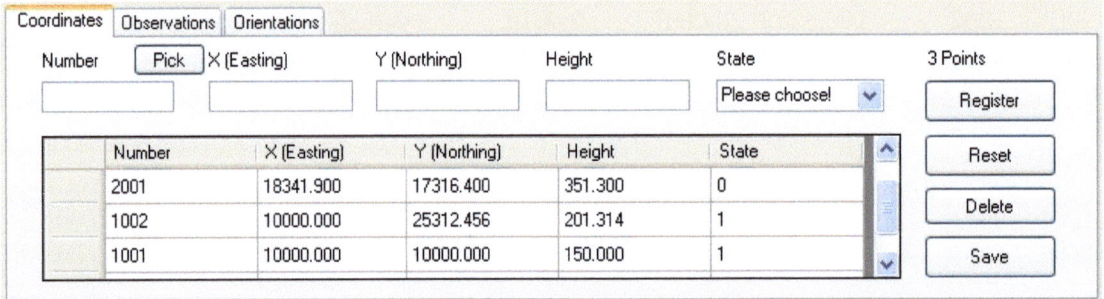

Abbildung 5.1: Ausgleichung: Eingabe der Koordinaten

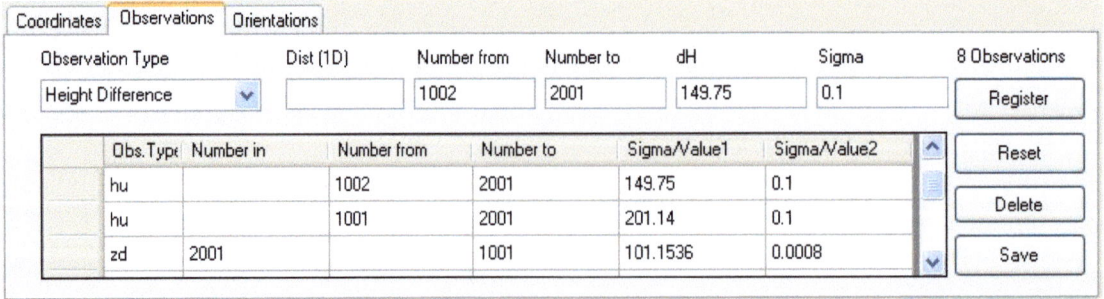

Abbildung 5.2: Ausgleichung: Eingabe der Beobachtungen

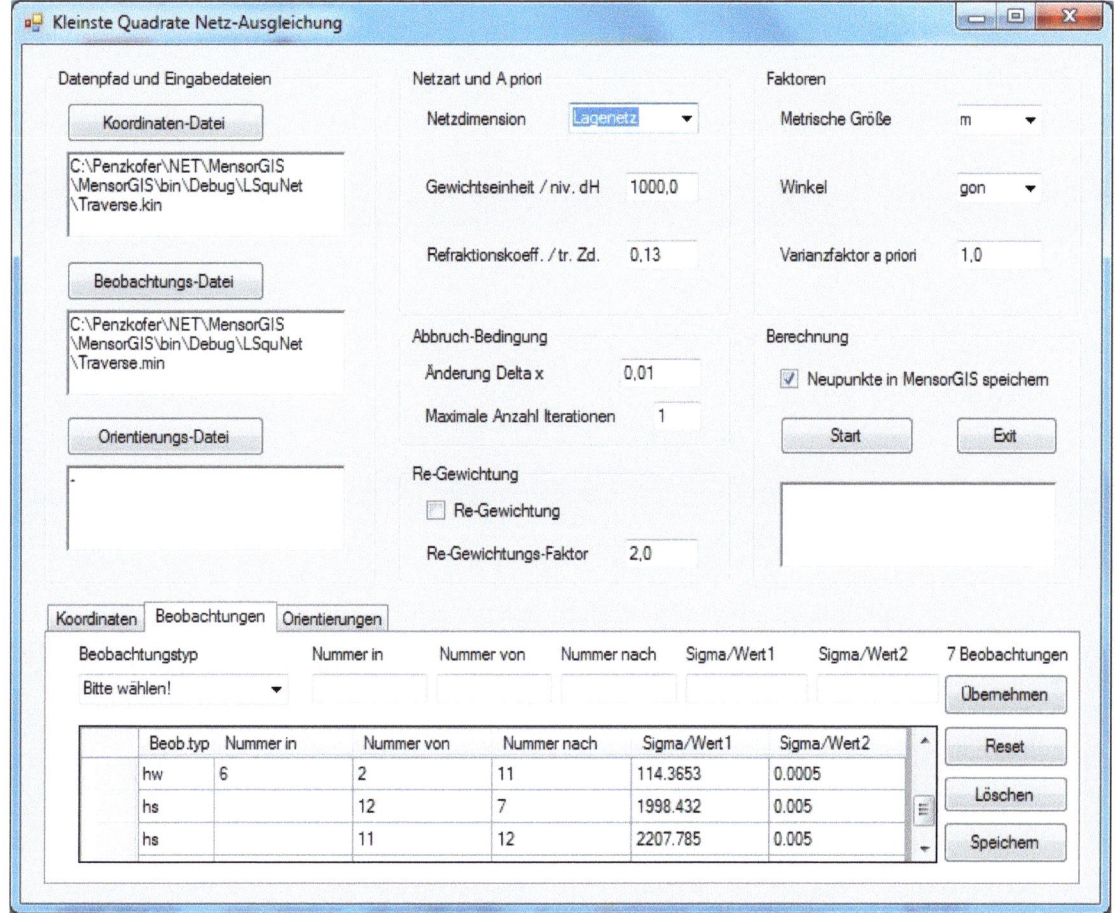

Abbildung 5.3: Ausgleichung: Hauptfenster

Das Hauptfenster erlaubt

- die Eingabe der Koordinaten, Beobachtungen und Orientierungen
- die Abspeicherung dieser Werte in Text-Dateien
- die Eingabe/Einstellung aller Ausgleichungs-Parameter
- den Start der Ausgleichungsberechnung
- die Übernahme der Neupunkte in den MensorGIS-Datenbestand

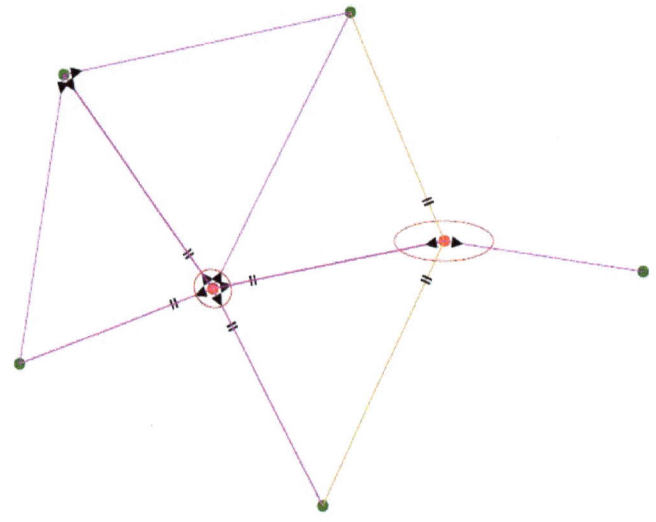

Abbildung 5.4: Ausgleichung: Netzskizze (2 Neupunkte)

Die Netzskizze stellt alle Punkte und Beobachtungen graphisch dar.
Die Fehlerellipsen der Neupunkte zeigen ihre Genauigkeiten an.

Die folgenden Seiten zeigen das Ergebnis der Ausgleichung eines beidseitig angeschlossenen Polygonzugs.

Least Squares Adjustment of a 2D-Network

calculated and created with MensorGIS.NET
Date/Time: 01.02.2014 02:36:51

Characteristica

Coordinates: C:\Penzkofer\NET\MensorGIS\MensorGIS\bin\Debug\LSquNet\Traverse.kin
Observations: C:\Penzkofer\NET\MensorGIS\MensorGIS\bin\Debug\LSquNet\Traverse.min
Redundance: 3 (7-4)
Iterations: 1
Maximum Change of the Unknown of the last Iteration: 0,006956
Variance Factor a priori: 1,000000000
Variance Factor a posteriori: 6,702385312
Factor for metric Units: 1
Factor for Angles: 1
Re-Weighting: no

Coordinates

Fixed Points

No	E	N	h
2	32465486,700	5379619,550	0,000
6	32466572,253	5377033,157	0,000
7	32472101,788	5378309,988	0,000
5	32476248,450	5375714,110	0,000

Abbildung 5.5: Ausgleichung: Dokumentation in HTML

Observations

Horizontal Distances

No(from)	No(to)	s(hor)	s(hor)(adj)	σ(s(hor))	σ(s(hor)(adj))	v(adj)	r	NV
6	11	01475,357	01475,369	0,005	0,011	0,012	0,33	1,6649
11	12	02207,785	02207,798	0,005	0,011	0,013	0,33	1,6781
12	7	01998,432	01998,444	0,005	0,011	0,012	0,33	1,6687

Horizontal Angles

No(in)	No(from)	No(to)	Δ t	Δ t(adj)	σ(Δ t)	σ(Δ t(adj))	v(adj)	r	NV
6	2	11	114,3653	114,3649	0,0005	0,0008	-0,0004	0,64	0,4117
11	6	12	192,7690	192,7690	0,0005	0,0011	0,0000	0,33	0,0583
12	11	7	205,2299	205,2299	0,0005	0,0011	0,0000	0,30	0,0565
7	12	5	248,5423	248,5427	0,0005	0,0007	0,0004	0,72	0,3977

Preliminary Values and Additions to the Unknowns

Coordinates

No	E(pri)	N(pri)	Δ(E(adj))	Δ(N(adj))
11	32468025,910	5377285,300	0,007	0,000
12	32470144,450	5377906,740	0,001	-0,004

Adjusted Unknowns

Coordinates

No	E(adj)	N(adj)	σ(E(adj))	σ(N(adj))	a	b	θ
11	32468025,917	5377285,300	0,011	0,018	0,018	0,011	187,8
12	32470144,451	5377906,736	0,011	0,021	0,021	0,011	186,5

Abbildung 5.6: Ausgleichung: Dokumentation in HTML (Forts.)

Kapitel 6

Anhänge

Anhang A: Bibliographie

Empfehlenswerte Bücher und Veröffentlichungen zu den Themen „Statistik" und „Ausgleichungsrechnung".

Abbildung 6.1: Banknote 10 Mark (Deutschland bis 2001)

Literaturverzeichnis

[1] Bleymüller, Josef, Statistik für Wirtschaftswissenschaftler, Vahlen, 2012

[2] Caspary, Wilhelm und Wichmann, Klaus, Auswertung von Messdaten, Oldenbourg, 2007

[3] Ghilani, Charles D., Adjustment Computations - Spatial Data Analysis, Wiley, 2010

[4] Gotthardt, Ernst, Einführung in die Ausgleichsrechnung, Wichmann, 1978

[5] Höpcke, Walter, Fehlerlehre und Ausgleichsrechnung, de Gruyter, 1980

[6] Mason, John, BASIC Matrix methods, Butterworths, 1984

[7] Miller, I., Freund, J.E., Johnson, R.A., Probability and Statistics for Engineers, Prentice-Hall, 1990

[8] Reißmann, Günter, Die Ausgleichungsrechnung, Verl. für Bauwesen, 1980

[9] Sachs, Andreas, Wahrscheinlichkeitsrechnung und Statistik, Hanser, 2007

[10] Sedgewick, Robert, Algorithmen in C, Addison-Wesley, 1993

[11] Voigt, Ch., Adamy, J., Formelsammlung der Matrizenrechnung, De Gruyter Oldenbourg, 2007

[12] Zwerenz, Karlheinz, Statistik - computergestützte Analyse, Oldenbourg, 2011

Anhang B: Zuätzliche Formeln

Zusammenstellung einiger grundlegender Mathematischer und Geodätischer Formeln.

Mathematik

a) Trigonometrische Funktionen
einige *Identitäten*:

$$\begin{aligned}
\sin(-x) &= -\sin(x) \\
\cos(-x) &= \cos(x) \\
\sin(x \pm y) &= \sin(x)\cos(y) \pm \cos(x)\sin(y) \\
\cos(x \pm y) &= \cos(x)\cos(y) \mp \sin(x)\sin(y) \\
\sin^2(x) + \cos^2(x) &= 1
\end{aligned}$$

Der *Umrechnungsfaktor* zwischen Gradmaß (Altgrad) und Bogenmaß beträgt:

$$\rho = \frac{2 \cdot 1 \cdot \pi}{360^o} = \frac{\pi}{180^o} = 0.01745329251994 [rad/^o]$$

Für Neugrad (Gon) gilt folgender Umrechnungsfaktor:

$$\rho_g = \frac{2 \cdot 1 \cdot \pi}{400^g} = \frac{\pi}{200^g} = 0.01570796326795 [rad/^g]$$

b) Differentialrechnung: *Ableitungen*

$(f+g)'(x)$	$=$	$f'(x) + g'(x)$	Linearität
$(af)'(x)$	$=$	$af'(x)$	Linearität
$(fg)'(x)$	$=$	$f'(x)g(x) + f(x)g'(x)$	Produktregel
$\left(\frac{f}{g}\right)'$	$=$	$\frac{f'(x)g(x) - f(x)g'(x)}{(g(x))^2}$	Quotientenregel
$(gf)'(x)$	$=$	$g'(f(x))f'(x)$	Kettenregel
$\int \frac{f'(x)}{f(x)} dx$	$=$	$\ln|f(x)| + C$	Logarithm. Integration
$\int u(x)v'(x) dx$	$=$	$[u(x)v(x)] - \int u'(x)v(x) dx$	Partielle Integration
$\int f(x) dx$	$=$	$\int f(x(t))x'(t) dt$	Substitutionsregel

Die Reihe

$$\left(\sum_{n=0}^{\infty} \frac{f^{(n)}(x_0)}{n!} (x - x_0) \right)$$

zu einer unendlich oft differenzierbaren Funktion $f : (a,b) \to \mathbf{R}$ heißt **Taylorreihe**. Ihre linearen Glieder werden für die *Taylor-Entwicklung* verwendet:

$$f(x_1^0, x_2^0, \ldots, x_n^0) + \frac{\partial f}{\partial x_1} dx_1 + \frac{\partial f}{\partial x_2} dx_2 + \ldots + \frac{\partial f}{\partial x_n} dx_n$$

Die Terme $\frac{\partial f}{\partial x_i}$ sind die **partiellen Ableitungen** nach den Variablen x_i.

c) Wahrscheinlichkeitsverteilungen
Diskrete Verteilungen:

$$P(X = k) = \binom{n}{k} \cdot p^k \cdot (1-p)^{n-k} \quad \text{für } k = 0, 1, \ldots, n \quad \textbf{Binomialverteilung}$$

$$P(X = k) = \frac{\lambda^k}{k!} \cdot e^{-\lambda} \quad \text{für } k = 0, 1, 2, \ldots \quad \textbf{Poisson-Verteilung}$$

$$P(X = m) = \frac{\binom{M}{m} \cdot \binom{N-M}{n-m}}{\binom{N}{n}} \quad \textbf{Hypergeometr. Verteilung}$$

Hierbei ist der **Binomial-Koeffizient**, der die Permutationen angibt, definiert als:

$$\binom{n}{k} = \frac{n \cdot (n-1) \cdot \ldots \cdot (n-k+1)}{k \cdot (k-1) \cdot \ldots \cdot 1} = \frac{n!}{k!(n-k)!}$$

Bei n unterschiedlichen Objekten gibt es $\binom{n}{k}$ Möglichkeiten, k Objekte auszuwählen.

Kontinuierliche Verteilungen:
Die Standard-Normalverteilung $N(0,1)$ ist durch ihre Dichte f (mit $\mu = 0$ und $\sigma = 1$) bereits in Kapitel 2.2.3 definiert.

- **Chi-Quadrat-Verteilung** (χ^2-Verteilung)
  Seien $U_1, U_2, \ldots, U_n$ normierte unabhängig normalverteilte Zufallsvariablen mit $U_i \propto N(0,1)$ $\forall i$. Dann besitzt die Summe ihrer Quadrate

$$Q = U_1^2 + U_2^2 + \ldots + U_n^2$$

  eine zentrale χ^2-Verteilung mit n Freiheitsgraden, kurz: $Q \propto \chi^2(n)$.

- **Student-Verteilung** (t-Verteilung)
  Seien U und Q zwei unabhängige Zufallsvariablen mit $U \propto N(0,1)$ und $Q \propto \chi^2(f)$. Dann besitzt die Zufallsvariable

$$T = \frac{U}{\sqrt{Q/f}}$$

  eine t-Verteilung mit f Freiheitsgraden.

- **Fisher-Verteilung** (F-Verteilung)
  Seien Q_1 und Q_2 zwei unabhängige zentral χ^2-verteilte Zufallsvariablen mit den Freiheitsgraden f_1 und f_2. Dann besitzt die Zufallsvariable

$$R = \frac{Q_1/f_1}{Q_2/f_2}$$

  eine F-Verteilung mit f_1, f_2 Freiheitsgraden.

d) Matrizenrechnung

Determinanten

Die Determinante $det(\mathbf{A})$ ist eine Zahl, die einer quadratischen Matrix $\mathbf{A}$ zugeordnet ist, und die Aussagen über deren Verhalten zulässt (z.B. Invertierbarkeit, Lösbarkeit von Gleichungssystemen). Determinanten der Ordnung 2 und 3 lassen sich direkt berechnen (*Regel von Sarrus*), für höhere Ordnungen verwendet man den **Laplaceschen Entwicklungssatz** oder das **Gaußsche Eliminationsverfahren**.

Existenz der Matrix-Inversen

Die quadratische Matrix $\mathbf{A}$ ist dann invertierbar, wenn sie **regulär** ist, es gilt dann: $det(\mathbf{A}) \neq 0$.

Vermessungswesen

In diesen Formeln gilt: y = Rechtswert, x = Hochwert.

a) Richtungswinkel und Strecke

Der **Richtungswinkel** ist definiert als der Winkel t in einem Punkt A von Gitternord zu einem anderen Punkt B im Uhrzeigersinn:

$$t_{AB} = \arctan \frac{y_B - y_A}{x_B - x_A}$$

Hierbei ist jedoch darauf zu achten, daß der richtige Quadrant getroffen wird:

- wenn $(x_B - x_A) = 0$ dann ist $t = 0$ (immer zuerst abprüfen, sonst Null-Division!)
- wenn $(y_B - y_A) > 0 \wedge (x_B - x_A) > 0$ dann liegt t im 1. Quadranten
- wenn $(y_B - y_A) > 0 \wedge (x_B - x_A) < 0$ dann liegt t im 2. Quadranten
- wenn $(y_B - y_A) < 0 \wedge (x_B - x_A) < 0$ dann liegt t im 3. Quadranten
- wenn $(y_B - y_A) < 0 \wedge (x_B - x_A) > 0$ dann liegt t im 4. Quadranten

Die **Strecke** s zwischen den beiden Punkten rechnet sich über den Satz des Pythagoras:

$$s_{AB} = \sqrt{(y_B - y_A)^2 + (x_B - x_A)^2}$$

b) Zenitdistanz und Höhenwinkel

Der **Höhenwinkel** v ist das Komplement zur **Zenitdistanz** z:

$$v = 90^o - z$$
$$v_g = 100^g - z$$

Anhang C: Konstanten

Zusammenstellung einiger grundlegender Mathematischer und Geodätischer Konstanten.

Symbol	Wert	Einheiten	Erklärung
ρ	0.01745329251994	rad/Altgrad	Umrechnungsfaktor ins Bogenmaß (Math.)
ρ_g	0.01570796326795	rad/Neugrad	Umrechnungsfaktor ins Bogenmaß (Gon)
0.3048	0.30480000000000	m/ft	Umrechnungsfaktor von Feet nach Meter
1/0.3048	3.28083989501312	ft/m	Umrechnungsfaktor von Meter nach Feet
a_{GPS}	6378137.00000	m	Große Halbachse der Erde (WGS84)
b_{GPS}	6356752.31424	m	Kleine Halbachse der Erde (WGS84)
f_{GPS}	1/298.257223563	-	Abplattung der Erde (WGS84)

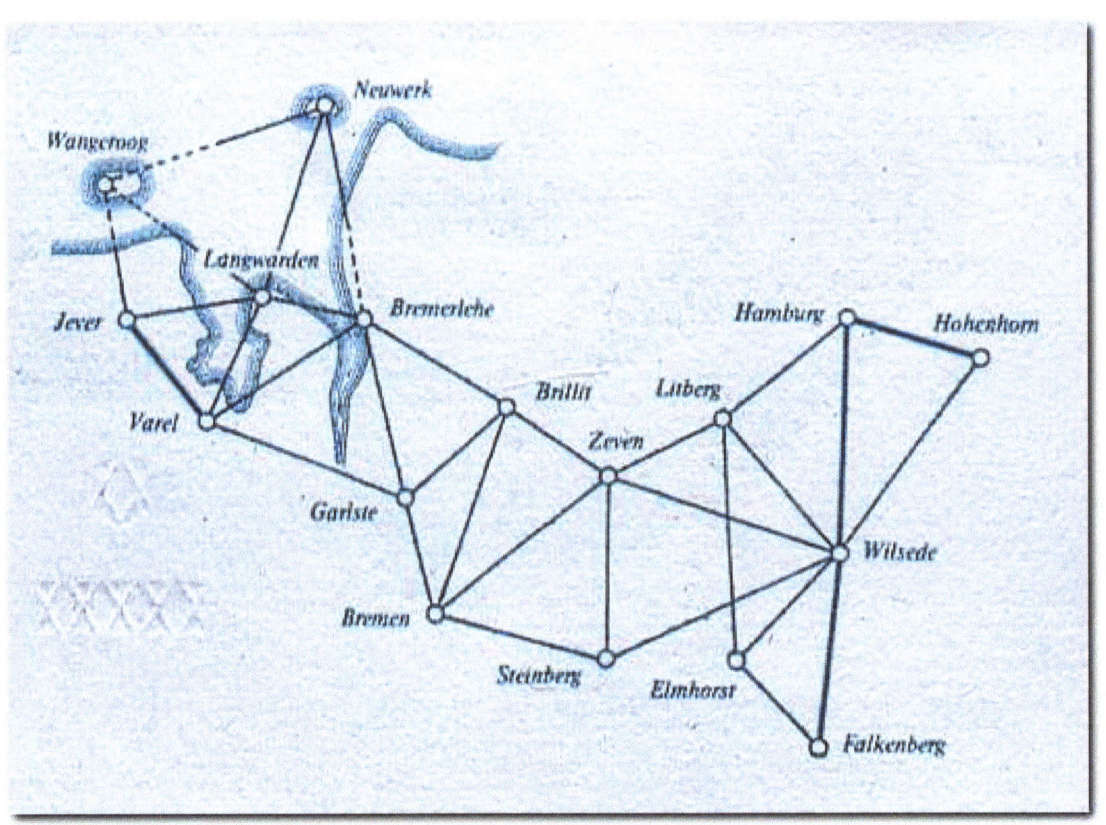

Abbildung 6.2: Banknote 10-Mark: Gaußsche Landesaufnahme (1821-1825)

Anhang D: Formelsymbole

Erklärung von wichtigen Werten und Parametern in Kurzschreibweise (im Programm) und in mathematischen Formeln:

A, B	A, B	Elementarereignisse
P, p	P, p	Wahrscheinlichkeit, Anteilssatz
F, f	F, f	Verteilungsfunktion, Dichte
my, sigma	μ, σ	Mittelwert, Standardabweichung
E, Var	E, Var	Erwartungswert, Varianz
q, Q	q, Q	Quantil, Quantilsabstand
A, B	$\mathbf{A}, \mathbf{B}$	Matrizen allgemein (Mathematik)
q, p, r	$\mathbf{q}, \mathbf{p}, \mathbf{r}$	Vektoren allgemein (Mathematik)
A, B, K, P, Q	$\mathbf{A}, \mathbf{B}, \mathbf{K}, \mathbf{P}, \mathbf{Q}$	Matrizen (Ausgleichungsrechnung)
b, v, w, x	$\mathbf{b}, \mathbf{v}, \mathbf{w}, \mathbf{x}$	Vektoren (Ausgleichungsrechnung)
rho	ρ	Umrechnungsfaktor zwischen Grad- und Bogenmaß
a, b	a, b	Große und Kleine Halbachsen (Ellipse/Ellipsoid)
f, e2, es2	f, e^2, e'^2	Abplattung, 1. und 2. numerische Exzentrizität (Ellipsoid)
t, s	t, s	Richtungswinkel, Strecke
E, N	E, N	Projektions-Koordinaten: 2D-Koord. Easting und Northing
Y, X	Y, X	Projektions-Koordinaten: 2D-Koord. Rechts- und Hochwert
x, y	x, y	Projektions-Koordinaten: 2D-Koord. bei Kartenprojektionen
x, y, z	x, y, z	Kartesische Koordinaten: 3D-Koord. z.B. bei GPS
theta, phi, r	θ, φ, r	sphärische Polar-Koordinaten: Länge, Breite, Radius
lambda, phi, H	λ, φ, H	Geographische Koordinaten: Länge, Breite, Höhe
L, B, H	L, B, H	Geodätische Koordinaten: Länge, Breite, Höhe

Anhang E: Geschichte

Die folgende Zusammenstellung der z.T. im Text genannten Wissenschaftler ist zugleich eine Liste der einflussreichsten Wissenschaftler auf den Gebieten der Statistik und Ausgleichungsrechnung:

- Daniel Bernoulli (1700-1782)
  schweizer Mathematiker und Physiker

- Carl Friedrich Gauß (1777-1855)
  deutscher Mathematiker, Astronom, Geodät und Physiker

- Friedrich Robert Helmert (1843-1917)
  deutscher Mathematiker, Physiker und Geodät

- Andrei Nikolajewitsch Kolmogorov (1903-1987)
  russischer Mathematiker

- Pierre-Simon Laplace (1749-1827)
  französischer Mathematiker und Astronom

- Adrien-Marie Legendre (1752-1833)
  französischer Mathematiker

Anhang F: Glossar

Die Beschreibung der Begriffe ist bewusst kurz gehalten; einige Erläuterungen befinden sich auch im fortlaufenden Text; die entsprechenden Stellen sind im Seitenindex auffindbar. Weitere Definitionen sind in der Literatur (siehe Anhang A) und im Internet zu finden.

Mathematik

- Bogenmaß (Radiant)
  Das Bogenmaß ist die Länge des Bogens, der zwischen den Schenkeln des Mittelpunktswinkels im Einheitskreis (Radius = 1) liegt.

- Differential (Ableitung)
  Das Differential oder die Ableitung gibt geometrisch interpretiert die Steigung einer mathematischen Funktion an. Bei einer Funktion von mehreren Variablen können partielle Ableitungen nach diesen Variablen berechnet werden.

- Interpolation
  Interpolationsverfahren erlauben die Berechnung von Werten (z.B. Höhe) an Stellen, wo keine Messung stattgefunden hat. Die einfachste Interpolation ist die lineare („Dreisatz"), höherwertige Interpolationen werden nach ihrem Grad oder mathematischen Modell unterschieden.

- Rechtwinkliges Dreieck
  Die dem Rechten Winkel gegenüberliegende Seite bezeichnet man als Hypotenuse, die beiden anderen Seiten als Katheten. Merkregeln für die Trigonometrischen Funktionen:

    - Sinus = Gegenkathete zu Hypotenuse
    - Cosinus = Ankathete zu Hypotenuse
    - Tangens = Gegenkathete zu Ankathete

- Taylor-Entwicklung (Taylor-Approximation)
  Die Taylor-Entwicklung erlaubt eine Annäherung an eine Funktion durch Verwendung der linearen Glieder einer Taylor-Reihe (in Anhang B definiert). Dabei wird die Funktion partiell nach ihren Variablen abgeleitet (Totales Differential).

- Trigonometrische Funktionen
  Die Trigonometrischen Funktionen Sinus, Cosinus, Tangens, deren Inverse und weitere trigonometrische Funktionen treten sowohl in der Geodäsie (z.B. bei Transformationen) als auch in der Kartographie (z.B. bei Projektionen) häufig auf. Bei der Programmierung ist zu beachten, daß die meisten Programmiersprachen Funktionsargumente im Bogenmaß (Radiant) erwarten.

- Überbestimmtes Gleichungssystem
  In einem Überbestimmten Gleichungssystem sind mehr Gleichungen als Unbekannte vorhanden. Die Lösung ist dann nicht eindeutig bestimmt. Unter Verwendung statistischer Methoden bei der Auflösung kann bei Messverfahren eine Erhöhung der Genauigkeit erzielt werden.

Vermessungswesen

- Bogenschnitt
  Der Bogenschnitt erlaubt die Ermittlung der Koordinaten eines unbekannten Punkts aus den Koordinaten zweier bekannter Punkte und den Strecken zwischen dem unbekannten Punkt und den beiden Punkten (Dreiecksauflösung: Seite-Seite-Seite).

- Geodätische Koordinaten
  Koordinaten ähnlich den Geographischen Koordinaten mit Angabe von geodätischer Länge und geodätischer Breite, ggf. mit Höhe.

- Koordinatensystem
  Ein Koordinatensystem dient der Positionsangabe von Punkten in Ebene bzw. Raum.

- Koordinaten-Transformation
  Eine Koordinaten-Transformation besteht aus einem System von mathematischen Gleichungen zur Umrechnung der Koordinaten zwischen unterschiedlichen Koordinatensystemen. Auch hier kann eine Ausgleichung angewandt werden.

- Nivellement
  Beim Nivellement erfolgt die Berechnung von Zwischenpunkten durch Ausgleichung der durch horizontale Visuren bestimmten Höhenunterschiede.

- Polar-Koordinatensystem
  Koordinaten in Form von Winkel-Angabe(n) und Strecke/Radius.

- Polygonzug
  Die Polygonometrische Punktbestimmung erfolgt durch fortgesetzte Messung von Winkeln und Strecken. Dabei unterscheidet man zum einen, ob ein offenes oder ein geschlossenes Polygon verwendet wird, d.h. Polygonzug bzw. Ringpolygon, zum anderen kann die Punktbestimmung in einem lokalen oder in einem übergeordneten Koordinatensystem erfolgen, d.h. ohne bzw. mit Richtungsanschluss.

- Rückwärtsschnitt
  Der Rückwärtsschnitt verwendet zur Ermittlung der Koordinaten eines unbekannten Punkts die Koordinaten dreier bekannter Punkte und die beiden Winkel zwischen den Visuren zu diesen Punkten im unbekannten Punkt. Hierbei werden die Winkel im <u>unbekannten</u> Punkt gemessen.

- Trigonometrische Höhenbestimmung
  Bei der Trigonometrischen Höhenbestimmung erfolgt die Berechnung der Höhe mittels Auflösung des in der Vertikalen liegenden rechtwinkligen Dreiecks durch Mess- und Hochpunkt nach dem Höhenunterschied zwischen beiden Punkten. Bei weiten Entfernungen sind Korrekturterme für Erdkrümmung und Refraktion notwendig.

- Vorwärtsschnitt
  Der Vorwärtsschnitt verwendet zur Ermittlung der Koordinaten eines unbekannten Punkts die Koordinaten zweier bekannter Punkte und die Winkel in diesen Punkten (Dreiecksauflösung: Winkel-Seite-Winkel). Hierbei werden die Winkel in den <u>bekannten</u> Punkten gemessen.

Ausgleichungsrechnung

- **Ausgleichungsmodell**
  Ein Ausgleichungsmodell erlaubt die streng mathematische Umsetzung der Lösung überbestimmter Gleichungssysteme. Es besteht formal aus Funktionalem Modell und Stochastischem Modell. Einerseits kann die Art der Problemstellung das Ausgleichungsmodell bestimmen, andererseits sind die Modelle unterschiedlich automatisierungsfreundlich.

- **Beobachtungsgleichung**
  Eine Beobachtungsgleichung stellt einen Zusammenhang zwischen den Unbekannten und den Beobachtungen her. Bei der Vermittelnden Ausgleichung werden die Beobachtungen als Funktionen der Unbekannten dargestellt.

- **Funktionales Modell**
  Das Funktionale Modell ermöglicht die Lösung des in der Ausgleichung vorhandenen überbestimmten Gleichungssystems, ausgehend von Beobachtungsgleichungen.

- **Jacobi-Matrix**
  Die Jacobi-Matrix ist eine Matrix, deren Zeilen den Beobachtungsgleichungen und deren Spalten den Unbekannten zugeordnet sind. Ihre Elemente enthalten die partiellen Ableitungen der linearisierten Beobachtungsgleichungen.

- **Linearisierung**
  Beobachtungsgleichungen ohne linearen Zusammenhang in den Variablen (Unbekannten) müssen linearisiert werden, d.h. es werden die partiellen Ableitungen nach jeder der Variablen gebildet (siehe Mathematik: Taylor-Entwicklung).

- **Normierte Verbesserung**
  Die Normierte Verbesserungen werden durch Kombination von Funktionalem und Stochastischem Modell berechnet. Sie können auf mögliche grobe Fehler hinweisen.

- **Redundanz (Freiheitsgrad)**
  Die Redundanz bzw. die Freiheitsgrade geben die Anzahl der Messelemente an, die zusätzlich zur eindeutigen Berechnung vorhanden sind. Sie ist definiert als die Differenz zwischen Anzahl der Beobachtungen und Anzahl der Unbekannten.

- **Redundanzanteil**
  Der Redundanzanteil einer Beobachtung ist eine aus dem Stochastischen Modell abgeleitete Größe, die Auskunft über die Kontrollierbarkeit von groben Fehlern gibt. Die Summe der Redundanzanteile ergibt die Redundanz des Systems.

- **Residuen**
  Die Residuen sind die im Ausgleichungsmodell die Verbesserungen der Beobachtungen. Bei Koordinaten-Transformationen spricht man auch von Klaffungen.

- **Stochastisches Modell**
  Das Stochastische Modell bringt Aussagen über die Genauigkeiten und Gewichte von Beobachtungen, Verbesserungen und Unbekannten in das Ausgleichungsmodell ein.

Seitenindex

Stichwort- und Namensverzeichnis

Seitenverweise in normaler Schrift beziehen sich auf die Grundlagenkapitel, solche in *geneigter* Schrift auf die Anwendungskapitel.

Index

Ableitung, 171, 177
Additionssatz für Ereignisse, 134
Alternativ-Hypothese, 138
Anteilssatz, 137
Arithmetisches Mittel, 132
Ausgleichungsmodelle, 143, *151*, 179
Axiome der Wahrscheinlichkeitsrechnung, 134

Bedingte Ausgleichung, 143
Bedingungsgleichungen, 144
Benutzeroberfläche, *151*
Beobachtungsgleichungen, 145, 146, 179
Beschreibende Statistik, 131
Binomial-Koeffizient, 172
Binomial-Verteilung, 172
Bogenmaß, 171, 177
Bogenschnitt, 178

Chi-Quadrat-Verteilung, 172

Data Snooping, 150
Determinante, 173
Differential, 177
Differentialrechnung, 171
disjunkte Ereignisse, 133

Einheitmatrix, 140
Einheitsvektor, 140
Empirische Standardabweichung, 133
Empirische Varianz, 133
Empirische Verteilungsfunktion, 131
Ereignis, 133
Ereignisalgebra, 133
Erwartungswert, 135

Fehleraufdeckung mit Kontrollberechnungen, 149
Fehleraufdeckung mit Residuen, 150
Fehlerellipse, 149

Fehlerfortpflanzung, 143
Fehlergleichungen, 145
Fisher-Verteilung, 172
Formelsymbole, 175
Freiheitsgrad, 143, 179
Funktionales Modell, 144, 145, 179

Gauß-Elimination, 140, 141, *152*
Geodätische Koordinaten, 178
Geometrisches Mittel, 132
grobe Fehler, 149
Güte der Anpassung, 149

Häufigkeitsverteilungen, 131
Höhenfestpunkt, 146
Höhennetz, *154*
Höhenunterschied, 147
Höhenwinkel, 173
Horizontalstrecke, 147
Horizontalwinkel, 147
Hypergeometrische Verteilung, 172
Hypothesentest, 136, 138, 150

Interpolation, 177
Intervallschätzung, 136, 137
Irrtumswahrscheinlichkeit, 138

Jacobi-Matrix, 145, 179

komplementäres Ereignis, 134
Konfidenzintervall, 137
Konstanten, 174
Koordinaten-Transformation, 178
Koordinatensystem, 178
Kovarianz, 133

L1-Norm, 146
L2-Norm, 145
Lagefestpunkt, 147
Lagenetz, *156*

Lageparameter, 131, 132, *152*
Lineare Regression, 142
Lineares Gleichungssystem, 141, *152*
Linearisierung, 146, 179
Lösungsverfahren Lineares Gleichungssystem, 141

Matrix, 139
Matrix-Elemente, 139
Matrix-Inverse, 140, *152*, 173
Matrix-Transponierte, 139
Matrizen-Produkt, 140
Matrizenalgebra, 140
Matrizenrechnung, 139
Median, 132
MensorGIS, 151, *164*
Minimierungsansatz, 142
Modus, 132

Nivellement, *154*, 178
Normalgleichungen, 142
Normalverteilung, 135
Normierte Verbesserung, 145, 179
Null-Hypothese, 138

Poisson-Verteilung, 172
Polar-Koordinatensystem, 178
Polygonzug, *159*, 178
Punktschätzung, 136
Pythagoras, Satz des, 173

Quantil, 131
Quantilsabstand, 133

Raumfestpunkt, 148
Raumnetz, *161*
Raumstrecke, 148
Rechenbeispiele, *152*, *154*
Rechtwinkliges Dreieck, 177
Redundanz, 179
Redundanzanteil, 146, 179
Redundanzanteil als Fehlerindikator, 150
Redundanzanteil als Güteindikator, 150
Regression, 142
Residuen, 142, 179
Richtung, 147
Richtungswinkel, 148, 173

Rückwärtsschnitt, 178

Satz von Laplace, 134
Schließende Statistik, 136
Simplex-Algorithmus, 146
Skalar, 140
Skalarprodukt, 140
Spannweite, 133
Standard-Normalverteilung, 135
Standardabweichung, 135
Statistik, 131, 172
Stichprobenmittel, 137
Stichprobenvarianz, 137
Stochastisches Modell, 144, 145, 179
Streuungsmaße, 131, 132, *152*
Student-Verteilung, 172

Taylor-Entwicklung, 177
Taylor-Reihe, 171, 177
Testgröße, 138
Trigonometrische Funktionen, 171, 177
Trigonometrische Höhenbestimmung, 178

Überbestimmtes Gleichungssystem, 143, 177
unabhängige Ereignisse, 134

Varianz, 135
Vektor, 139
Vermittelnde Ausgleichung, 145, 146
Vertrauensniveau, 137
Vorwärtsschnitt, 178

Wahrscheinlichkeit, 133
Wahrscheinlichkeitsdichte, 135
Wahrscheinlichkeitsrechnung, 133
Wahrscheinlichkeitsverteilung, 133, 134, 172

Zenitdistanz, 148, 173
Zufallsereignis, 134